골프
취업
학개론

골프취업학개론

초판인쇄 2023년 12월 1일   **초판발행** 2023년 12월 11일

글쓴이 오상민   **펴낸이** 오상민   **펴낸곳** 신사우동 호랑이   **출판등록** 제 2021-000034호

주소 강원도 춘천시 춘주로 92번길 29-5, 1층

전화 010-3234-4873   **팩스** 0504-328-4873

전자우편 sin_tiger@naver.com   **블로그** blog.naver.com/sin_tiger

ISBN   979-11-976786-5-3 (13690)

ⓒ오상민 2023

골프 취업학 개론

오상민 지음

신나사우동 호랑이

정형외과 의사의 기이한 문진

수업에 들어오신 모든 여러분을 환영합니다. 수강생 대부분이 대학생이나 취준생인 걸로 압니다. 간혹 골프 산업이나 취업 시장에 관심이 있어서 참여하신 분도 계시겠지요.

강의를 시작하기 전에 내 이야기 좀 하겠습니다. 골프를 처음 시작하고 얼마 지나지 않았을 때였어요. 골프연습장에서 스윙 연습을 하다 무리를 해서 허리에 통증이 오기 시작했습니다. 스윙할 때마다 불편했지만, '이러다 좋아지겠지'라는 생각에 아픈 허리를 오랫동안 내버려 두었는데, 통증이 더 심해져서 연습은커녕 일상생활에도 지장이 있었습니다. 하는 수 없이 집 근처 정형외과를 찾아갔어요.

"어디가 편찮으세요?"

덩치 큰 의사가 무덤덤하고 기계적인 말투로 툭 내던지듯이 내게 물었습니다.

"골프 스윙 연습을 하다 허리를 삐끗했는데, 낫지 않아서요."

난 엉거주춤한 모습으로 왼손바닥을 허리춤에 대고 불편한 표정을 지으면서 의사의 물음에 답했습니다.

"골프 스윙을 어떻게 하셨데요?"

의사는 뜻밖의 골프 이야기에 화색이 도는 것 같았습니다. 초롱초롱하고 다정다감한 눈빛으로 날 바라보더니 곧바로 자리에서 일어나 골프 스윙 자세를 취해 보이더군요.

"골프 스윙할 때는 짧은 클럽부터 쳐야 합니다. 웨지로 하프스윙부터 하면서 조금씩 긴 클럽으로 치세요. 처음부터 드라이버를 잡으면 긴장된 근육이 놀라서 근육통이 올 수도 있으니까요."

의사는 쥐고 있던 볼펜을 골프채 그립처럼 잡고 시범까지 보여가며 설명하더니 골프 스윙 방법까지 알려주는 거예요.

"스윙할 때 헤드업을 하면 절대 안 됩니다. 머리를 완전히 고정하고 스윙하세요. 자, 이렇게요. 제 머리 고정된 거 보이죠? 헤드업을 하면 공을 정확하게 맞히지도 못하면서 스윙만 커져요. 80%의 힘으로 부드럽게 스윙해야 합니다. 부드~~럽게."

덩치 큰 의사가 왜 이러는 걸까요? 의사의 기이한 문진은 쉽게 끝날 것 같지 않았습니다. 진찰하겠다는 것인지, 골프 강의를 하겠다는 것인지, 골프를 안주 삼아 나와 수다를 떨겠다는 것인지 도무지 의도를 알 수가 없었죠. 몹시 행복한 표정으로 한참을 설명하더니 결국 원점으로 돌아와 이렇게 말했습니다.

"자, 그럼, 허리가 아파서 오셨으니까 물리치료 좀 받읍시다."

덩치 큰 의사가 골프를 좋아하는 사람이라는 건 의심의 여지가 없어 보였습니다. 골프 실력이나 구력이 어느 정도인지는 알 수 없었으나 골프에 한참 재미를 붙인 시기가 아니었을까 하는 추측은 해볼 수 있겠지요. 무덤덤하고 기계적이던 그가 골프 이야기에 스스로 모든 벽을 허물어버렸으니 말입니다. 자존심마저 내려놓았는지 마치 무대에서 벌거벗고 춤을 추듯 이야기하는 모습이 애처로우면서도 우스꽝스럽기까지 했어요.

골프는 무미건조한 의사의 일상에 활력을 불어넣고 있었습니다. 골프가 참으로 많은 사람에게 즐거움을 주고 있음을 다시 한번 느꼈죠. 골프를 하는 사람이라면 덩치 큰 의사의 기이한 문진에 인상을 찌푸리기는 어려웠을 겁니다. 골프라는 권력의 울타리 안에서 자신도 모르게 동질감을 느꼈을 테니까요. 나 역시 그랬습니다.

처음 만난 사람이라도 골프 이야기를 나누다 보면 내 생각과 크게 다르지 않다는 걸 알게 됩니다. 얼굴 생김새도, 태어난 곳도, 자라온 환경도, 사는 곳도, 직업도, 성격도 모두 다른 사람들이 골프와 마주하면 하나같이 비슷한 경험을 하고, 비슷한 생각을 해요.

그래서 골프를 같이 하면 친해지기가 참 쉽습니다. 그 친분을 발판 삼아 비즈니스에 접목하면 어설프게 밥 한 끼, 술 한 잔을 같이 한 뒤에 사업 제안을 하는 것보다 비즈니스 성사 가능성이 훨씬 커집니다.

골프 자체가 권력은 아니지만, 돈과 권력의 울타리처럼 서민과 기득권을 가릅니다. 골프채는 돈의 권력 울타리와 닮았고, 골프장은 정치 권력의 울타리와 닮았어요. 그래서 사람들은 골프채와 골프장이라는 권력의 울타리를 넘어 권력의 퍼즐에 몸을 끼워 맞추려는 것 같아요. 권력은 여러 사람, 여러 조직이 비벼지고 버무려지면서 더 크고 무서운 권력으로 숙성됩니다. 성공한 다수의 사업가가 골프에 돈과 시간을 쏟아부어도 밑지는 거래가 아니라고 힘주어 말하는 이유가 그것입니다.

드라마 속 부잣집 거실에는 골프백이 눈에 잘 띄는 곳에 놓여 있지요. 굳이 닦지 않아도 되는 골프채를 정성껏 닦는 모습이 연출되기도 합니다. 골프가 부와 명예와 권력의 상징이라는 것을 드라마는 말이 아닌 배우의 몸짓과 세트장 분위기로 설명하고 있는 겁니다.

한국스포츠정책과학원KISS이 발간한 『2021 스포츠산업백서』에 따르면 골프 관련 사업체 수는 1만 5,602개소입니다. 야구(5,174개소), 축구(1만 1,892개소)보다 월등히 많습니다. 모든 종목을 통틀어서 골프보다 사업체 수가 많은 종목은 없어요. 종사자는 13만 3,207명으로, 이 역시 모든 종목을 통틀어서 가장 많습니다. 생활스포츠산업 매출액은 16조 6,971만 원이라고 해요. 500개가 넘는 골프장과 1만 개에 달하는 골프연습장(스크린골프 포함)은 국내 골프 산업 규모와 인기를 짐작하게 하죠. 통계만 놓고 보면 '골프=귀족스포츠'라는 공식은 더는 성립되지 않을 것 같습니다.

그런데도 골프와 관련한 업·직종을 여전히 생소하게 느끼는 사람이 많습니다. 다른 업·직종과 비교하면 덜 알려진 면도 없지 않지요. 골프는 점점 더 대중화되고 있지만, 골프계는 그들만의 리그에서 벗어나지 못하는 것 같아 쓸쓸한 마음이 듭니다. 『골프취업학개론』이라는 강의를 준비한 가장 중요한 이유입니다.

강의는 5강으로 구성했습니다. 제1강 〈골프 산업의 비전〉에서는 골프 산업이 희망적인 이유를 네 가지 예로 들어 설명하고, 제2강 〈골프계 속성 파악하기〉에서는 골프 산업의 두드러진 특성을 일곱 가지로 설명합니다. 제3강 〈취업 준비〉에서는 골프업계 취업을 위해 반드시 준비해야 할 것들을 소개하고, 제4강 〈취업 활동〉에서는 이력서·자기소개서 쓰기와 면접 보기 같은 실전적이고 전략적인 내용을 다룹니다. 끝으로 제5강 〈직업 선택〉은 골프 전문기자 시절 《이투데이》에 연재했던 〈골프, 직업의 세계〉를 골자로 이 강의 콘셉트에 맞춰 수정·보완하면서 재구성했습니다. 골프 관련 직업과 취업에 도움이 될 만한 내용을 모아봤습니다.

골프 이론을 깊이 있고 전문적으로 다루지는 않았습니다. 여러분이 골프 산업 전반을 훑어보면서 친근감 있게 다가갈 수 있도록 쉽고 가볍게 설명합니다. 골프 산업의 현재와 미래를 진단하고 관련 직업의 다양성을 소개하면서 골프에 대한 편견을 바로잡고, 골프를 통해 새 출발을 준비하려는 사람을 위한 강의입니다. 참석하신 모든 분이 원하는 직업을 찾아서 행복한 삶을 오랫동안 누리시길 바라는 마음으로 열심히 준비했습니다. 그럼 강의를 시작하겠습니다.

차례

제3강　취업 준비

제4강　취업 활동

제5강 직업 선택

제1강

골프 산업의 비전

첫 강의에서는 골프 산업의 비전을 살펴봅니다.
골프가 과연 비전 있는 산업인지,
그렇다면 왜 비전이 있는 것인지,
막막하고 막연한 미래를 대비해서
여러분은 무엇을
어떻게 준비해야 하는지
일깨워주는 시간입니다.

AI 시대와 골프 산업

불공정한 세상에 맞설 준비

* * *

격동기입니다. 국내외 경치·경제는 물론이고 서민들의 일상에도 아주 빠른 속도로 변화의 물결이 일렁이고 있습니다. 과거엔 10년이면 강산도 변한다고 했는데, 이젠 강산이 변하는 데 5년도 채 걸리지 않는 것 같습니다. 변화하는 사회에 발 빠르게 대응하고 적응해야 하는데 대부분 사람은 변화의 물결에 허우적댈 뿐 좀처럼 앞으로 나아가지 못합니다. 미래 예측은 고사하고 현시세나 흐름을 읽기도 버겁습니다. 고령화·저성장 시대를 살아가는 평범한 청년들의 모습이 그렇습니다. 짙은 안개 낀 도로를 달리는 것과 다르지 않아요. 한 치 앞도 보이지 않아서 답답하고 불편하고 불안합니다. 무엇을 언제부터 어떻게 준비해야 할지 알 수가 없지요.

각자도생의 시대입니다. 누구도 시대의 흐름에 휩쓸리는 여러분에게 손을 내밀어주지 않을 겁니다. 여러분은 이 막막하고 막연한 시대와 미래를 어떻게 준비할 생각입니까. 뚜렷한 목표는 없지만 스펙 쌓기에라도 열중하겠다고요? 물 흘러가는 대로 몸을 맡기고 시대에 휩쓸려가듯 살아가시겠다고요? 아니면 일찌감치 자포 자기하고 오늘을 즐기는 데 만족하며 사실 생각입니까?

정답은 없습니다. 어떻게 살아가든 여러분 마음입니다. 어찌 됐든 결과에 대해 스스로 책임만 지면 되니까요. 그런데 주변을 둘러보고, TV를 켜고, 사회관계망서비스SNS를 열어보면 화가 납니다. '불황이네', '격동기네' 해도 부자들은 더 많은 재산을 부풀려요. 결국, 불황도 서민들이 감당해야 할 몫입니다. 어차피 자본주의 시장 논리는 처음부터 불공정했으니까요. 그렇다고 불공정한 세상을 탓하고 시대를 비관적으로만 바라본다고 해서 상황이 달라지지는 않습니다. 알고 보면 지금껏 어떤 시대에도 완전 공정한 세상은 없었지요. 과거도 현재도 불공정합니다. 미래는 얼마나 불공정한 세상이 펼쳐질지 아무도 몰라요. 그럼 어떻게 해야 할까요? 방법은 준비밖에 없습니다. 불공정한 세상에서 조금이라도 덜 손해 보려면 곧 불어닥칠 불공정 너울에 대비해야 합니다.

눈앞이 깜깜해서 한 치 앞도 내다볼 수가 없는데 무슨 준비냐고요? 네, 이해합니다. 준비도 뭐가 보여야 하지요. 그런데 미래를 대비하는 사람들이 전부 앞날을 내다보고 준비하는 건 아닙니다. 골프를 예로 들어볼까요? 골프업계나 학계에서 수십 년 몸을 굴린 사람들도 미래를 예측할 수 없는 건 여러분과 다르지 않습니다. 거의 모든 전문가가 코로나19 팬데믹 속에서 골프가 오히려 호황을 누릴 것이라는 예측을 하지 못했고, 앤데믹 이후 불황이 찾아올 것이라고 내다본 사람도 거의 없었습니다.

그럼 여러분은 무엇을 어떻게 준비하면 될까요? 미래를 냉철한 시각으로 내다보세요. 그리고 과거와 현재를 들여다보세요. 그러면 여론에 휩쓸려서 갈팡질팡하고, 사람에 속고 좌절하는 일은 없을 겁니다. 흐릿하게나마 미래의 골프 산업을 유추해볼 수 있을 테니까요.

선거철에 국회의원 후보든 대통령 후보든 잘 알고 투표하시나요? 후보자에 대해서 잘 알고 투표한다는 사람은 많지 않을 겁니다. 그럼 무엇을 보고 투표해야 할까요? 후보자의 과거를 보면 됩니다. 과거에 어떻게 일했고, 얼마나 실적을 올렸으며, 공약은 잘 이행했는지를 살펴보면 앞으로 어떻게 일할 사람인지 합리적인 추론이 가능합니다. 산업의 미래를 예측 · 전망할 때도 마찬가지입니다. 과거는 미래를 읽는 아주 좋은 거울입니다. 과거를 보면 현재와 미래가 보입니다.

여러분이 골프업계 취업을 계획하고 있다면 최소한 골프가 얼마나 비전 있는 산업인지는 알아봐야겠지요. 그럼 현대 스포츠산업의 중요한 트렌드부터 들여다보세요. 무엇이 보이나요? 보이는 것들을 하나씩 짚어보세요. 여러분이 전문가가 아니라도 한두 가지는 집어낼 수 있을 겁니다. 기술 혁신과 스피스, 복합성(멀티풀), 스포테인먼트, 글로벌(세계화) 등이 흐릿하게나마 보인다면 여러분은 제법 뛰어난 통찰력을 지닌 겁니다. 방금 나열한 키워드들은 현대 스포츠산업의 주요 트렌드이자 미래 스포츠산업을 예측할 수 있는 중요한 단서들이니까요.

스포츠산업 트렌드에 휩쓸리지 않는 골프 산업

• • •

스피드부터 살펴봅시다. 스포츠 팬들은 경기장 안팎에서 빠른 경기를 원합니다. 진부한 스포츠는 팬들에게 외면받죠. 경기 진행 속도는 날로 빨라지고 있습니다. 빠른 경기 진행은 스포츠 팬 이탈 방지와 TV 시청률 하락 방지, 큰손 광고주들의 요청에 의한 것입니다. 팬, 미디어, 기업의 관심과 투자 없는 스포츠는 미래가 없기 때문이죠. 위기감을 감지한 다수의 스포츠 단체들은 규칙 일부를 고치는 한이 있더라도 속도감을 포기하지 못할 겁니다. 현대 스포츠에서 스피드는 숙명입니다.

다음은 복합성입니다. 스포츠 경기장이나 시설물은 복합적인 기능이 요구됩니다. 시설물 하나를 지어도 스포츠·레저·문화·예술·마이스MICE 복합물로 건립해 더 많은 사람이 함께 이용하고 즐길 수 있도록 하는 것이죠. 그렇게 해야 예산 낭비를 막고 실효성은 높일 수 있으니까요. 올림픽 같은 스포츠 이벤트도 여러 나라, 여러 도시가 함께 유치하고 개최하는 추세입니다.

스포테인먼트는 어떻습니까? 스포츠 경기력만으로 흥행하는 시대는 이미 오래전에 끝났습니다. 경기력에 오락성을 가미해야 폭넓은 팬층을 확보할 수 있습니다. 구단과 스폰서, 스포츠 경기단체가 머리를 맞대고 경기 외적인 흥미 요소를 발굴·개발하고 있지만, 선수 개개인도 엔터테인먼트 요소를 가지고 있어야 합니다. "나는 운동선수이니까 운동만 잘하면 되지"라고 생각하면 팬과 스

매년 5월 경기도 파주시 서원밸리 골프장에서는 그린콘서트가 열립니다. 이날 하루 골프장은 어린이들의 놀이터, 어른들의 휴식 공간, 어르신들의 산책로로 변신합니다. 밤에는 한류 콘서트가 열려 전 세계 한류 팬들을 맞이합니다. 이제 골프장에서 골프만 치는 시대는 끝났습니다.

폰서, 언론이 모두 외면할 가능성이 큽니다. 그럼 흥행도 장담하기 어렵겠지요.

세계화 역시 빠질 수 없는 트렌드입니다. 전 세계 스포츠가 마치 한 지붕 아래서 펼쳐지는 것 같습니다. 스포츠는 국경도 이념도 인종도 초월합니다. 상당수 대한민국 선수가 전 세계 스포츠 리그나 투어에 진출해 활약하고 있고, 전 세계 다양한 국가와 인종의 선수가 대한민국 스포츠 리그에서 뛰고 있습니다. 그야말로 지구촌 한 가족입니다. 기업의 투자와 미디어의 발달, 스포츠에이전시의 활성화가 스포츠산업의 세계화를 주도했다고 볼 수 있습니다.

마지막으로 기술 혁신입니다. 현대 스포츠는 인공지능AI과 로봇화가 빠르게 이루어지고 있습니다. AI를 통한 전력·경기력 분석은 기본이고 스포츠 중계와 경기 결과 예측, 심판, 트레이너, 코치 역할까지 합니다. AI 활용도는 아직도 무궁무진합니다.

인간은 기계에 노동을 맡기면서 노동 시간 단축이라는 혜택을 보고 있습니다. 그런데 마음이 불편합니다. 챗GPT, 자율주행차, 지능형 로봇, 드론 같은 영리한 기계들이 인간의 일거리를 하나씩 빼앗고 있으니까요. 이대로라면 여러분 일자리가 사라질지도 모릅니다. 이런 상황에서 골프 취업 시장은 안전할까요?

네, 안전합니다. 우선 앞에서 열거한 현대 스포츠산업 트렌드와 골프 산업이 얼마나 부합되는지 살펴봅시다. 상당 부분 일치하는 것을 확인할 수 있습니다. 100%라고 말할 순 없지만, 전 세계 스포츠 추세를 따라가고 있는 건 분명해 보입니다.

그럼 골프는 모든 스포츠와 운명을 함께하는 것일까요? 그렇게 보기는 어렵습니다. 자세히 들여다보면 골프는 다른 스포츠와 비슷하면서도 전혀 다른 노선을 긋고 있습니다. 대표적인 것이 기술혁신 분야입니다.

골프 산업은 AI나 로봇화가 더디게 이루어지는 종목 중 하나라고 볼 수 있습니다. 골프 산업의 혈관이라고 할 수 있는 골프 마케팅을 예로 들어보겠습니다. 골프 마케팅은 골프라는 유·무형의 상품을 팔아서 매출을 올리는 일입니다. 골프 마케팅의 업무 영역은 인간의 혈관처럼 방대하고 복잡합니다. 골프 산업 상당수 매출이 골프 마케팅을 통해서 발생합니다. 골프 산업을 지탱하는 핵심 요소라는 걸 부정하는 사람은 없을 겁니다. 그런데 골프 마케팅 대부분 업무 영역은 AI나 로봇으로의 대체가 쉽지 않습니다. AI나 로봇에게 일자리를 빼앗길 위험성이 매우 낮다는 뜻이지요.

왜 그럴까요? 골프 마케팅은 인간의 감성이나 직관에 따라서 결정되는 일이 많습니다. 기술력만 놓고 보면 거의 모든 분야에서 인간의 업무를 대체할 수 있을지 몰라도 상용화 과정과 방법을 논하기에는 이해관계가 너무나도 복합하게 얽혀 있습니다.

무엇보다 골프의 산업적 특수성이 다른 스포츠 종목과는 차이가 있습니다. 골프는 대자연을 배경으로 심판도 없이 치르는 운동이다 보니 자연주의적인 성향이 강합니다. 산업 자체도 워낙 보수적이어서 전통을 고수하면서 변화에는 인색합니다. 더구나 주요 소비층이 스마트 기기나 첨단 장비 사용에 익숙하지 않은 중노년층입니다. 앞으로도 AI나 로봇으로의 교체·전환은 다른 산업에 비해 더디게 진행될 가능성이 큰 종목이라고 할 수 있습니다.

질문이요! QnA

Q. 골프업계 여러 직업 중에서도 더 전망이 좋은 직업이 있습니까?

A. 아주 조심스럽지만, 골프 마케팅을 들 수 있습니다. 골프 마케팅은 골프 산업의 혈관이라고 할 수 있어요. 업무 영역이 인간의 혈관처럼 골프 산업 전체에 고르게 퍼져 있습니다. 골프 산업 구석구석에 복잡하게 얽혀 있지요. 골프 산업 상당수 매출이 골프 마케팅을 통해서 발생합니다. 그만큼 업무 영역이 넓고 다양하다는 걸 의미합니다. 선수 매니지먼트, 골프대회 운영대행, 골프단 운영대행, 골프 브랜드 홍보·마케팅, 방송중계권 계약, 머천다이징 같은 업무가 골프 마케팅 영역에 포함됩니다.

골프 대중화는 현재진행형

특권층의 스포츠에서 대중화로

· · ·

골프는 오랫동안 특권층의 스포츠였지요. 지금은 어떻습니까? 대중화가 많이 이루어졌나요? 골프의 과거와 현재를 한마디로 요약하면 '특권층의 스포츠에서 대중화'라고 할 수 있습니다. 골프 대중화는 지금도 현재진행형입니다.

과거 골프는 정치 · 경제 권력자들을 위한 사교 · 비즈니스 수단이었죠. 서민과는 거리가 멀었습니다. 사회적인 인식도 좋지 않았습니다. 당시 골프에 대한 사회적인 인식이 어땠는지는 역사적인 기록과 몇몇 사건들만 들춰봐도 분명하게 드러납니다.

프로골퍼 한장상은 1972년에 한국인 처음으로 일본오픈에서 우승했습니다. 당시 일본오픈 우승은 대단한 쾌거였지요. 한국 선수의 해외 메이저대회 첫 우승이었기 때문입니다. 지금으로 치면 미국프로골프PGA 투어 메이저대회 우승과 비견되는 사건이었습니다.

그러나 박정희 정권은 골프가 아직 대중화되지 않았고, 골프에 대한 사회적 시선도 곱지 않다는 이유로 한장상을 표창하지 않았습니다. 정부는 사치스러운 운동이 대중에게 널리 알려지는 것을 바라지 않았을 겁니다. 서민들은 허리띠를 졸라매고 산업 발전에 열을 올려야 했던 시기였으니까요.

'한국 여자골프의 어머니'라고 할 수 있는 구옥희가 박세리와 비교해 저평가받는 이유도 비슷한 배경입니다. 구옥희는 한국인 처음으로 한국과 일본, 미국에서 전부 우승한 전설적인 선수였죠. 미국여자프로골프LPGA 투어에서는 박세리보다 10년이나 먼저 우승했다는 사실을 알고 계십니까?

그런데도 구옥희는 박세리만큼 널리 알려지지 않았습니다. 골프를 좀 친다고 해도 구옥희라는 이름조차 모르는 사람도 많습니다. 왜 그럴까요? 구옥희가 프로로 데뷔해 국내에서 활동한 1970년대 후반부터 1980년대 초반에는 후원사가 없어서 프로대회에서 우승해도 상금을 받지 못했습니다. 에이전시는 물론이고 방송에서 골프 경기를 중계하는 일도 없었지요. 한국인 처음으로 LPGA 투어에서 우승한 1988년에도 크게 다르지 않았습니다. 그러니 그가 남긴 위대한 기록에 대해서도 제대로 된 평가가 이루어지지 않았던 것이죠.

골프 산업이 국내에서 융성하기 시작한 건 1990년대 후반입니다. 박세리가 기점이 되었습니다. 이건희 전 삼성그룹 회장이 박세리를 후원하면서 골프판이 커졌습니다. 삼성이 후원하니 언론이 따라 움직였고, 대중의 눈과 귀를 집중시킬 수 있었습니다. 대중의 관심은 폭발했습니다.

특히 SBS에서 LPGA 투어를 독점 생중계하면서 골프를 전혀 몰랐던 시청자들도 밤잠을 포기하면서까지 박세리를 응원했죠. 그때는 LPGA 투어라는 용어도 생소했습니다. 박세리로 인해 골프가 전 국민에게 사랑받는 스포츠가 된 것이죠. 박세리는 그렇게 국민 영웅이 되었습니다.

박세리 이후에도 김미현, 박지은, 박희정, 한희원, 안시현 등이 LPGA 투어에서 연이어 우승 소식을 전해주면서 국내 골프 붐이 가속화되었습니다. 골프장 건설 붐이 일었고, 동네마다 크고 작은 골프연습장과 골프숍이 생겨났습니다. 골프용품 브랜드들의 론칭도 쇄도했습니다. 골프전문 매체들도 경쟁하듯 창간했지요. 불과 수년 사이 국내 골프 산업은 눈부신 성장을 이뤘습니다.

지금은 어떤가요? 급격한 산업화 결과 누구나 마음만 먹으면 즐길 수 있는 레저가 되었습니다. 나이, 세대, 성별, 직업, 지역을 막론하고 많은 사람이 즐기고 있습니다. 골프 대중화는 지금도 진행 중입니다. 눈에 보이지 않게 아주 느린 속도로 조금씩 우리 삶과 일상에 녹아 들어가고 있습니다. 그렇다면 미래는 어떨까요? 거센 대중화 물결 속에서 골프는 어떻게 변화할 것 같습니까?

골프 대중화의 증거들

. . .

여러분 앞에서 '골프는 비전 있는 산업'이라고 자신 있게 말할 수 있는 건 바로 대중화 때문입니다. 골프가 대중화될수록 더 많이, 더 다양한 사람이 골프를 즐기겠죠. 더 많은 사람이 경쟁하면서 기술과 서비스는 상향 평준화될 것입니다. 산업은 팽창해서 지금보다 더 많은 양질의 일자리가 창출되겠지요.

골프 대중화의 증거들은 우리 주변 어디에서도 쉽게 확인할 수 있습니다. 굳이 골프장에 가지 않아도 됩니다. 그냥 집 주변, 지하철역 주변을 둘러보세요. '골프'라고 적힌 간판이 많이 보이지 않나요? 대표적인 것이 스크린골프입니다.

스크린골프가 흥행하기 시작한 건 2000년대 후반이라고 보는게 좋습니다. 골프는 대중화 물결을 타고 있었지만, 서민들에게 골프장 문턱은 여전히 높았습니다. 골프에 관심은 있으나 여러 여건상 골프장에 가지 못하는 수많은 사람의 욕구를 제대로 파고든 상품이 스크린골프입니다. 전 세계 어디에도 우리나라처럼 스크린골프에 열광하는 나라는 없습니다.

스크린골프를 즐기는 연령대는 20대 초반부터 중노년까지 다양합니다. 골프장에는 가지 않고 스크린골프만 즐기는 사람도 있습니다. 그들을 스크린골프족이라고 불렀죠.

그때는 스크린골프족을 바라보는 극명한 두 시선이 있었습니다. 스크린골프족을 골프 인구에 포함해선 안 된다고 주장했던 사람들은 "스크린골프는 게임으로 봐야 한다", "골프 산업과는 거리가 있다", "스크린골프족의 골프장 유입은 거의 없을 것"이라는 목소리를 냈고, 스크린골프 붐을 비상한 시각으로 바라보던 사람들은 "스크린골프족도 골프채와 골프웨어를 구매한다", "침체한 산업에 활력을 불어넣고 있다", "그들도 언젠가는 필드에 나갈 수 있는 잠재 고객이다"라면서 각별한 의미를 부여했습니다.

어떻습니까? 극명한 두 시선은 10년이 채 지나지 않아서 하나의 시선으로 정리가 됩니다. 스크린골프만 즐기던 스크린골프족 상당수가 골프장에 나가 머리를 올렸고, 일부는 국내 골프 산업의 주요 소비층으로 흡수되었습니다.

파크골프는 어떤가요? 파크골프 인기도 대단합니다. 하지만 파크골프야말로 골프로 보기 어렵다는 사람이 많습니다. 말이 골프지 경기장은 물론이고 경기 규칙과 장비도 다릅니다. 은퇴한 고령자가 주요 고객입니다. 겉으로 드러나는 현상만 보면 골프 산업과는 동떨어져 보입니다.

하지만 파크골프 열기 역시 골프 대중화의 증거로 볼 수 있습니다. 골프가 대중화되면서 스크린골프처럼 골프와 유사한 대중적인 놀이가 유행하는 것이죠. 파크골프를 즐기는 사람들이 골프 산업에 영향을 미치지 않는다고 단정할 수도 없습니다. 파크골프 유행이 계속된다면 파크골프만 즐기던 사람들도 언젠가는 골프장에 나갈 겁니다.

골프 산업과의 상생·협력을 통한 동반 성장도 기대할 수 있습니다. 파크골프 장비는 대부분 골프채 제조사가 공급합니다. 파크골프가 융성할수록 골프 산업이 동반 성장하는 유통 구조입니다. 근래에는 파크골프 전용 스크린골프도 개발되었습니다. 파크골프장 내장객 상당수는 골프 모자에 골프웨어, 골프화를 멋지게 차려

골프취업학개론

강원도 춘천의 한 파크골프장. 평일 낮 시간에도 빈 홀이 없습니다. 파크골프를 즐기기 위해 여러 사람이 순서를 기다리는 모습도 보입니다.

입고 필드에 나갑니다. 이미 골프 산업의 또 다른 소비층으로 자리를 잡은 것이죠. 느리지만 골프는 분명히 대중화의 길로 가고 있습니다.

질문이요! QnA

Q. 한국 여자 골프선수들의 활약상을 보면서 골프와 관련한 일을 해보고 싶다는 생각을 하게 되었습니다. 직업 선택에서 중요한 요소가 있다면 알려주세요.

A. 골프는 부유층이 많이 하는 운동이다 보니 회사도 규모가 클 것이라는 편견을 가진 사람이 많습니다. 골프업계는 중소기업이 대부분입니다. 겉으로 드러나는 화려한 모습만 보고 판단하진 마세요. 실망할 겁니다. 직업 선택은 자신이 가장 하고 싶은 일, 가장 잘할 수 있는 일을 선택하세요. 그래야 후회도 적게 합니다. 부모나 주변 사람들 말에 휘둘리면 안 됩니다. 어떤 직업을 선택하든 중장기적인 계획을 세워서 오랫동안 꾸준히 인내하고 노력하시기 바랍니다.

끝 모를 미개척 골프 산업

골프 산업이 일으키는 착시들

• • •

국내 골프 산업은 20~30년 사이 눈부신 성장을 이뤘습니다. 그 이면에는 해외에서 활동하던 한국 남녀골프선수들의 맹활약이 있었지요. 국내 골프 산업 발전의 밑거름이었다고 할 수 있을 겁니다. 덕분에 많은 직업이 생겨났고, 기술 발전이라는 성과도 이뤘습니다. 행정 · 제조 · 개발 · 관리 시스템은 여전히 미흡하지만, 과거와 비교하면 장족 발전을 이룬 것이 사실입니다.

국내 골프 산업에는 아직 미개척 분야가 많습니다. 어디에 무엇이 묻혀 있는지 아무도 모를 만큼 시장 잠재력이 높다고 할 수 있지요. 미개척 산업을 발굴 · 개발하는 데 필요한 건 남다른 관심과 창의력, 끊임없는 노력, 그리고 자본입니다. 평생 노력과 열정을 쏟아부어도 국내 골프 산업의 미개척 분야는 점령되지 않을 겁니다. 국내 골프 산업의 미래를 긍정적으로 바라보는 세 번째 이유가 그것입니다.

국내 골프업계가 융성하기 시작한 건 1990년대 후반 이후라고 말씀드렸죠. 국내 골프 산업이 비약적 발전을 이룬 시기인데, 아이러니하게도 그때나 지금이나 국내 골프 시장의 미래를 회의적으로 바라보는 사람이 적지 않습니다. 국내 골프 산업은 이미 포화 상태여서 하향 나선형 궤도에 진입했다는 의견이었죠. 영토가 좁다 보니 골프장 건설에 한계가 있어서 수요를 맞출 수 없다는 것이 가장 중요한 이유입니다. 결국, 골프를 하고 싶어도 하지 못하는 사람이 늘어날 것이고, 골프 대중화는 요원한 꿈이 될 가능성이 크다는 겁니다.

여러분 생각은 어떻습니까? 아니, 2000년대 초반으로 타임머신을 타고 간다면 골프업계 종사자들에게 뭐라고 말씀드리고 싶나요? 나는 "국내 골프계가 포화상태처럼 보이지만, 사실은 포화상태가 아니다"라고 말씀드리고 싶습니다. 그럼 왜 포화상태처럼 보였던 걸까요? 수익이 발생하는 곳에만 여러 사람, 여러 인재, 여러 회사가 모여 경쟁하고 있으니 포화상태처럼 느껴졌던 것이죠. 경쟁이 치열할수록 수익성은 떨어지기 마련이니까요.

반면에 미개척 분야는 어떻습니까? 사람도, 회사도, 자본도 몰리지 않습니다. 수익도 발생하지 않습니다. 관심도 없겠지요. 미개척 분야 개발에는 많은 시간과 노력과 자본이 들어가기 때문입니다. 미개척지를 개발한다고 해도 수익이 발생하기까지 상당한 시간이 걸릴 겁니다. 실제로 수익이 발생할지 알 수도 없고요. 그런 상황에서 선뜻 나서서 많은 시간과 노력과 자본을 투자하겠다는 사람이 있을까요? 그러니 수익이 발생하는 곳에 여러 사람, 여러 회사가 몰릴 수밖에요. 과거든 현재든 국내 골프 산업이 포화상태처럼 보이는 이유입니다.

현대 골프 산업을 주도하고 있는 기업인들을 보세요. 그들이 처음부터 수익성 좋은 사업에 투자해서 승승장구했나요? 아닙니다. 전혀 그렇지 않아요. 성공한 사업가들은 현재보다 미래를 내다보고 투자합니다. 돈 냄새를 잘 맡는 것인지는 모르겠으나 절대로 레드오션에 집착하지 않습니다. 블루오션을 보면서 남들보다 한발 앞서 승부수를 띄웁니다.

김영찬 골프존 회장부터 이야기해봅시다. 스크린골프로 기존에 없던 골프 세상을 열었습니다. 스크린골프가 우리나라에 처음 도입됐을 땐 골프로 취급받지도 못했습니다. 아마추어용 게임이라는 비아냥도 있었습니다. 스크린골프가 정교해지고 현실에 가까워지면서 인식이 바뀌기 시작한 것이죠. 아마추어뿐만 아니라 프로골퍼들도 스윙 교정·분석이나 테스트 도구로 활용하는가 하면 스크린 프로골프투어GTOUR가 출범해서 TV 중계까지 해줍니다. 특히 직장인들 사이에서 인기가 좋습니다. 모임의 술자리 대신 스크린골프를 예약하는 사람도 많아요. 스크린골프로 점심 약속을 잡기도 합니다. 골프를 즐기면서 식사와 비즈니스를 함께 해결하죠. 천대받던 스크린골프가 이젠 일상이 되었습니다.

문경안 볼빅 회장은 어떤가요? 컬러볼을 유행시킨 사업가라고 할 수 있습니다. 컬러볼은 처음부터 유행했나요? 전혀 그렇지 않았습니다. 골프공은 오로지 흰색이었습니다. 골프공에 색깔을 넣는 건 아마추어 중에서도 초보자라는 인식이 강해서 공 좀 친다는 사

골프취업학개론

일본에서 열린 골프박람회입니다. 일본의 골프 브랜드 사이에서 볼빅 부스가 눈에 들어옵니다. 볼빅은 수출 시장 개척을 위해 일찌감치 해외로 눈을 돌렸습니다.

람들은 컬러볼을 사용하지 않았습니다.

하지만 문경안 회장은 프로골프선수들을 후원하고 LPGA 투어 대회를 개최하면서 브랜드 파워를 키워나갔습니다. 행운도 따랐습니다. 컬러풀 시대와 맞물리면서 컬러볼은 전 세계적으로 유행하는 상품이 되었지요. 남녀 프로 · 아마추어를 막론하고 누구나 즐겨 찾는 인기 아이템이 되었습니다. 지금은 컬러볼을 생산하지 않는 골프 브랜드는 없을 정도입니다.

국내 산업은 어디에서 무엇을 하든 경쟁이 치열합니다. 수익 창출에 한계점을 드러내고 있는 분야도 많습니다. 골프 산업은 그나마 나은 편이라고 할 수 있어요. 내수는 말할 것도 없고, 수출시장에도 무한한 가능성이 묻혀 있습니다. 앞서 설명했던 두 사업가 김영찬·문영안 회장처럼 한 분야에 남다른 관심과 열정에 창의성이 더해진다면 골프 산업 영토는 지금보다 훨씬 더 넓어질 거라고 확신합니다.

질문이요!

Q n A

Q. 연봉이 조금 적더라도 안정된 회사에서 오랫동안 근무하고 싶은 마음이 있습니다. 골프업계에 근무 환경이 좋고 장기근속할 수 있는 직종이 있나요?

A. 모든 취준생의 희망 사항이겠지요. 장기근속은 자기 하기 나름입니다. 장기근속이 가능한 회사와 불가능한 회사가 따로 있는 게 아닙니다. 골프업계에 영세한 업체가 많은 건 사실이지만, 그렇지 않은 회사도 많습니다. 중요한 건 회사가 여러분과 잘 맞아야 하는데, 임직원들 평균 근속연수가 10년 이상인 회사라도 여러분과 맞지 않을 수도 있습니다. 어떤 회사냐도 중요하지만, 어떻게 일할 것이냐도 중요합니다. 평생직장이라는 말이 사라진 지 오래잖아요. 처음부터 직장을 오래 다녀야겠다는 생각보다는 오히려 몇 년간만 일하고 더 좋은 회사로 이직하거나 창업을 하겠다는 목표와 계획을 세워두는 것이 자기계발과 업무 능률을 높이는 데 도움이 될 수도 있습니다.

산업 양극화와 서비스 다변화

고가 프리미엄 제품이 잘 팔리는 이유

· · ·

어떤 산업이든 대중화가 진행되면 양극화 현상이 나타납니다. 저가 상품 시장과 초고가 상품 시장이라는 극단적인 두 축이 형성되는 것이죠. 양극화 현상이 두드러진 대표적 산업 중 하나가 골프입니다. 부의 양극화 현상은 심각한 사회적 문제로 이어질 수 있으나, 시장의 양극화는 소비자의 선택 폭을 넓히고, 서비스 경쟁력은 강화되는 긍정적 측면도 있습니다. 골프 산업은 양극화를 동력으로 더 치열하게 성장하고 있습니다. 골프 산업 미래를 긍정적으로 내다보는 네 번째 이유입니다.

과거 골프는 부자들의 전유물이었죠. 그때는 골프 시장에서 고가 마케팅이니 VIP 마케팅이니 하는 말은 없었습니다. 그런데 골프가 점점 대중화되고 골프 시장에 발을 디디는 서민이 늘어나면서 특권층만을 위한 마케팅이 생겨났습니다. 골프가 대중화될수록 고가 마케팅과 VIP 마케팅은 더 강화될 겁니다.

요즘은 VIP를 넘어 VVIP 마케팅까지 생겨났지요. 그들의 품위와 프라이빗을 지켜줄 수 있는 그들만을 위한 맞춤 상품과 서비스를 제공하는 것이죠. 부자들의 라이프 스타일과 소비 심리를 대변하는 마케팅이라고 할 수 있습니다.

부자들의 공통적인 소비 성향은 희소성 있는 제품이나 브랜드를 선호한다는 것입니다. 이 같은 소비 심리를 마케팅에 잘 반영한 곳이 명품 브랜드를 유통·판매하는 업체들입니다.

골프업계에도 고가의 브랜드가 많습니다. 마제스티, 혼마골프, 온오프골프, 젝시오 등이 대표적이라고 할 수 있습니다. 요즘은 부자가 아니어도 품위 유지 관리를 위해 고가의 골프 브랜드를 구매하는 사람이 많습니다. 그래서 고가 마케팅은 호황이든 불황이든 늘 쏠쏠한 매출이 보장되는 것이죠.

고가 브랜드 제품에는 한 가지 단서가 붙습니다. 희소가치입니다. 제품의 희소가치를 강조해서 소비자들이 지금 아니면 살 수 없을지도 모른다는 불안 심리를 조성하는 것이지요. 제품의 희소성을 내세워서 브랜드의 가치를 유지하겠다는 마케팅 전략이라고 할 수 있습니다. 실제로 제품이 소진되면 웃돈을 주고도 사기가 어렵습니다.

물건을 고가로 팔기 위해서는 그만한 가치가 있어야 합니다. 물건의 가치 인증에는 여러 방법이 동원됩니다. 그중 하나가 장인정신을 내세운 마케팅입니다. 일본 골프채 장인이 한 달에 딱 열 개만 만드는 제품이라는 식으로 홍보를 하는 것이죠. 이 같은 고가 브랜드 마케팅은 앞으로 골프가 대중화될수록 더 다양한 방법으로 전개될 가능성이 큽니다. 서민들의 골프 참여가 늘어날수록 부자들은 자신들만의 공간과 자신들만의 브랜드, 자신들만을 위한 서비스를 원할 테니까요.

대다수 고가 브랜드는 지금껏 불황을 모르고 성장했습니다. 불황은 오히려 기회라고 생각하는 부자가 많아서 불황에도 소비는 줄지 않습니다. 불황일수록 고가 판매 전략이 잘 먹히는 이유가 그것입니다. 지금까지 그랬고 앞으로도 그럴 가능성이 매우 큽니다.

단, 고가 브랜드를 판매할 때는 주의할 점이 있습니다. 너무 많은 제품을 판매하면 희소가치가 없어진다는 점입니다. 브랜드에 희소가치가 사라지면 부자들은 다른 브랜드로 이탈해버릴 겁니다. 다시는 그 브랜드 제품을 구매하지 않을지도 몰라요. 제품을 많이 팔면 지금 당장은 매출이 올라가서 좋지만, 브랜드의 희소가치, 즉 고가 이미지는 사라집니다. 대중적인 브랜드가 되어버리는 것이죠. 실제로 희소가치와 함께 추락한 고가 브랜드가 적지 않습니다.

그렇다고 비싼 제품은 무조건 잘 팔린다는 생각은 금물입니다. 부자들이 비싼 제품만 선호한다는 편견은 버려야 합니다. 여러분이 누군가에게 선물을 받는다고 생각해보세요. 비싼 선물과 오직 나만을 위한 선물이 있습니다. 어떤 걸 선택하겠습니까? 물론 선택은 각자의 몫이겠지만, 부자들은 대체로 비싼 선물보다 자신만을 위한 선물을 더 좋아합니다. 비싼 제품은 자신이 가진 자산으로 언제든 손에 넣을 수 있으나 나만을 위한 제품은 많은 돈을 주고도 구하기 어렵기 때문이죠. 비싼 선물만으로는 부자들의 마음을 살 수 없다는 뜻입니다. 이 세상 단 하나뿐인 선물, 오직 당신만을 위한 선물, 그 사람만을 위한 제품이라는 것을 강조하면 좋아하지 않을 부자는 없을 겁니다. 이런 심리를 잘 활용하면 양극화 현상이 두드러진 골프 시장에서 독보적인 노선을 확보할 수도 있을 겁니다.

산업이 양극화할수록 서비스는 다변화할 가능성이 큽니다. 제품에 따라, 고객의 요구에 따라 다양한 서비스가 제공될 겁니다. 협업 마케팅이 쇄도하는 이유도 소비자들의 다양한 요구를 제품과 서비스에 반영하기 위해서입니다. 골프에 전시를 접목하고, 골프에 엔터테인먼트를 접목하고, 골프에 외식을 접목하는 것처럼 각각 다른 업·직종 아이템을 골프와 연계해서 새로운 형태의 제품과 서비스로 선보이는 것이죠. 그렇게 해서 새로운 산업이 만들어지기도 합니다. 골프 시장 양극화는 오히려 기회입니다.

질문이요!

Q. 골프업에서 비교적 고수익을 올릴 수 있는 일들이 있다면 알려주세요.

A. 월급쟁이로서 큰돈을 만지기는 어렵습니다. 과거에는 골프장 회원권 딜러들이 큰 거래가 성사되면 고수익을 올리기도 했는데, 지금은 과거처럼 거래가 활발하지 않을뿐더러 큰 거래도 많지 않습니다. 큰돈 욕심이 있다면 개인사업을 해야겠죠. 사업자를 내지 않더라도 프로골퍼나 캐디 같은 업무는 개인사업자나 마찬가지입니다. 프로골퍼로서 투어에 출전해 좋은 성적을 내던지, 레슨을 잘해서 유명 교습가가 되던지, 유명 프로골퍼의 캐디나 트레이너로서 활동하던지, 그것도 아니면 기술을 익혀서 개인 비즈니스를 해보는 걸 추천합니다.

　　　　　　　　　　　　　골프취업학개론

제2강

골프계 속성 파악하기

골프계 속성을 들여다보는 시간입니다.
어떤 특징이 있고, 무엇이 유행하고 있으며,
누가 골프계를 주도하고 있는지
파악한 뒤 취업 전략을 치밀하게 세워봅시다.

정치 · 경제 동향에 민감

골프는 국위선양 효자 종목

· · ·

현대 스포츠의 변화는 눈부십니다. 시대 흐름에 따라 빠르게 변화합니다. 최근 십수 년 사이 스포츠산업의 변화를 살펴보면 그야말로 혁명이라고 할 수 있습니다. 종목마다 일부 규칙이 바뀌면서 빠르고 흥미진진해졌습니다. 비디오판독VAR은 거의 모든 종목에 도입되고 있습니다. 덕분에 오심이나 편파판정을 줄일 수 있게 되었지요.

아마추어리즘으로 시작한 국제올림픽위원회IOC와 아시아올림픽평의회OCA는 몸집을 부풀려서 상업화에 열을 올리고 있습니다. 프로와 아마추어의 벽이 허물어진 건 이미 오래전입니다. IOC는 익스트림 스포츠를 2020 도쿄올림픽 정식종목에 대거 채택했고, OCA는 게임을 이(e)스포츠로서 제19회 항저우 아시안게임 정식종목에 넣었습니다. e스포츠라는 거대 게임산업을 스포츠에 편입하기 위한 포석으로 볼 수 있습니다. 과거에는 상상하기 어려웠던 일들이 현실로 일어나고 있습니다.

그렇다면 스포츠는 왜 이토록 빠르게 변화하는 것일까요? 정치,

경제, 사회, 문화적인 영향을 쉽게 받기 때문입니다. 시대의 흐름에 맞춰 신속하고 적절하게 대응하지 않으면 변화의 물결에 휩쓸려서 도태하고 말 겁니다. 언론과 스폰서와 팬들로부터 외면받는 건 시간의 문제입니다. 언론과 스폰서와 팬들로부터 외면받은 스포츠는 경쟁에서 밀려나 설 자리를 잃게 됩니다. 변화하지 않는 스포츠가 팬들로부터 오래도록 사랑받을 수는 없는 일이지요.

스포츠 중에서도 정치, 경제, 사회, 문화적으로 더 민감하게 반응하는 종목이 있습니다. 골프가 그렇습니다. 골프는 국내 정치, 경제, 사회, 문화 이슈에 따라서 대중의 시선과 소비 동향이 크게 달라집니다.

먼저 대중에게 좋은 이미지로 다가갔을 때를 볼까요? 대부분 우리 선수들의 국제대회 성적과 맞물려 있습니다. 우리 선수들의 국제대회 호성적이 언론을 통해서 전해지면 대중 호감도가 올라갑니다. 대중 호감도는 시장 활성화로 이어집니다.

물론 선수 혼자만의 힘으론 어림도 없는 일이죠. 선수들의 경기력 향상 이면에는 기업의 투자와 미디어의 발달이라는 커다란 동력이 있었습니다. 박세리가 삼성과 후원 계약을 맺은 건 1996년부터입니다. 1997년 삼성 영문 로고가 박힌 모자를 쓰고 미국으로 건너갔고, 1998년 LPGA 투어 메이저대회 맥도날드 챔피언십과 US여자오픈을 차례로 제패했습니다.

US여자오픈에선 일명 맨발 샷이 압권이었습니다. 박세리는 경기 중 연못 근처에 떨어진 공을 치기 위해 양말을 벗고 연못으로 들어가 트러블샷을 시도했습니다. 그 장면은 국제통화기금IMF 외환 위기로 침체해 있던 대한민국 모든 국민에게 큰 감동과 용기와 위안이 되었습니다. 박세리는 대한민국 스포츠 영웅이 되었고, 골프는 국위선양 스포츠로서 대중의 사랑을 받게 됩니다. 이때가 대한민국 골프 산업 성장기입니다. 국내 골프 산업의 뼈대와 근육이 생성된 시기이죠.

골프 산업 도약기와 번성기 이끈 스타

· · ·

2008년 양용은이 PGA 챔피언십에서 우승했을 땐 우리나라에 제2차 골프 붐이 일었습니다. 한국인 처음으로 PGA 투어 메이저 대회 우승을 차지하면서 남자 선수도 세계 무대에서 통한다는 것을 입증했으니까요. 더구나 양용은은 이 대회 마지막 날 챔피언 조에서 타이거 우즈Tiger Woods에게 역전 우승해 전 세계를 놀라게 했습니다. 타이거 우즈가 마지막 날 챔피언 조에서 역전당한 건 그때가 처음이었으니 당연한 일이지요.

양용은의 PGA 챔피언십 우승 효과는 그야말로 폭발적이었습니다. 우승 세리머니로 화제가 된 골프백은 시중에 판매되던 제품이 아니었으나 우승 직후 한정 수량 출시하면서 순식간에 팔려나갔습니다. 골프백뿐만 아니라 양용은이 경기 중에 사용한 골프채와 골프의류, 신발도 엄청난 특수를 누렸지요. 이때가 대한민국 골프 산업의 도약기라고 할 수 있습니다. 박세리가 성장기의 아이콘이라면 양용은은 더 크고 진보된 산업으로의 도약을 이끈 주역입니다.

박인비의 올림픽 금메달 효과는 어땠습니까? 박인비는 2016년 리우올림픽에서 여자골프 금메달을 목에 겁니다. 박인비의 올림픽 금메달 효과는 박세리나 양용은과는 사뭇 달랐습니다. PGA 투어와 LPGA 투어는 골프를 좋아하는 특정 다수가 관심을 가졌다면 올림픽은 골프는 물론이고 스포츠에 관심이 없던 대중에게도 파급력이 컸습니다. 골프는 그야말로 한국을 대표하는 국위선양 스포츠가 된 것이죠. 이때가 대한민국 골프 산업의 번성기라고 할 수 있습니다. 골프라는 작은 울타리를 넘어 대중의 품으로 다가갑니다.

효자 종목 골프의 억울한 금지령

・ ・ ・

하지만 국내 골프 산업은 선수들의 경기력만큼 비약적인 발전을 이루지 못했습니다. 여자 선수들의 경기력이 세계 최강이라는 말에는 누구도 이견이 없을 겁니다. 한 시즌 LPGA 투어에서 여러 선수가 여러 차례 우승하면서 세계랭킹 10위 안에 여러 명이 포진되는 일은 흔한 풍경이었죠. 그에 반해 골프 산업 경쟁력은 선수들의 경기력을 따라가지 못했습니다. '사치성 레저', '부자들의 운동'이라는 선입견으로 인해 국가적인 지원은커녕 규제의 대상이 되어 왔기 때문입니다.

정권에 따라서는 공무원들에게 골프를 못하게 하는 골프 금지령이 내려지기도 했습니다. 역대 정치인과 대통령들의 골프 통치만 봐도 골프를 바라보는 사회적 시선을 어렵지 않게 짐작할 수 있습니다. 군부독재기였던 1960~1980년대는 그렇다 쳐도 문민정부가 수립된 김영삼 정부에서도 골프는 규제 대상이었습니다. 사치성 오락이라는 인식이 과거와 다르지 않아서 노골적인 골프 금지령이 내려졌어요. 생각해보세요. 같은 인기 스포츠인 축구나 야구에 금지령이라는 말을 들어본 적 있나요? 비교적 고가의 운동인 스키나 승마, 요트도 금지령은 없습니다.

그에 반해서 김대중 전 대통령은 골프를 즐기지 않았지만, 골프에 대한 규제는 일절 하지 않았습니다. 문화 · 예술 · 체육인에 대해서 지원은 하되 간섭은 하지 않는다는 정치 철학과 신념이 확고했는데, 골프 산업에도 똑같이 적용했습니다.

이후 골프 금지령은 사라졌으나 골프가 고위직 공무원 사회에서 완전히 자유롭지는 못했습니다. 정치 · 사회적으로 사건 · 사고가 터질 때마다 골프는 늘 구설수였지요. 국위선양 스포츠이자 효자 종목으로 주목받던 골프가 하루아침에 대중의 따가운 시선을 피해 몰래 할 수밖에 없는 사치성 레저로 취급받기도 합니다. 골프는 그렇게 고급 스포츠의 대명사로서 정치 · 경제 · 민생 · 행정과 오래도록 불편한 관계를 이어왔습니다.

실물 경기 영향도 무시할 수 없습니다. 골프는 주요 소비층이 상류층이기 때문에 불황에도 큰 타격은 받지 않을 것 같지만 그렇지는 않습니다. 불황이 오면 가장 먼저 타격을 입는 것이 골프 산업입니다.

기업은 불황이 오면 불필요한 투자를 줄입니다. 기업과 브랜드 이미지 제고를 위해 투자해온 골프 마케팅 예산 축소도 불가피합니다. 프로골프대회에 후원하던 액수는 줄이거나 취소합니다. 프로골퍼 후원 규모도 줄이거나 미룹니다. 늘 하던 골프 접대 예산도 줄일 가능성이 큽니다. 그러면 여러 업체, 여러 사람이 피해를 봅니다. 골프장 내장객은 감소할 것이고, 골프연습장이나 골프숍 매출도 떨어질 수밖에 없습니다. 골프의류나 골프용품 매출도 떨어집니다. 골프 산업이 침체되는 건 도미노처럼 순식간입니다.

질문이요!

Q. 내향적인 성격이라도 골프와 관련한 비즈니스를 잘 할 수 있을까요?

A. 세상의 반이 내향적인 사람입니다. 내향적인 성격에도 여러 종류가 있습니다. 평상시에는 말이 없는데 업무에는 적극적인 사람이 있고, 외향적이지만, 사람 앞에 나서거나 발표는 못 하는 사람도 있습니다. 세상은 여러 종류의 사람이 모여서 서로 돕고 경쟁하고 이해하고 존중하면서 살아가는 겁니다. 그게 인간사회입니다. 똑같은 사람들만 모여 사는 곳이 아닙니다. 무엇이 문제인가요?

골프취업학개론

기업과 골프의 불편한 동행

기업이 골프 마케팅에 투자하는 이유

· · ·

기업과 골프는 떼려야 뗄 수 없는 관계입니다. 기업 비즈니스에서 골프가 빠질 수 없고, 기업 투자 없이 골프 산업이 융성할 수 없기 때문이죠. 한국 골프의 눈부신 성장 뒤에는 기업의 힘을 빼놓고 이야기할 수 없습니다.

골프는 자본의 힘을 받아서 움직입니다. 기업과 자본은 현대 골프 산업의 중심에서 그야말로 막강한 영향력을 행사하고 있습니다. 기업과 자본이 투입되지 않은 골프는 흥행하기 어렵습니다. 흥행하지 않는 상품은 시장 경쟁에서 밀려날 수밖에 없습니다.

인기 스포츠로서 호황을 누려오던 KPGA 코리안투어는 한때 불황으로 위기를 맞았습니다. 후원 기업이 줄면서 대회와 상금 규모가 축소됐기 때문입니다. 정규 투어에서 뛰는 상당수 선수는 스폰서 없이 대회에 출전해야 했습니다. 출전할 수 있는 대회도 많지 않아서 해외 투어와 병행하는 선수도 많았지요. 여자 선수들과 비교해 몸값도 높지 않았습니다. 남자 선수들의 몸값은 지금도 여자 선수들을 따라가지 못합니다. 자본이 빠져나간 골프는 동력을 잃은 자동차와 다르지 않습니다. 앞으로 나아갈 힘이 없는 것이죠.

그런데 기업과 골프 사이에는 재밌는 사실이 하나 있습니다. 기업이 골프 마케팅에 투자하더라도 수익을 내지 못한다는 겁니다. 20억 원을 들여 프로골프대회를 열었다고 칩시다. 대회를 치르고 난 뒤에 20억 원 이상의 매출이 발생할까요? 천만의 말씀이죠. 투자는 어디까지나 투자입니다. 20억 원을 투자해서 20억 원을 그대로 돌려받을 수 있다면 프로골프대회에 투자하려는 기업은 지금보다 훨씬 늘어날 겁니다. 프로골프선수를 후원하거나 프로골프 구단을 운영해도 마찬가지입니다. 적자는 불을 보듯 뻔한 일입니다.

그렇다면 기업은 왜 거액의 적자를 감수하면서까지 골프 마케팅을 하려는 걸까요? 이유는 간단합니다. 기업은 골프 마케팅을 수익 사업으로 생각하지 않기 때문입니다. 오롯이 기업과 브랜드의 이미지 마케팅만으로도 그만한 가치가 있다고 생각하는 겁니다.

좀 더 구체적으로 설명해볼까요? 만약 기업이 골프 마케팅에 투자하는 이유를 확실하게 설명할 수 있다면 여러분은 현역 골프 마케터 못지않은 유능한 인재입니다. 지금까지 여러 골프 마케터와 이야기를 나눠봤지만, 이 문제에 대해서 명확하게 설명하는 사람은 거의 본 적이 없습니다.

기업이 골프 마케팅에 투자하는 첫 번째는 이유는 기업과 브랜드의 고급화 전략입니다. 고가의 자동차와 시계, 위스키, 골프용품, VVIP 대상 금융·보험·주식·건설상품을 유통·판매하는 기업이 여기에 해당합니다. 주요 소비층과 투자자의 기호·취향에 어울리는 소재로 골프를 선택한 것이죠. 골프를 통해서 기업과 브랜드의 이미지 개선과 호감도 상승, VVIP 고객 확보와 투자 유치 같은 효과를 바라보는 겁니다. 요즘은 골프가 대중화되면서 대중적인 브랜드와 제품을 골프 마케팅에 활용하는 기업도 늘고 있습니다. 기업의 골프 마케팅 활용 범위가 갈수록 넓어지고 있음을 의미합니다.

두 번째 이유는 기존 광고에 한계성을 느껴서입니다. 기업은 마케팅을 위해 매년 적지 않은 예산을 편성합니다. 그 많은 예산 중에서도 신규 마케팅에 투입하는 비용이 상당합니다. 기존 마케팅으로는 홍보 효과에 한계가 있다고 보기 때문입니다. 그렇게 해도 참신한 마케팅을 쉽게 도입하지는 못합니다. 틀에 박힌 마케팅에 익숙해져 있어서 기존에 해오던 것을 쉽게 버리지 못합니다. 새롭다 싶은 마케팅은 이미 경쟁사에서 시도하고 있습니다.

그러나 기존의 광고를 골프라는 틀에 넣으면 각본 없는 광고가 만들어지기도 합니다. 예를 들어 유명 프로골퍼가 퍼팅한 공이 홀컵 바로 앞에서 멈춰선 장면을 TV 화면으로 본 적이 있나요? 골프공에는 해당 선수를 후원하는 골프 브랜드 로고가 선명했습니다. 공은 약 3초간 멈췄다가 컵 속으로 떨어졌습니다. 그 순간 수많은 갤러리가 일제히 환호성을 터트렸습니다. 이 장면이 TV를 통해서 전 세계에 생중계된다고 생각해보세요. 해당 골프 브랜드는 돈으로 환산할 수 없는 광고 효과를 누리겠지요. 어떤 광고로도 이처럼 드라마 같은 연출은 할 수 없을 겁니다.

세 번째는 새로운 고객과 충성고객 확보가 목적입니다. 처음 접하는 광고나 브랜드라도 자신이 좋아하는 골프선수·팀과 함께 노출되면 거부감이 상대적으로 덜합니다. 자신이 좋아하는 선수와 팀을 함께 응원한다는 공동체 의식이 생기기도 합니다. 아무런 연고도 인연도 없는 기업과 브랜드를 응원하게 되는 이유가 그 것입니다.

네 번째는 광고할 수 있는 미디어와 채널이 다양해졌다는 점입니다. 골프는 미디어와 필요 불가결한 관계입니다. 미디어의 발달이 골프, 특히 골프 마케팅의 발전 속도를 부추겼다고 할 수 있습니다. 미디어 없이 골프 산업 발전을 이루기는 어렵습니다. 구옥희가 박세리보다 10년이나 일찍 LPGA 투어에서 우승하고도 이름조차 제대로 알려지지 않은 것도 미디어 효과를 거의 누리지 못한 탓입니다.

우리나라에 스포츠 전문 채널이 처음 개국한 게 언제인지 아십니까? 1995년 한국스포츠TV(SBS SPORTS 전신)가 개국하면서 본격적인 스포츠 채널 시대가 열렸습니다. 스포츠마케팅이 융성하기 시작한 시점과 맞물리지요. 이후 SBS GOLF와 MBC SPORTS+, KBS N SPORTS가 차례로 전파를 쏘아 올렸고, 2005년엔 J GOLF(JTBC GOLF 전신) 채널이 개국하면서 SBS GOLF와 골프 채널 경쟁 체제를 구축합니다. 국내 골프 마케팅 시장 경쟁은 더 치열해집니다.

다섯 번째는 사회공헌을 통한 기업 이미지 제고입니다. 삼성

골프취업학개론

의 박세리 후원이 대표적인 사례입니다. 박세리는 삼성의 후원으로 미국에 갈 수 있었고, 한국 여자골프의 역사를 새로 씁니다. 삼성은 박세리의 첫 후원사로서 골프 인기와 함께 대중의 엄청난 호감을 얻게 됩니다.

또 하나의 예로 하이마트를 들 수 있습니다. KLPGA 투어가 융성하기 전인 2000년대 초중반에는 기업 후원이 많지 않았습니다. 그런 상황에서 하이마트는 10여 명의 선수를 메인 스폰서로서 후원합니다. 신지애, 안선주, 유소연, 김주미, 김혜윤, 신현주, 문현희, 이지영 등이 당시 하이마트로부터 후원받은 선수들입니다. 이들이 한국 여자골프의 간판으로 성장하면서 국내 골프 붐과 전성기를 이끕니다. 하이마트는 롯데에 합병돼 역사 속으로 사라졌지만, KLPGA 투어 성장기를 이끌었던 기업이라는 착한 이미지는 골프 팬 기억 속에 분명하게 남아 있을 겁니다.

여섯 번째는 새로운 사장 판로 개척입니다. 브랜드 이미지를 개선하거나 새로운 시장 판로를 개척하는 일은 절대로 쉬운 작업이 아닙니다. 엄청난 시간과 막대한 예산이 필요합니다. 중저가로서 MZ세대가 선호하는 골프 브랜드가 있습니다. 하루아침에 프리미엄 골프 브랜드로 탈바꿈할 수 있을까요? 그럴 수는 없겠죠. 그러나 유명 백화점에 매장을 내고 프로골프 메이저대회를 오랫동안 꾸준히 후원하면 주요 수요층은 자연스럽게 바뀔 겁니다.

해외시장 진출도 마찬가지입니다. 볼빅은 한국 선수뿐만 아니라 외국 선수후원에도 적극적입니다. 메인 타이틀 스폰서로서

LPGA 투어 대회를 열고 일본여자프로골프JLPGA 투어에서 뛰는 일본 선수를 후원하기도 했죠. 골프공을 미국과 일본 시장에 수출하기 위한 중장기적인 전략이었던 것입니다. 한국 골프 브랜드에 익숙하지 않은 외국 시장에 국산 골프공을 론칭해봐야 외면받을 가능성이 농후했기 때문입니다. 현지에서 프로골프대회를 개최하고 스타 선수를 후원하면서 위화감은 줄이고 호감도는 끌어올리는 전략을 세운 것이죠.

질문이요!

Q. 취업하지 않아도 골프 마케터 일을 할 수 있다고 들었습니다.

A. 네, 할 수 있습니다. 골프 마케터 업무는 방대하지만, 자격증이나 면허를 가지고 하는 업무가 아닙니다. 번 만큼 세금만 내면 아무런 문제가 되지 않습니다. 법적이든 행정적이든 문제없습니다. 실제로 그렇게 하는 사람도 있습니다. 문제는 세일즈를 성사시키기가 쉽지 않다는 겁니다. 기업이든 개인이든 골프 마케터에게 일을 맡길 때는 신뢰도를 따집니다. 어지간한 신뢰도가 아니면 기업이 아닌 개인에게 큰돈을 투자하지 않겠지요. 업계의 시선도 곱지 않을 겁니다. 수많은 견제나 불이익도 감수해야 합니다.

국산 브랜드 없는 이상한 골프 강국

영어 · 일본어 실력은 엄청난 경쟁력

· · ·

高純度は、新しさを持った。 _ O사 골프 브랜드 광고

強い。優しい。 _ T사 골프 브랜드 광고

新たなる称号 'マステリウス' _ H사 골프 브랜드 광고

이런 광고 문구를 보신 적 있나요? 일본 미디어의 광고 카피냐고요? 아니요. 국내 미디어에 실린 광고입니다. 얼마 전까지 국내 신문이나 잡지 같은 매거진에 실렸습니다. 국내 미디어에 실리는 광고에 어떻게 일본어 카피가 그대로 실릴 수 있었을까요? 한국 사람에게 판매하는 제품 광고에 일본어 표기라니 참 이상한 일이죠. 일종의 친일 마케팅인데, 2000년대 중반까지 한국에서는 이런 식의 홍보 전략이 잘 통했습니다.

왜 그랬을까요? 국내 골프 산업의 유통 구조와 골퍼들의 소비

국내 미디어에 실린 일본 골프클럽 광고들입니다. 일본어를 한글로 번역하지 않은 채 그대로 게재되어 있습니다.

성향을 살펴볼 필요성이 있습니다. 국내에 유통되는 골프용품 대부분이 수입에 의존하고 있다는 사실을 알고 계십니까? 그중 70% 이상은 일본제품입니다. 국산 제품은 찾아보기가 어렵습니다.

아이러니한 일입니다. 한국 여자골프는 세계 최강이란 수식어를 얻었지만, 골프 산업은 미국과 일본 수입품에 의존하고 있습니다. 무역 불균형이 심각합니다. '골프 산업이 빈약한 골프 강국'이라는 형용 모순은 바로 우리나라 골프 산업을 두고 하는 말 같습니다.

특히 일본과의 무역은 굴욕감이 느껴질 만큼 불균형이 심각합니다. 반일·극일 감정이 만연해서 한때 일본제품 불매까지 번졌던 우리나라에서 참으로 무색한 현상입니다. 경기력은 이미 일본을 뛰어넘어 자타공인 세계 최강이 되었으나 우리 선수들 상당수는 일본 브랜드 로고가 박힌 제품을 사용합니다. 필드에서 승자는 대한민국일지 몰라도 산업에서 승자는 여전히 일본이라는 것을 인정하게 됩니다.

우리에게 극일의 의지는 있었을까요? '일본제품은 전부 명품'으로 통하던 시절이 있었습니다. 일부 골프용품 수입상들은 일본어 광고 문안을 한글로 고치지 않은 채 신문이나 매거진에 그대로 내보내는 일도 많았습니다. 앞선 광고 카피처럼요. 일본 브랜드임을 인증하기 위한 일종의 친일 마케팅이죠. 그래도 불티나게 팔렸습니다. 일본어는 몰라도 일본어가 적혀 있는 걸 보면 일본제품이 틀림없으니 이것저것 따지지 않고 구매하는 사람이 많았으니까요. 그래서 골프용품 수입상들은 일본어 광고 문구를 굳이 한글로 바꿀 이유가 없었던 것이죠. 2000년대 중반까지만 해도 그랬습니다.

요즘 중국이나 동남아에서는 한국 제품이 인기입니다. 한국 제품은 믿을 수 있다는 인식이 있어서 한글이 적혀 있는 제품은 대부분 잘 팔린다고 해요. 제품 성능이나 실용성 따위는 따지지 않고 한글만 보고 제품을 선택하는 사람도 많다고 합니다. 한글 자체가 신용이 되어버린 것이죠.

중국에서는 한국 제품도 아닌 자국 제품에 일부러 한글 카피를 넣기도 합니다. 심지어 일본에서도 그런다고 하니 한국 제품 인기와 한국에 대한 신뢰도가 어느 정도인지 실감할 수 있을 겁니다. 불과 수년 전 우리나라 골프업계를 보는 것 같습니다. 그런데 국내 골프업계는 아직도 과거에 머물러 있습니다. 방법만 달라졌을

뿐이지 여전히 친일 마케팅이 잘 통하는 몇 안 되는 업종 중 하나입니다.

사실 의지만 있었다면 국산 골프용품 브랜드는 얼마든지 개발·제조할 수 있었을 겁니다. 신문사 골프 전문기자 시절 일본 간사이와 히메지 지역 골프 시장을 취재하면서 골프채 장인으로 불리는 지바 후미오千葉文雄라는 사람을 만난 적이 있습니다. 이시카와 료石川遼, 가타야마 신고片山晋呉, 아오키 이사오青木功 같은 일본의 톱 플레이어들의 단조 아이언을 손수 제조한 대장장이로 유명합니다. 국내에 유통·판매되는 고가 골프클럽 중에는 그의 손에 의해 완성된 제품이 적지 않습니다. 그가 만든 아이언은 단조로우면서도 날카로운 디자인이 특징입니다. 연철을 오랫동안 단련해서인지 타구감이 매우 부드럽고 고급스럽습니다.

재밌는 건 그의 이력입니다. 가난한 어린 시절을 보내면서 공부와는 담을 쌓고 지낸 문제아였다고 합니다. 성인이 되어서도 회사에 다녀본 적이 없다고 해요. 그가 꿈을 키운 곳은 히메지의 작고 낡은 공방이었습니다. 망치 하나로 일본 최고의 대장장이가 되겠다면서 꿈을 담금질합니다. 수십 년 뒤 그는 일본을 대표하는 골프채 장인이 되었습니다. 일본 단조 아이언에 명품 이미지를 불어넣은 대표적인 인물이 된 것이죠. 그의 성실성과 거짓 없는 노력도 칭찬할 만하지만, 일본 기업과 정부의 장기적인 투자와 지원이 있었기에 가능한 일이었습니다.

그렇다면 국내에는 왜 국산 골프클럽 브랜드가 개발되지 못했던 걸까요? 얼핏 생각하면 미국이나 일본과 비교해서 기술력이 떨어지기 때문이라고 오해할 수 있겠으나 그렇지는 않습니다. 골프채든 골프공이든 제조 기술력은 미국과 일본에 크게 떨어지지 않습니다. 언제라도 국산 골프클럽 브랜드를 개발·제조할 수 있는 기술은 갖추고 있었죠.

국산 골프용품 브랜드가 개발·제조되지 않은 첫 번째 이유는 정부의 규제 때문입니다. 국내제조 산업이 융성했던 1980~1990년대는 골프채가 사치품으로 분류되면서 정부 지원은커녕 여러 규제와 높은 세금이 부과되었습니다. 수입품보다 더 많은 세금을 내야 했으니까요.

두 번째는 많은 시간과 예산이 필요했기 때문입니다. 스포츠용품 브랜드 하나를 개발하려면 막대한 예산과 인력, 시간이 필요합니다. 중소기업에서는 꿈도 꾸기 어려운 일이었죠. 대기업이 아니면 감당할 수 없는 사업인데, 정작 대기업에서는 정부의 규제로 골프용품 브랜드 개발을 포기하고 수입을 선택하게 됩니다.

세 번째는 수입품을 선호하는 소비자들의 인식입니다. 앞서 설명했듯이 국내 소비자들은 미국과 일본에서 들여온 수입품을 선호합니다. 그에 반해 국산 브랜드는 정교하지 못하고 저가의 질 나쁜 제품이라는 인식이 있어서 사용을 꺼렸습니다. 중소기업에서 몇몇 국산 골프 브랜드 제품을 출시했으나 수입품과의 경쟁에서 밀려나 대부분 역사 속으로 사라지고 말았습니다. 제품 성능을 떠나 브랜드 이미지 경쟁에서 게임이 되지 않았습니다.

여러분은 이 같은 환경을 잘 인지하고 취업을 준비해야 합니다. 수입품이 많다는 것은 그만큼 외국어, 특히 영어와 일본어 활용률이 높다는 뜻이겠지요. 결국, 외국어와 해외 비즈니스를 잘하는 사람은 그만한 대접을 받습니다. 반면에 외국어가 서툴면 불이익을 당하거나 위축이 될 수 있습니다. 골프업계에서 외국어 실력은 대단한 경쟁력입니다.

질문이요!

QnA

Q. 요즘은 취준생에게 열정을 강조하는 분이 많은 것 같습니다. 골프업계 분위기는 어떤가요?

A. 여러분 선배 세대나 고용주들의 일에 대한 생각은 여러분과 약간 다를 겁니다. 그들은 열정이 중요하게 여겨지던 시대에 살았습니다. 여러분에게도 최소한의 열정을 기대할 겁니다. 골프업계라고 다를 게 없습니다. 직원들에게 열정을 강조하는 건 운동선수들에게 투지를 강요하는 것과 다를 게 없습니다. 신체적·체력적·기술적으로 부족한 선수들에게 패기만 강요하면 어떻게 됩니까? 내가 다치거나 상대방을 다치게 합니다. 직장에서 젊은 인재들에게 열정만을 강요하면 내 몸을 혹사하거나 부정한 행위를 할 수밖에 없습니다. 시대에 맞지 않은 생각이지요. 직장에서 열정이 필요한 세대는 삶의 목표를 잃어버린 채 월급 받는 기계로 전락한 일부 기성세대가 아닐까 싶습니다. 그렇다고 그들을 혐오하지는 마세요. 사람은 누구나 자신이 보고 듣고 느꼈던 것들을 토대로 생각하고 판단하게 되어 있습니다. 일을 바라보는 시각과 가치관이 다른 겁니다. 세상은 어차피 서로 다른 사람이 모여서 살아가야 합니다.

겨울은 해외에서 시즌2

해외 골프투어에 목마른 한국인

* * *

겨울은 국내 골프 산업의 비수기입니다. 날이 추워지고 찬바람이 불면 라운드가 어렵기 때문이죠. 사계절이 뚜렷한 우리나라는 최소 3개월은 비수기라고 봐야 합니다. 이 시기엔 골프장은 물론이고 골프 관련 대부분 업체가 휴식기 또는 다음 시즌 준비기에 들어갑니다.

상당수 골프장은 휴장합니다. 휴장하지 않는 골프장은 한겨울에도 내장객을 받지만, 수요는 많지 않습니다. 필드에 나가는 사람이 많지 않으면 골프용품이나 골프의류도 시즌만큼 잘 팔리지 않겠죠. 골프연습장 이용객도 많지 않습니다. 레슨을 받으려는 사람도 적을 테니 프로골퍼에게도 피할 수 없는 비수기입니다.

남녀 프로골프투어도 휴식기에 들어가 다음 시즌을 준비합니다. 선수들은 대부분 해외로 나가 전지훈련을 합니다. 시즌이 끝날 때쯤에는 다들 전지훈련 계획을 세우지요. 겨울에 전지훈련을 떠나면 봄이 다 되어서야 돌아옵니다. 만약 골프선수들과 미팅을 잡아야 한다면 선수들이 전지훈련을 떠나기 전에 일찌감치 계획을 세워서 발 빠르게 움직여야 합니다.

골프업계가 겨울잠에 들어가는 한겨울에도 불난 호떡집처럼 바삐 움직이는 사람들도 있습니다. 해외 골프투어 상품을 파는 사람들이죠. 겨울은 해외 골프투어 성수기입니다. 추운 겨울만 되면 기다렸다는 듯이 해외로 나가 골프를 즐기는 사람이 많습니다. 짧게는 2박 3일, 길게는 한 달 이상 장기 체류하며 골프와 여행 또는 휴양을 즐기다 돌아옵니다. 국내 골프장과 비교해 저렴한 그린피와 따뜻한 날씨, 국내 골프장에서는 누릴 수 없는 서비스, 풍부한 먹을거리가 국내 골퍼들을 사로잡습니다. 골프투어 상품에 따라서는 무제한 라운드도 즐길 수 있습니다. 거기에 여행의 설렘과 해방감까지 만끽할 수 있으니 해마다 해외로 나가 골프를 즐기려는 사람이 많을 수밖에요.

골프장 부킹 플랫폼 엑스골프에 따르면 해외골프 여행 경험이 있는 이용자는 80% 이상이라고 합니다. 이 정도면 국내 골퍼들의 해외 골프투어 선호도를 짐작할 수 있을 겁니다. 덕분에 골프 산업에서 해외골프가 차지하는 비중은 점점 더 확대되고 있습니다.

해외골프 여행지 중 인기 상품은 단연 동남아입니다. 동남아 중에서도 태국을 가장 선호합니다. 태국은 수십 년째 한국인 해외골프 여행지 선호도 1위 자리를 굳건히 지키고 있습니다. 이유는 한국인의 해외 골프투어 여행지로서 최적화된 환경 때문입니다. 골프장 수준, 골프장 이용료, 숙소 편의, 공항까지 거리, 서비스, 비행시간, 날씨, 현지 음식, 연계 관광 따위를 종합적으로 따져봤을 때

코스에서 바다가 보이는 일본 오키나와의 한 골프장. 국내 골프장보다 여유로운 라운드를 즐길 수 있어 인기입니다.

태국보다 좋은 환경은 없는 것 같습니다. 베트남, 일본, 중국, 필리핀도 선호하는 골프투어 여행지이지만 태국만큼 수요가 많지는 않습니다. 인도네시아, 말레이시아, 우즈베키스탄, 괌, 사이판 등에도 골프투어 상품이 있는데, 비행 거리나 상품 가격 따위를 따져봤을 때 앞서 언급한 여행지들보다는 경쟁력이 떨어집니다.

이처럼 한국인이 해외골프에 열광하는 이유는 단지 겨울이 춥고 길기 때문만은 아닙니다. 국내 골프장 환경과도 관련이 있습니다. 무엇이 문제일까요? 이 문제를 정확하게 짚어낼 수 있다면 여러분은 이미 상당 부분 준비된 인재라고 할 수 있습니다.

가장 중요한 이유는 공급이 수요를 따라가지 못하고 있다는 점입니다. 골프 인구는 계속해서 늘고 있는데 골프장은 많지 않습니다. 그러니 골프장 이용료는 비싸고 서비스는 만족스럽지 않은 겁니다. 그나마 예약이라도 잘 되면 다행이죠. 골프 한 번 치려면 부킹 전쟁을 치러야 합니다. 라운드 중에도 이것저것 규제가 많습니다. 홀과 홀 사이를 뛰어서 이동해본 사람도 많을 겁니다. 값비싼 비용을 치르면서도 그만한 혜택과 서비스를 받지 못하는 것이죠. 이처럼 국내 골프장 환경과 서비스에 만족하지 못한 골퍼들이 겨울만 기다렸다가 해외로 나가 골프와 관광을 즐기고 돌아오는 것입니다.

질문이요!

Q. 이공계를 전공한 취준생입니다. 우선 골프업계 취업에 불리한 점이 있는지와 이공계 전공자에게 추천할 만한 직업군이 있다면 소개해주세요.

A. 불리한 건 전혀 없습니다. 골프업계 기업들이 선호하는 전공과목이 아닐 수도 있겠지만, 불리할 것까지는 없을 듯합니다. 어떤 대학 어떤 학과 졸업생이라도 골프업계에서 일할 수 있습니다. 예체능계 전공자가 신문사나 방송사에서 기자로 일하기도 합니다. 단, 이력서만 낸다고 해서 취업할 수 있는 시대는 지난 지 오랩니다. 희망하는 기업이 있다면 그 기업에서 원하는 인재가 되도록 노력해야 합니다. 좀 더 적극적이어야 한다는 점 말씀드리고 싶습니다. 추천할 만한 직업군은 피팅처럼 기계나 장비를 다루는 일들이 어떨까 싶습니다.

골프취업학개론

중독성이 키운 세계 3대 시장

친구 따라 골프장 간 사업가

· · ·

골프의 수많은 특성 중 하나가 중독성입니다. 정말 중독성이 강한 운동이지요. 한 번 빠지면 헤어나기가 어렵습니다. 어떤 사람은 술, 담배, 마약만큼이나 중독성이 강하다고 주장합니다. 물론 농담으로 한 말이겠지만, 전혀 터무니없는 말은 아니라는 걸 골프를 어느 정도 해본 사람이라면 공감할 수 있을 겁니다.

여러분 주변에는 골프를 즐기는 사람이 많나요? 아마 전혀 없지는 않겠지요. 그럼 골프 입문 뒤에 골프를 그만뒀다는 사람은 얼마나 있습니까? 내 주변엔 거의 없습니다. 잠시 골프채를 놓았다가 기회가 되면 다시 필드로 나가는 사람은 봤어도 아예 골프를 끊었다는 사람은 못 봤습니다. 내기 골프만 했다 하면 돈을 잃어서 다시는 골프를 안 하겠다던 사람도 골프를 완전히 포기하지 못하더군요.

내가 아는 K 씨는 시골에서 고등학교를 중퇴하고 서울로 올라와 건설사업으로 큰돈을 벌었습니다. K 씨는 "사업하는 사람에게 골프만큼 좋은 운동이 없다"라는 주변 사람들의 권유로 골프를 시작합니다. K 씨에게 골프는 신세계였습니다. 운동이 재미있을 뿐만 아니라 어울리는 사람들이 그동안 만났던 사람들과는 너무나도 달랐기 때문이죠.

K 씨는 독하게 마음먹고 골프에 매진합니다. 다행히 골프가 적성에 잘 맞았고 소질도 있었습니다. 운동 시작 1년 3개월 만에 이븐파를 쳤다고 합니다. K 씨는 골프에 더 빠져들었고, 급기야 프로골퍼가 되겠다는 결심까지 합니다. 그때가 2004년 봄이었는데, 당시 KPGA 프로테스트 장소였던 충북 충주시 임페리얼레이크CC 회원권을 사서 골프장 가까운 곳에 방까지 얻었습니다. 프로테스트가 열리는 실전 코스에서 매일 라운드하면서 완벽하게 코스를 익히겠다는 의도였죠. 처음엔 주변 사람들의 무시와 비아냥을 숱하게 들어야 했지만, 그럴수록 오기가 생겨서 연습에 더 몰두하게 되었다고 합니다. K 씨는 정확하게 1년 뒤인 2005년 봄, KPGA 프로테스트에 합격합니다. 운동 시작 꼭 8년 만이었습니다. 당시 그의 나이 56세였어요.

K 씨가 늦은 나이에도 독하게 마음먹고 골프에 몰입했던 건 단지 골프가 재미있어서만은 아니었습니다. 함께 골프를 하던 사람들처럼 품위 있는 부자가 되고 싶었다고 합니다. 그래서 그들의 말과 행동을 따라서 해보기도 하고, 말을 재미있게 하면서 주변 사람들을 편안하게 대해주는 연습도 했다고 해요. 진정으로 딴사람이 되고 싶었던 겁니다. 그런데 뜻대로 되지 않았습니다.

K 씨는 여러 사람 앞에서 이야기할 때마다 이야기가 삼천포로

빠지거나 재미있는 이야기도 재미없게 만들어버리는 분위기 테러리스트였습니다. 간단한 자기소개나 인사말을 할 때도 논점이 흐려지고 말이 늘어져서 여러 사람을 당황스럽게 하기 일쑤였다고 해요.

그래서 K 씨는 또 다른 결심을 합니다. 이번에는 만학입니다. 고교 중퇴라는 최종 학력이 부끄러워서 남몰래 고교 검정고시를 패스하고 늦은 나이에 대학에 입학합니다. 그리고 대학 입학 10년 만에 석박사까지 통과해 같은 대학 명예교수 임명장까지 받았습니다.

욕망 × 과시적 소비 = 골프

• • •

어떻습니까? 드라마 속 이야기냐고요? 아닙니다. 100% 실화입니다. 눈곱만큼도 과장하거나 덧붙이지 않았습니다. 그럼 무엇이 그를 변화시켰을까요? K 씨는 골프가 자신의 인생을 바꿔놓았다고 말합니다. 대체 골프에는 어떤 매력이 있기에 한 사람의 운명을 180도 바꿔놓을 수 있었던 걸까요? 하나씩 따져봅시다.

첫 번째는 자연을 배경으로 하는 적당한 운동량입니다. 운동이 격하지 않지만, 운동량은 대단히 많습니다. 18홀을 전부 돌면 4~5시간이 걸리는데 걷는 거리가 상당합니다. 운동을 위해 일부러 카트를 타지 않는 사람도 있습니다. 걷는 것만으로도 엄청난 운동이니까요. 게다가 맑은 공기와 수려한 자연경관을 배경으로 운동하죠. 마음이 열리고 풍부해집니다. 한 라운드를 하는 동안 산을 넘고 연못과 긴 풀, 모래 벙커 같은 위험 요소를 피해 그린에 공을 올려야 합니다. 자연 친화적이면서 흥미진진합니다. 참으로 매력 있는 레저라는 걸 필드에서 단 한 번만이라도 라운드해본 사람은 공감할 겁니다.

두 번째는 스포츠를 통한 사교 활동입니다. 골프는 대자연 속에서 사람과 사람을 이어주는 가교역할을 합니다. 18홀을 4~5시간 동안 돌면서 다양한 이야기를 나눌 수 있죠. 골프 이야기가 될 수도 있고, 비즈니스 상담이 될 수도 있고, 사적인 이야기가 될 수도 있습니다. 처음 만난 사이라도 서로 친분을 쌓고 비즈니스 상담을 하기에도 충분한 시간입니다.

사람들은 골프와 마주하면 대부분 비슷한 생각을 합니다. 나이와 직업, 성별, 세대를 불문하고 쉽게 친해질 수 있습니다. 탁 트인 자연을 벗 삼아 걷다 보면 누구라도 마음이 열리기 마련이죠. 골프만큼 사람과 친해지기 좋은 스포츠가 또 있을까요?

세 번째는 상류층 사람이 많이 몰리기 때문입니다. 사람은 누구나 욕구와 욕망이 있습니다. 미국의 심리학자 에이브러햄 해럴드 매슬로Abraham Harold Maslow는 인간의 욕구를 5단계로 구분했지요. 생리적 욕구(1단계), 안전의 욕구(2단계), 애정과 소속의 욕구(3단계), 존경의 욕구(4단계), 자아실현의 욕구(5단계)입니다. 배고픔이 해결되면 더 맛있는 것을 찾아다니고, 돈을 많이 번 사람은 여러 사람에게 인정받고 싶은 것처럼 끊임없이 현재보다 고차원적 욕구를

골프취업학개론

갈망하게 됩니다.

그런데 욕구와 욕망을 실현하는 데 있어서 골프만큼 크고 넓은 그릇이 없습니다. 골프는 많은 돈이 필요한 운동이라는 사실을 모르는 사람이 없을 겁니다. 그런데도 여러 사람이 골프에 빠지는 이유는 나보다 나은 사람과 어울리면서 지금보다 나은 삶을 영유하고 싶은 욕망이 있기 때문입니다. 사람마다 정도의 차이는 있겠으나 욕망 자체가 전혀 없이 골프장에 나가는 사람은 거의 없을 겁니다.

골프는 비싼 것이 오히려 매력으로 작용하기도 합니다. 과시적 소비라는 말이 있습니다. 부를 과시할 목적으로 의식해서 하는 소비를 뜻합니다. 미국의 사회학자이자 경제학자인 소스타인 베블런 Thorstein Bunde Veblen이 처음 사용한 용어입니다. 큰 틀에선 베블런 효과Veblen Effect라고도 합니다. 골프는 과시적 소비가 유독 강하게 나타나 운동입니다. 만약 골프장에 상류층 사람은 없고 서민들만 모인다고 해도 적잖은 돈을 쓰면서 골프장에 가려 할까요? 상류층 사람들은 물론이고 과시적 소비를 하던 중산층 상당수가 골프장을 외면할 가능성이 큽니다.

네 번째는 자존감을 높여주는 운동입니다. 골프장에 나가면 우쭐한 기분이 든다는 사람이 많습니다. 왜 그럴까요? 아무나 할 수 없는 운동이기 때문이죠. 우리나라 대부분 골프장은 도심과 멀리 떨어져 있어서 프라이빗한 느낌이 강합니다. 골프장 울타리를 넘는 순간 서민층에서 특권층이 된듯한 착각이 들기도 합니다. 자긍심이 자라나 여러 사람 앞에서도 당당해집니다. 스타 선수들이 사용하는 골프채 브랜드나 골프의류를 입는 사람, 전철이나 버스 정류장에서 열차를 기다리면서 맨손으로 스윙 연습을 하거나 퍼팅 연습을 하는 사람, 골프장 코스를 배경으로 셀카를 찍어 인스타그램에 공유하는 사람, 스윙을 영상으로 찍어 자랑하는 사람…. 방법만 다를 뿐이지 골프는 나이와 직업과 세대를 가리지 않고 모든 사람을 춤추게 하고, 모든 사람을 우쭐하게 합니다.

다섯 번째는 매너와 에티켓이 강조되는 운동이라는 점입니다. 골프는 심판이 없습니다. 스스로 규칙과 매너를 지키면서 플레이해야 합니다. 심판이 따로 없으니 편파판정 따위는 걱정할 필요가 없겠지요. 그 대신 동반 플레이어에 대한 매너와 에티켓을 철저하게 지켜야 합니다. 골프를 신사적인 스포츠라고 말하는 이유죠.

골프를 한다고 해서 모두가 신사·숙녀는 아닙니다. 진정한 신사·숙녀로 거듭나기 위해서는 공부해야 할 것과 실천해야 할 것이 대단히 많습니다. 그래야 더 좋은 사람들과 오랫동안 골프를 즐길 수 있고, 더 좋은 골프 친구를 만들 수 있습니다.

여섯 번째는 쉬워 보이면서도 어려운 운동이기 때문입니다. 골프를 처음 시작하면 누구나 가파르게 성장합니다. 라운드를 나갈 때마다 기록을 세우기도 하죠. 그러나 어느 정도 시간이 지나면 한계에 부딪힙니다. 그것을 플래토 이펙트Plateau effect라고 합니다. 어떤 운동이든 시작 초기에 나타나는 벽이 있어서 그것을 뛰어넘어야 더 좋은 기록을 낼 수 있는데, 생각대로 되지 않습니다. 하면

할수록 어렵습니다. 자기만족에 사로잡혀서 서툰 실력을 합리화해도 소용없습니다. 스코어가 모든 것을 말해줍니다.

프로골퍼들도 자신의 스윙과 플레이에 좀처럼 만족하지 못합니다. 평생 운동에만 전념해도 완성하지 못하는 것이 골프라고 합니다. 세상 모든 것을 손에 거머쥔 것 같았던 삼성 창업자 이병철도 죽을 때까지 뜻대로 되지 않았던 것 중 하나가 골프였다고 합니다.

질문이요!

Q. 중소기업에선 노력한 만큼 성취감이 없어서 할 수 있으면 내 일(사업)을 하라는 분도 계시던데요. 어떻게 생각하십니까?

A. 무슨 생각으로 그런 말씀을 하셨는지 이해합니다. 그런데 사업은 뭘 알아야 하지요. 우선 취업해서 업무의 메커니즘을 바닥부터 익혀야 합니다. 깊고 넓은 인적 네트워크를 쌓은 뒤에 사업을 시작해도 늦지 않습니다. 마음만 앞세우지 말고 창업까지 5~10년은 계획하고 준비하는 게 좋지 않을까요? 일단 취업한 회사에서 업무의 기초부터 익히세요.

돈과 골프 실력의 상관관계

김 대리는 골프장이 싫다고 했어!

• • •

골프는 돈이 많이 드는 운동입니다. 골프에 돈을 투자하다 보면 한도 끝도 없습니다. 하지만 골프의 여러 장점을 내 것으로 만들려면 어느 정도 투자는 해야 합니다. 그래서 사람들은 값비싼 비용을 치르면서까지 골프에 몰입합니다.

모든 사람이 골프에 빠질 수는 없습니다. 처음부터 골프의 매력을 느끼지 못하는 사람도 있고, 골프의 매력은 알지만 몰입하지 못하는 사람도 있습니다. 골프에 몰입하지 못하는 사람의 상당수는 경제적인 이유일 겁니다.

골프는 경제력이 대단히 중요한 운동입니다. 경제적으로 여유가 있을수록 골프를 잘 칠 가능성이 크고, 여유가 없을수록 골프를 못 칠 가능성이 큽니다. 직급이나 사회적 위치와도 어느 정도 비례합니다. 내 경험에 따르면 지방보다 수도권 사람이 잘 치는 것 같습니다. 수도권 사람 중에서도 강남 같은 땅값 비싼 지역 사람들이 더 잘 치는 것처럼 느껴지기도 합니다. 물론 이건 어디까지나 개인적인 의견입니다. 오해 없길 바랍니다.

골프도 몸을 움직여서 하는 운동이니 평소 몸을 많이 쓰지 않는 사람들은 골프 실력이 떨어질 것 같았는데, 현실은 그렇지가 않습니다. 골프 실력은 경제력에 의해서 좌우될 가능성이 매우 크기 때문입니다. 경제적으로 여유가 있으면 골프를 즐길 수 있는 환경이 좋겠지요. 당연히 골프를 잘 칠 겁니다. 의사나 판검사, 고위직 공무원 중에 골프를 못 치는 사람은 거의 본 적이 없는 것 같습니다.

반면에 경제적으로 여유가 없는 사람은 골프 환경이 녹녹지 않습니다. 골프를 가까이하기조차 어려울 겁니다. 같은 직장이라도 직급이 낮을수록 골프를 가까이하기 어렵습니다. 그만큼 골프 실력도 떨어질 수밖에 없습니다. 골프는 투자한 만큼 잘 칠 수밖에요. 똑같이 노력했다면 조금이라도 많이 투자한 사람이 이길 확률이 높습니다. 안타깝지만 양자의 실력 차이는 시간이 갈수록 더 벌어질 겁니다.

그래서 평범한 직장인이 골프를 잘 치기는 대단히 어렵습니다. 일주일에 두 번 라운드하면 한 달에 여덟 번입니다. 그린피만 계산해도 만만치가 않습니다. 골프장에 나가는 횟수를 줄이면 그만큼 뒤떨어지겠죠.

골프 비용도 비용이지만, 시간도 허락하지 않을 겁니다. 18홀 라운드를 하려면 최소 4~5시간은 할애해야 합니다. 골프장에 오가는 시간을 두 시간으로 잡고, 티오프 전 기다리는 시간, 라운드 후 식사하는 시간까지 포함하면 하루 10시간은 온전히 골프만을 위해 투자해야 합니다. 골프 약속이 있는 날은 골프 외에는 아무것도 하지 못합니다. 그것뿐인가요. 일주일에 한 번이라도 필드에 나가려면 이것저것 준비할 것이 많습니다. 장비·용품 수리나 보충도 해야 하고, 연습장에서 스윙 점검을 하거나 레슨을 받기도 합니다. 여성들은 의상이나 액세서리에도 신경을 많이 쓸 겁니다. 그래도 이 정도면 평범한 주말 골퍼들의 이야기입니다.

운동신경과 골프 실력이 비례하지 않는 이유

골프에 흠뻑 취해버린 마니아들은 어떤가요? 내가 골프 전문기자 시절에 취재원으로 만난 P 씨는 평소 운동을 좋아하지 않았습니다. 몇 가지 운동을 해봤지만, 운동신경도 좋지 않았고 흥미도 느끼지 못했다고 합니다. 그런데 늦게 시작한 골프에 빠지면서 집에서 가까운 곳에 골프연구소까지 차렸습니다. 연구소 앞에는 타석과 그물을 설치해서 스윙 연습을 했고, 연구소 안에는 각종 골프채와 연습 도구, 골프잡지·도서·참고자료 따위를 쌓아두었습니다. 벽에는 스타 선수들의 골프 스윙 사진이 덕지덕지 붙어 있었지요. 주 3~4회는 라운드를 했고, 골프 약속이 없는 날에는 연구소에서 골프 친구들과 만나 점심을 함께하거나 담소를 나누었다고 합니다. 그러면서 사업으로 벌어들인 돈을 대부분 골프 하는데 써버렸다고 해요. 누가 봐도 골프에 미친 사람이었죠. 그렇게 골프에 다년간 미쳐 지낸 결과, 이븐파나 언더파를 칠 실력이 되었다고 합니다.

돈과 시간이 아무리 많아도 골프를 할 수 없는 사람도 있습니

골프취업학개론

다. 친구가 없다면 골프를 하고 싶어도 할 수가 없습니다. 골프는 개인 운동이지만, 혼자 할 수 있는 운동이 아닙니다. 혼자서 골프에 입문하고 골프연습장에서 혼자 연습은 할 수 있으나 필드는 혼자 나갈 수 없으니까요. 3~4명이 짝을 이뤄야 한 팀으로 필드에 나갈 수 있습니다. 최소 3~4명의 골프 친구가 있어야 골프를 지속할 수 있다는 얘기입니다. 그런데 필드에 나갈 때마다 3~4명의 친구와 시간을 맞춰야 하니 그마저도 쉬운 일이 아니지요. 운동하다 토라지거나 다투기라도 하면 곤란해집니다. 그러니 골프 친구는 많을수록 좋습니다. 사교적이지 못한 사람에게는 참으로 어려운 운동입니다.

요즘에는 골프장 부킹 앱이 생겨서 골프장 예약뿐만 아니라 조인까지 해주죠. 굳이 골프 친구가 없어도 라운드를 할 수는 있으나 사교적이지 못해 골프 친구가 없는 사람이 일면식도 없는 사람들과 긴 시간을 함께해야 한다는 것 역시 적잖은 부담감일 겁니다. 밥도 무엇을 먹냐보다 누구랑 먹냐가 중요하잖아요. 골프도 마찬가지입니다. 누구와 함께 라운드하냐가 중요합니다. 단 한 번의 라운드를 위해 적잖은 돈을 쓰면서 불편한 사람들과 무려 4~5시간 동안 찜찜한 라운드를 해야 한다는 건 곤혹스러운 일입니다. 그래서 골프는 돈과 시간과 친구가 많아야 할 수 있는 운동이라고 하는 것이죠.

다수의 젊은 세대가 골프를 멀리하는 이유이기도 합니다. 요즘 젊은 세대는 어떻습니까? 경제적으로 여유가 있나요? 물론 여유가 있는 젊은이도 있겠지만, 대체로 경제적인 여유가 없을 겁니다. 게다가 성격이 급하고 속도감을 즐깁니다. 골프처럼 긴 시간을 기다리고 진중하게 생각하면서 하는 운동과는 맞지 않죠. 개인주의적인 성향이 강하다는 점도 골프와 가까이하지 못하는 이유 중 하나입니다. 젊은 세대 골프 유입을 위해서 다 같이 머리를 맞대고 고민해볼 필요가 있습니다.

질문이요!

Q. 골프업계에 종사하시는 분들 외국어 실력은 어느 정도인가요?

A. 아주 잘 하는 사람도 있고, 전혀 못 하는 사람도 있습니다. 골프업계 종사자의 외국어 실력이 데이터로 나와 있지 않아서 정확한 답변은 드릴 수 없습니다. 흥미로운 건 외국어가 중요한 자리인데도 외국어를 거의 못하는 사람도 있고, 외국어가 중요하지 않은 업무인데도 3개국어 이상 능통하게 하는 사람도 있습니다. 직장 생활에서 외국어보다 중요한 무엇인가가 있다는 것을 의미합니다. 다른 사람들 외국어 실력을 너무 의식하지는 마세요. 골프업계 관계자 중에 외국어 실력이 특출한 사람은 의외로 많지 않습니다. 개인적으로는 외국어 실력보다 책임감과 성실성이 더 중요하다고 생각합니다. 실제로 그런 사람들이 업계에서 롱런하고 있습니다.

골프취업학개론

프리미엄이 더 잘 팔리는 이유

부자와 서민의 소비 패턴

· · ·

골프는 돈이 많이 드는 운동이라고 충분히 설명해 드렸습니다. 골프장 이용료는 물론이고 골프에 필요한 장비 · 용품은 전부 고가이기 때문에 어쩔 수 없습니다. 같은 티셔츠라도 골프웨어는 왜 이렇게 비싼 건지 모르겠습니다. 골프장 이용료가 비싼 대신에 골프와 관련한 장비 · 용품이라도 저렴하게 구매할 수 있다면 좋으련만 서민들이 골프장 문턱을 넘기에는 여전히 쉽지 않아 보입니다.

그럼 왜 골프와 관련한 용품 · 제품은 고가일까요? 이유는 간단합니다. 비싸도 수요가 있기 때문이죠. 수요가 많을수록 가격은 올라갑니다. 골프와 관련한 용품 · 제품은 고가이지만 사는 사람이 그만큼 많다는 겁니다. 고가의 제품이 중저가보다 오히려 잘 팔립니다. 골프업계가 수많은 불황을 겪으면서도 고가의 프리미엄 제품 브랜드는 그때마다 오히려 더 잘 팔렸습니다.

프리미엄 브랜드가 잘 팔리는 현상은 비단 골프업계만이 아닙니다. 불황 속에서는 고가의 프리미엄 제품이 오히려 잘 팔린다는 주장에 대부분 유통업계 관계자가 공감할 겁니다. 골프는 근래 들어 고가 제품 소비가 한풀 꺾였지만, 명품과 위스키, 수입차의 고가 매출은 지금도 늘어나는 추세라고 합니다.

이유가 뭘까요? 소비의 패러다임이 바뀐 겁니다. 시장이 커지고 산업이 발달하면서 극단적인 시장의 양극화 현상이 굳어지고 있다는 것을 의미합니다. 프리미엄 브랜드의 매출 고공행진을 순간의 유행으로만 해석해선 안 됩니다.

고가 제품은 곧 신분이라는 잘못된 인식도 과시적 소비를 부추깁니다. 고가의 프리미엄 제품을 구매하고 사용해야만 최소한의 품위 유지를 할 수 있다는 생각입니다. 부자들은 신분을 지키기 위해서 사고, 서민들은 과시를 목적으로 사는 것이죠.

그런데 부자와 서민의 소비 패턴은 완전히 다릅니다. 부자들은 불황이 와도 소비가 크게 위축되지 않습니다. 오히려 기회라고 생각하는 부자가 많습니다. 경기가 어려울수록 부자들은 더 많은 재산을 끌어모을 수 있기 때문이죠. 현금 가동률이 문제입니다. 부자들은 불황에서 매물로 나오는 제화를 현재 보유한 자산으로 매각할 수 있습니다. 가격이 낮아지는 시점에 매각하면 경기가 살아났을 때 가치가 오른 만큼 더 많은 재산을 부풀릴 수 있습니다. 그래서 부자들에게 불황은 불황이 아닙니다. 호황이든 불황이든 부자들의 소비 심리가 위축되지 않는 이유입니다.

반면에 서민들의 소비 성향은 어떻습니까? 서민들은 월급을 받아서 생필품을 사기에도 빠듯합니다. 명품과 고가 제품을 사려면 생필품 지출을 줄여야 합니다. 그것도 모자라 영끌을 하는 사람도

골프취업학개론

업체	브랜드	대표
던롭코리아	젝시오, 스릭슨, 클리브랜드	홍순성
로저나인	PXG	신재호
마스터스통상	온오프골프, G Ⅲ	권승하
마제스티골프코리아	마제스티	김형엽
삼양인터내셔날	핑 골프	허광수, 하영봉
석교상사	브리지스톤골프	이민기
아쿠쉬네트 코리아	타이틀리스트	최인용
오리엔트 골프	야마하골프	이동헌
테일러메이드 코리아	테일러메이드	마크셀던앨런
한국미즈노	미즈노	다나카 데쓰야
한국캘러웨이골프	캘러웨이 골프	이상현

골프클럽을 유통·판매하는 주요 업체 정보입니다.

있습니다. 빠듯한 살림에 필요한 무엇인가를 꼭 사야 한다면 대출이라도 받아야 하니까요. 부동산, 주식투자, 자동차 매매 같은 고가의 제화를 구매할 때가 그렇죠.

하지만 영끌로 유무형의 자산을 끌어모은 사람들은 불황과 직면하면 대출 이자도 갚기 어려워집니다. 금리 인상과 경기 불황으로 시중에 돈이 말라가고 있기 때문입니다. 금리가 더 오르고 보유하던 자산 가치가 떨어지면 보유하던 자산을 시장에 내놓을 수밖에 없을 겁니다. 그런데 자산 가격이 계속해서 떨어지면 사는 사람이 없을지도 모릅니다. 가치가 바닥으로 추락한 제품을 선뜻 구매하려는 사람은 없을 테니까요. 그럼 더 싼 가격으로 시장에 내놓아야 합니다. 불황 앞에서 한없이 작아지고 위축될 수밖에 없는 서민들의 비애입니다.

만약 여러분이 골프업계에서 근무를 시작한다면 이 두 그룹의 소비 성향을 잘 분석하고 연구해야 합니다. 이제는 골프뿐만 아니라 극단적인 두 부류가 대부분 업종에 존재합니다.

질문이요!

Q. 요즘 취업이 안 된다는 말을 하도 많이 들어서 걱정입니다. 골프업계 실제 분위기는 어떤지 궁금합니다.

A. 취업이 안 되는 건 아니죠. 입사가 쉽지 않아서 그렇지 일자리가 없는 건 아닙니다. 젊은 사람들은 취업이 안 된다고 하는데 기업은 일할 사람이 없다고 해요. 누구의 말이 맞는 건가요? 서로의 눈높이가 다른 것이죠. 주변 사람들 말을 참고하되 너무 걱정하진 마세요. 계획대로 밀고 나가시면 됩니다. 여러분은 이미 골프업계 취업을 목표하고 있으니 반은 취업한 거나 마찬가지입니다. 참고로 취업이 어려운 건 어제오늘 일이 아닙니다. 과거에도 어려웠습니다. 1990년대만 해도 골프업계엔 일자리가 거의 없었습니다. 골프 산업의 뼈대가 생성되지 않은 시기였으니까요. 지금처럼 골프 마케팅이니 컨설팅이니 에이전시니 하는 말도 없었죠. 더구나 IMF가 찾아와서 큰 시련까지 겪었습니다. 월급이 많든 적든 그냥 비집고 들어가서 일거리를 만들고 홍보하고 팔면서 버틴 겁니다. 기성세대 대부분은 그렇게 자리 잡은 사람들입니다. 그런 깡도 필요합니다.

골프취업학개론

제3강

취업 준비

이번 시간에는 여러분이 골프업계 취업을 위해
준비해야 할 것들을 설명하겠습니다.
아마도 가장 궁금해하는 내용이 아닐까 싶습니다.
하나도 빠질 것이 없는 내용이니
집중해서 들어주세요.

전공 선택

골프 · 스포츠 전공 취준생 얼마나 유리할까?

· · ·

취준생이나 대학생들에게 골프업계 취업과 관련해서 자주 받는 질문이 있습니다. "골프업계에 취업하려면 무엇을 전공해야 유리합니까?"라는 내용입니다. 무엇을 전공하는 게 좋을까요? 골프와 관련한 일이니 골프나 스포츠 관련 전공이 좋을까요?

하나씩 따져봅시다. 골프학과나 체육학과에서 골프의 이론과 실기를 배운 취준생들은 어떤 장점이 있을까요? 많은 업계 관계자와 대표들에게 이 질문을 던졌더니 다양한 의견이 나왔습니다. 그 중에서 다수의 사람에게 공통으로 나온 장점들을 추려보니 다섯 가지로 요약할 수 있을 것 같습니다.

첫 번째는 일에 대한 열정과 의욕입니다. 전공과 관련한 업무이기 때문에 일에 대한 집중력과 열정, 의욕이 다른 과목 전공자보다 강할 것이라는 기대감이 있었습니다. 아무래도 일찌감치 장래를 결정한 사람들이니 그럴 수도 있겠네요.

두 번째는 골프 관련 해박한 지식과 경험입니다. 다년간 골프와 관련한 학습을 하면서 현장(실무) 경험을 쌓았을 테니 준비된 일꾼이라고 할 수 있겠지요. 골프 관련 업무는 골프를 조금이라도 잘 알고, 조금이라도 잘 치는 사람, 골프장에 한 번이라도 더 나가본 사람이 유리합니다. 아는 만큼 보일 테니까요.

세 번째는 시장 흐름을 읽는 눈입니다. 해박한 골프 이론이 반드시 업무 능력과 비례하는 건 아닙니다. 각자의 영역에서 필요로 하는 업무 능력과 기술, 그리고 시장 흐름을 읽는 눈이 더 중요합니다. 골프는 언제라도 아무나 배우고 칠 수 있지만, 시장 흐름을 읽는 눈은 하루아침에 만들어지지 않습니다. 현장(실무) 경험이 한 번이라도 더 있는 골프·체육 전공자에게 조금이라도 유리한 면이 있다는 것이죠.

네 번째는 리더십과 협동심입니다. 운동과 공부를 겸한 학생들은 리더십과 협동심이 좋을 것이라는 기대감이 적지 않은 듯합니다. 어떤 운동을 하든 단체생활을 경험하면서 협동심을 배웁니다. 미국에서 스포츠선수 출신을 우대하는 것도 이러한 이유 때문이라고 하니 업계 관계자들의 선입견에서 오는 기대감은 아닌 듯합니다.

다섯 번째는 원만한 대인관계와 영업력입니다. 건강한 신체가 건강한 정신을 낳듯이 평소 운동을 통해 꾸준히 신체를 단련한 사람은 그렇지 않은 사람보다 대인관계가 원만하고 긍정적이며 자신감이 있을 것이라는 의견입니다. 그것이 영업 실적으로 이어지기도 하지요.

업계 관계자 대부분이 이런 생각을 하고 있다면 골프나 스포츠를 전공한 취준생들은 골프업계 취업이 유리할 겁니다. 그래서인지는 모르겠으나 현재 골프업계 종사자 중에는 대학에서 골프나 스포츠를 전공한 사람이 제법 많습니다. 골프나 스포츠를 전공한 취준생들에게는 자신감으로 작용할 만합니다.

골프 전공 취준생을 꺼리는 이유

• • •

그런데 이상하죠. 골프나 스포츠를 전공한 사람에게 유리한 점이 이렇게나 많은데, 현실은 골프나 스포츠를 전공한 사람보다 다른 과목을 전공한 사람이 훨씬 많습니다. 왜 그럴까요? 이와 관련한 의견도 업계 관계자 여러 명에게 들을 수 있었습니다.

업계 대표들의 의견은 제각각입니다. 골프나 스포츠를 전공한 사람을 선호하는 대표가 있는 반면에 그렇지 않은 대표도 있습니다. 전공이 무엇이든 상관없다는 대표도 있어요. 내가 사장이라면 굳이 대학 전공은 따지지 않을 것 같습니다.

중요한 건 골프업계라고 해도 골프에 대한 깊은 지식을 요구하는 회사는 많지 않다는 점입니다. 골프나 체육에만 해박한 것보다 여러 분야 지식과 경험이 풍부한 사람이 더 유리합니다.

결국, "골프업계에 취업하려면 무엇을 전공해야 유리합니까?"라는 질문에는 속 시원하게 답변드리기가 어렵겠습니다. 지금 드릴 수 있는 말씀은 "특정 전공과목이 유리할 수도 있고, 그렇지 않을 수도 있다"라는 모호한 답변뿐입니다. 골프업계에는 수많은 회사가 존재합니다. 같은 회사라도 사람마다 담당하는 업무가 다릅니다. 같은 공간에서 일하더라도 사람마다 다양한 능력과 기술과 경험이 요구됩니다. 골프와 관련해서 어떤 일을 하냐에 따라 공부해야 할 과목도 내용도 달라질 수 있겠지요.

한 가지 확실하게 말씀드릴 수 있는 건 대학에서 무엇을 전공하든 누구나 골프와 관련한 일을 할 수 있다는 겁니다. 골프를 전공했든 경영학을 전공했든 법학을 공부했든 상관없습니다. 누구에게 유리하지도 불리하지도 않습니다. 구직자 본인의 의지와 노력에 달린 것이죠.

아주 조심스럽지만, 굳이 유리한 전공과목을 하나만 꼽는다면 경영이나 마케팅이 아닐까 생각합니다. 골프 관련 업종이라고 해서 골프가 메인이 될 수는 없으니까요. 생각해보세요. 회사는 골프를 해서 돌아가는 게 아닙니다. 사업과 경영, 마케팅을 통해서 수익을 올립니다. 결국엔 돈을 벌기 위해서 하는 일이니까요. 돈을 벌기 위해 골프를 활용할 뿐이죠. 골프는 어디까지나 돈을 버는 수단입니다.

예를 들어서 마케팅 전문가 A는 골프 마케팅뿐만 아니라 다른 분야 마케팅팀장으로 영입되기도 합니다. 그에 반해서 골프 전문가 B는 골프업계 마케팅 외에는 마케팅팀장을 맡기가 어렵습니다. 왜 그럴까요? 이점을 잘 생각해보면 회사 경영과 마케팅 업무의 메커니즘을 정확하게 이해할 수 있을 겁니다.

골프는 언제라도 배울 수 있지만, 경영이나 마케팅 지식과 감각

골프취업학개론

은 쉽게 익힐 수가 없습니다. 만약 골프나 스포츠를 전공한 사람이 부전공으로 경영이나 마케팅을 공부했다면 눈독을 들일 회사가 많을 수도 있겠네요.

질문이요!

Q. 골프를 전공한 학생들이 접근하기 쉬운 직업군에 대해서 알고 싶습니다.

A. 몇몇 직업을 제외하면 골프를 전공했다고 해서 특별히 유리한 건 없습니다. 사회에 나가 어떤 일을 하실지 모르겠지만, 목표하는 회사가 있다면 그 회사에서 요구하는 인재가 되기 위해 노력해야겠지요. 지금까지는 골프나 체육을 전공한 인재들이 프로골퍼, 캐디, 트레이너, 피터처럼 몸으로 하는 일에 쏠리는 경향이 있었습니다. 앞으로는 세상을 넓게 보고 생각의 폭을 넓혔으면 합니다. 대학에서 정상적으로 공부했다면 골프업계에서 여러분이 하지 못할 일은 아무것도 없습니다.

Q. 직장 생활을 하면서 골프를 배우고 싶습니다. 세미프로라도 따고 싶은데 가능할까요?

A. 프로골퍼를 목표로 운동하는 건 좋습니다. 하지만 월급쟁이가 자기 돈으로 골프를 배우는 건 매우 부담스러운 일입니다. 요즘 골프업계 일부 기업에서는 직원들 복지나 업무 능력 향상을 위해 골프 비용 일부를 지원해주기도 합니다. 그런데 어지간한 연습량으로는 프로테스트에 합격하기 어렵습니다. 운동에 몰두하면 업무에 소홀하게 될 겁니다. 프로골퍼를 목표로 운동하되 업무에 소홀해선 안 되겠죠. 골프를 시작해서 싱글 핸디를 칠 수 있는 실력이 된다면 그때 가서 다시 생각해보는 것이 좋겠습니다. 싱글 핸디도 안 되는 실력이라면 도전하지 않는 게 좋습니다.

글쓰기와 외국어

글쓰기 실력이 중요한 이유

· · ·

직장 생활은 어디에서 하나 비슷합니다. 대부분 업·직종에서 요구하는 업무 능력이 있습니다. 글쓰기와 외국어 실력입니다. 어쩌면 대학 전공보다 이 두 가지 업무 능력이 더 중요할지도 모르겠습니다. 어디에서 무슨 일을 하든 두 업무를 완전히 피할 수는 없을 테니까요.

먼저 글쓰기부터 알아볼까요? 회사 생활에서 글쓰기는 전방위적으로 필요합니다. 무엇을 하든 글쓰기가 기본이죠. 글쓰기가 안되면 업무 진행이 순조롭지 않을 겁니다. 골프업계도 마찬가지입니다. 대부분 업무가 글쓰기와 연결되어 있지요. 언론사 배포용 보도자료는 물론이고 각종 보고서·기획서·소개서·설명서·제안서, 이메일 보내기나 SNS 업로드 때도 글쓰기를 피할 수 없습니다. 상당한 시간을 글쓰기에 공을 들어야 하는 이유입니다.

직장 내 글쓰기 업무는 여러분이 생각하는 것보다 훨씬 많습니다. 글쓰기가 서툰 사람은 골프업계뿐만 아니라 어디에서 무슨 일을 하든 어려움을 겪을 가능성이 큽니다. 퍼트가 서툰 골프선수와 다르지 않습니다. 그만큼 직장 생활에서 글쓰기가 중요합니다. 어렵게 취업에 성공하더라도 문제입니다. 어떻게든 취업 전에는 글쓰기 능력을 키워서 입사하세요.

글쓰기를 잘하려면 책을 많이 읽어야 합니다. 책을 많이 읽지 않고 글을 잘 쓰기는 어렵습니다. 그런 사람을 본 적도 없는 것 같습니다. 책을 많이 읽었다고 해서 모두 글을 잘 쓰는 건 아닙니다. 많은 책을 읽고 글쓰기 연습을 꾸준히 오랫동안 해야 합니다. 결국엔 많은 글을 써본 사람이 글을 잘 쓰겠지요. 책 읽기가 연습장에서 하는 스윙 연습이라면 글쓰기는 실전 라운드입니다. 연습장에서 매일 열 시간씩 공을 쳐도 필드에 나가지 않으면 골프 실력이 좋아지지 않습니다. 글쓰기도 마찬가지입니다. 많이 써본 사람이 잘 씁니다.

이 강의에서 글을 잘 쓰는 방법까지 알려드릴 수는 없지만, 한 가지만 조언하겠습니다. 여러분이 직장 생활에서 쓰게 될 글은 논리를 요구하는 글입니다. 보도자료가 됐든, 소개서가 됐든, 설명서가 됐든, 제안서가 됐든 논리로서 설득하는 글이라는 것이죠. 논리적인 글이라는 건 시·소설 같은 문학작품과는 다릅니다. 대부분 정해진 규칙들이 있어서 그 규칙에 맞게 쓰면 글 못 쓴다는 소리는 피할 수 있습니다. 얼마든지 노력으로 극복할 수 있다는 뜻이죠.

글을 잘 쓰기 위한 연습법이 있냐고요? 물론 있습니다. 보통 일기를 꾸준히 쓰면 글이 는다고 하죠. 맞는 말입니다. 일기는 정해진 형식이 없어서 누구라도 자유롭게 부담 없이 쓸 수 있습니다.

그런데 일기는 자기 이야기를 중심으로 쓰다 보니 업무용 글쓰기와는 동떨어진 느낌이라고 말하는 사람도 있습니다. 그런 사람들에겐 좀 더 실전적이면서 치열한 글쓰기 훈련방법을 추천합니다.

첫 번째는 보도자료 수정·보완하기입니다. 지방자치단체 홈페이지에 들어가면 언론사용 보도자료를 일반에 공개하고 있습니다. 보도자료 중에는 간결하고 완성도가 높은 것도 있지만, 그렇지 않은 보도자료도 많습니다. 어떤 것이든 좋으니 그 보도자료를 새롭게 각색하는 연습을 해보세요. 다른 언론사에 보도자료를 만들어 배포한다는 생각으로 고쳐보는 겁니다. 비교적 완성도 있는 글을 조금만 수정하는 작업이기 때문에 어렵지 않게 미션을 완성할 수

경기도청 홈페이지에 공개된 보도자료입니다. 어떤 보도자료든 고쳐 쓰는 연습을 하는 것만으로도 글쓰기 규칙을 익힐 수 있습니다.

골프취업학개론

있을 겁니다. 남이 쓴 보도자료를 살짝만 고치는 것이 무슨 연습이 되겠냐고 하실 분도 있겠지만, 이런 연습을 반복하다 보면 글쓰기의 규칙과 메커니즘을 자연스럽게 터득할 수 있습니다. 자신만의 글쓰기 노하우가 생겨서 자신감도 가질 수 있게 됩니다.

두 번째는 TV 모니터링 보도자료 만들기입니다. 이 방법은 보도자료를 수정하는 것보다 한 단계 난이도 있는 연습법입니다. 드라마가 됐든 토크쇼가 됐든 다큐멘터리가 됐든 상관없습니다. 처음부터 끝까지 모니터링할 필요도 없습니다. 특정 장면이나 한두 마디 대사만 요약 정리해서 보도자료를 만들어보세요. 그렇게 하면 한 프로그램을 보고 여러 개의 보도자료를 만들 수 있을 겁니다. TV에서 흘러나오는 내용을 듣고 받아적어야 하니 손이 빠르고 순발력이 있어야 합니다. 이 방법을 반복해서 연습하다 보면 글쓰기 속도와 순발력을 기를 수 있습니다. 신문사에서 인턴기자들 교육이나 테스트를 겸해서 쓰는 방법이기도 합니다.

세 번째는 골프대회 중계방송을 보면서 보도자료를 만들어보세요. TV 모니터링 보도자료 만들기와 비슷한 방법이지만, 골프에 대해 어느 정도 전문성이 필요합니다. 예를 들어서 고진영이 1번 홀에서 버디를 했다면 티샷부터 버디 퍼팅까지 과정을 보도자료용 글로써 정리해보는 겁니다. 글쓰기 메커니즘은 물론이고 골프에 대한 지식과 이해가 없다면 쓸 수 없는 글이겠죠. 일주일에 3~4회 이상 꾸준히 연습하세요. 글쓰기가 숙달될 때까지 반복해야 합니다. 세 번째 방법까지 충실하게 연습했다면 지금 당장 실무에 투입

돼도 무리가 없을 겁니다.

취업 가능성 높여주는 외국어 실력

• • •

외국어 실력은 두말할 필요가 없습니다. 골프업계에서 일하려면 외국어는 필수라고 할 수 있습니다. 골프의 본고장이 영국과 미국이기 때문에 용어나 원서가 영어인 데다 골프용품 원산지가 대부분 미국과 일본입니다. 영어나 일본어를 통·번역해야 할 일이 많습니다. 영어나 일본어 중 하나라도 가능하다면 다행이지만, 외국어가 전혀 되지 않는다면 직업 선택 폭이 그만큼 좁아집니다. 입사에 성공하더라도 활동 반경이 줄어들 수밖에 없습니다.

하지만 업계 대표들이나 실무자들의 외국어 실전 활용도에 대한 의견은 엇갈립니다. 필수라고 주장하는 사람도 있고, 그렇지 않다는 사람도 많습니다. 필수라고 주장하는 사람은 외국어 통·번역을 할 일이 없더라도 해외시장 트렌드를 빠르게 파악하려면 필요하다는 의견입니다. 비즈니스를 넓은 눈으로 볼 수 있을 뿐만 아니라 수익 아이템을 찾는 데에도 큰 역할을 한다는 것이죠. 실제로 외국어를 못하는 것보다 잘하는 것이 훨씬 유리합니다. 기업에서는 비슷한 조건의 취준생이라면 외국어 실력이 좋은 사람을 선택할 가능성이 큽니다.

반면에 필수는 아니라고 주장하는 사람은 같은 골프업계라도 업무가 다양하다는 의견입니다. 해외 출장, 외국어 통·번역은 물론이고 외국인과 만나거나 연락할 일조차 없는 파트도 많습니다. 사무실에 앉아 혼자 일하는 시간이 대부분인 업무도 있습니다. 업무의 특수성을 고려해야 한다는 것이지요.

해외 영업을 유난히 잘하는 기업 회장 중에도 외국어 한마디 못하는 사람이 의외로 많습니다. 이들의 공통점은 영업력이 뛰어나다는 점입니다. 회사에서 매출을 올리려면 외국어 실력도 중요하지만, 경영이나 마케팅, 영업력이 우선되어야 합니다.

질문이요!

Q. 글을 쓰다 보면 자꾸 삼천포로 빠집니다. 삼천포로 빠지는 글을 잡아주는 방법이 없을까요?

A. 글쓰기 용어에 수미상관법(首尾相關法)이라는 말이 있습니다. 도입부에 강조했던 말을 마무리하면서 한 번 더 강조하는 방법이지요. 도입부에 "골프대회에서 팬 서비스를 강화해야 한다"라고 주장했다면 결말에는 "골프 팬이 외면하는 골프대회는 흥행할 수 없다"라고 쓰는 겁니다. 도입부에 강조했던 말을 한 번 더 강조했습니다. 이제 중간에 들어갈 글만 채워 넣으면 됩니다. 골프대회에서 팬 서비스를 강화해야 하는 이유를 서너 가지 예로 들어서 설명하면 됩니다. 첫 번째, 두 번째, 세 번째 이유를 간단하게라도 미리 적어넣어 보세요. 그럼 글쓰기의 뼈대는 만들어진 셈입니다. 이제 구체적인 내용을 적으면서 글을 완성해보세요. 삼천포로 빠지고 싶어도 빠질 수 없습니다.

현장(실무) 경험

현장(실무) 경험은 취업 위한 적립 포인트

• • •

글쓰기나 외국어 실력보다 중요한 것이 있습니다. 바로 현장(실무) 경험입니다. 현장(실무) 경험보다 중요한 스펙은 없습니다. 그것은 여러분이 이력서를 작성하고 여러 군데 면접을 보게 되면 실감할 수 있을 겁니다.

현장(실무) 경험이 왜 중요할까요? 여러 이유가 있습니다만, 골프업계 대표나 실무자들이 가장 중요하게 여긴다는 게 첫 번째 이유입니다.

여러분, 이론 공부 많이 하셨죠? 선배들로부터 조언도 많이 들었을 겁니다. 하지만 이론과 실무는 전혀 다릅니다. 직접 부딪혀 보지 않으면 업무의 메커니즘을 정확하게 이해하기가 어렵습니다. 그러한 이유로 골프업계 대표나 실무자들은 구직자의 이력서가 아무리 화려해도 실무 경험이 없으면 높은 점수를 주지 않을 겁니다.

국내 골프업계 기업들은 대부분 중소기업입니다. 그것이 무엇을 의미하는지 아십니까? 중소기업은 기업 이미지보다 실용성을 더 생각합니다. 막연하고 먼 미래보다 현재나 가까운 미래를 중요하게 여기죠. 여러분의 학위보다는 지금 당장 업무에 투입할 수 있는 즉시 전력감인지를 본다는 뜻입니다. 결국, 여러분의 학위가 아무리 화려해도 눈길도 주지 않는 기업이 많다는 겁니다. 명문대 졸업생이나 유학파에 대한 가산점을 기대하기도 어렵습니다. 학위만 있으면, 유학만 다녀오면 회사에서 모셔가는 업종이 아니라는 것이죠.

두 번째 이유는 일에 대한 열정과 진정성을 엿볼 수 있다는 겁니다. 요즘 대학생이나 취준생들과 만나 이야기하다 보면 안타까운 것이 한 가지 있어요. 공무원시험을 준비하는 사람을 제외하면 인생의 뚜렷한 목표가 없다는 점입니다. 당장 취업 전선에 뛰어들어야 하는데도 어디에서 무엇을 하며 먹고 살아야 할지 막막하게 여깁니다. 목표가 없으니 계획이 없고, 계획이 없으니 발전도 기대할 수 없겠지요. 그런데 한 분야에 실무 경험이 여럿 있는 사람은 어떻습니까. 최소한 자신이 가고자 하는 방향이 분명해 보이지 않나요? 일하고자 하는 최소한의 열정과 진정성이 엿보입니다.

세 번째는 막연한 미래에 대한 불안감을 떨칠 수 있다는 점입니다. 일은 하면서 익혀야 한다고 말씀드렸죠. 해보지 않으면 모릅니다. 아무리 이론·기술적으로 준비가 착실하게 되어 있다고 해도 실무 경험이 없으면 불안한 건 마찬가지입니다. 실제로 요즘 취준생들은 취업이라는 높은 장벽과 미래에 대한 불안감이 너무나도 뚜렷하게 엿보입니다. 미래에 대한 불안감을 떨치고 골프업계 트렌드와 흐름을 제대로 읽기 위해서는 현장(실무) 경험이 반드시 있어야 합니다.

그밖에도 신입사원을 따로 교육할 여건이 아니라는 점, 지금 당장 현장(실무)에 투입할 수 있는 인재가 아니라면 채용을 꺼릴 가능성이 크다는 점도 인지해두기 바랍니다.

골프업계 모든 회사가 그렇다고 단정할 수는 없습니다. 회사에 따라, 여러분이 맡게 될 업무에 따라 환경이 달라질 수 있습니다. 하지만 골프업계 다수의 회사는 즉시 전력감을 선호합니다. 여러분이 골프업계 대표라고 생각해보세요. 회사는 중소기업이고 빠듯한 예산으로 투자해서 영업이익을 내야 합니다. 그런 상황에서 인재를 영입해야 한다면 누구라도 좋은 대학, 좋은 학과를 나온 인재보다 활용 가치가 높은 인재를 택하게 될 겁니다.

물론 이제 막 입사한 신입사원에게 당장 나가서 돈을 벌어오라고 하지는 않을 겁니다. 벌어올 수도 없습니다. 일정 기간 일을 배우면서 업무 능력이 향상되기 전까지는 시간이 필요합니다. 명문대를 나온 사람이라고 해서 회사 생활에 빨리 적응하고 좋은 실적을 낼 수 있는 게 아닙니다. 해외 유학파라고 해서 더 좋은 실적을 낸다는 보장도 없습니다. 어디에서 무엇을 했든 신입사원들의 업무 능력은 크게 다르지 않습니다. 업무 능력과 학업 성적은 비례하지 않습니다.

지금까지 크게 세 가지 이유를 들어서 현장(실무) 경험의 중요성을 설명했습니다. 골프업계가 아니라도 마찬가지입니다. 자신이 가고자 하는 방향을 결정했다면 그 분야의 현장(실무) 경험은 꼭 필요합니다. 입사지원서를 내기 전에 용기를 내서 현장(실무) 경험을 최대한 많이 쌓아보세요. 현장(실무) 경험은 취업을 위한 적립 포인트입니다.

질문이요!

QnA

Q. 채용공고나 일자리 정보를 얻을 만한 사이트가 있다면 알려주세요.

A. 국민체육진흥공단 같은 공기업에서는 스포츠 관련한 인력을 정기적으로 뽑습니다. 국민체육진흥공단 홈페이지 채용정보를 검색해보면 골프장 프런트, 스포츠지도사, 체육지도자, 경륜·경정 심판 같은 채용공고가 자주 올라옵니다. 채용공고를 살펴보면서 여러분이 참여할 수 있는 일자리가 있다면 신청서 양식을 내려받아 작성한 후 접수해보세요. 국민체육진흥공단 스포츠산업일자리센터의 잡스포이즈(아래 사진)에서는 취업 지원 프로그램과 기업정보, 채용정보, 일자리매칭 서비스들을 제공합니다. 스포츠잡알리오 같은 스포츠산업 채용 사이트를 검색해보는 것도 좋습니다.

골프 배울 땐 정석으로

골프 실력으로 업무 능력 가늠하기
· · ·

골프업계에서 면접을 보면 꼭 따라다니는 질문이 있습니다. "골
프는 치세요?"라는 질문입니다. "네, 칩니다"라고 답하면 "얼마나
치세요?"라는 질문이 따라옵니다. 입사에 성공하더라도 만나는 사
람마다 이런 질문을 할지도 모릅니다. 아마도 골프업계를 떠나지
않는 한 이 질문을 피하기는 어려울 겁니다.

왜 그럴까요? 질문자의 의도는 뻔합니다. 골프 수준으로 업무
의 전문성과 이해도를 가늠해보기 위해서죠. 사실 골프 실력과 업
무 능력은 상관관계가 별로 없습니다. 골프 실력이 업무 능력을 좌
우한다면 프로골퍼를 앉혀 놓고 일을 시키는 것이 좋지 않을까요?
레슨프로의 지도력과 골프 해설위원의 능력도 골프 실력으로 가늠
하지는 않는데 말이죠.

골프업계 사람들의 대표적인 선입견이라고 생각되지만, 상당수
사람이 그렇게 인식하고 있다면 어쩔 수 없는 일입니다. 대세를 따
를 수밖에요. 요즘 직장에서는 골프 잘 치는 직원이 상전이라고 합
니다. 그럴 만도 합니다. 회사에서 임원들의 골프 모임이 있는 날

이면 골프를 잘 치는 사원을 대동하기도 합니다. 골프업계가 아니라도 이런 풍경을 볼 수 있는 직장이 제법 많습니다. 직장 생활에서 골프가 얼마나 중요한지 아시겠죠?

그럼 골프를 얼마나 잘 치면 될까요? 골프는 평생 해도 어려운 운동입니다. 유명 프로골퍼들도 자신의 플레이나 스윙에 만족하지 못합니다. 아무리 높은 경지에 올라도 한없이 부족하게 느껴집니다. 하물며 잘해야 한 달에 한두 번 필드에 나가는 직장인 아마추어 골퍼들에게는 얼마나 어려운 운동일까요.

프로골퍼가 아닌 이상 골프를 잘하기는 어렵습니다. 프로골퍼를 제외하고 골프업계에서 일하는 모든 사람을 통틀었을 때 가장 많은 레벨이 소위 말하는 백돌이입니다. 18홀을 돌면 100타 정도를 치는 수준이죠. 그런데 자신이 백돌이라고 소개하는 사람 치고 정말 100타를 치는 사람은 거의 본 적이 없습니다. 스코어를 대충 계산해도 120타 이상 치는 사람이 많습니다. 직장인들의 골프 실력이 그리 뛰어나지는 않다는 걸 한두 번만 라운드를 같이 해보면 어렵지 않게 알 수 있을 겁니다. 물론 개중에는 프로골퍼 못지않은 실력자도 있습니다. 그런 사람은 흔치 않습니다. 진짜 100타를 치더라도 괜찮은 타수입니다.

골프업계에서 일하는 사람들은 라운드 기회도 많고 골프 수준도 좋을 것 같지만 그렇지는 않습니다. 골프는 한 번이라도 필드에 많이 나가본 사람이 잘 치게 되어 있지요. 어디에서 무슨 일을 하냐가 중요한 게 아니라 얼마나 필드에 많이 나갔냐가 중요합니다. 골프업계에서 일한다고 해서 골프를 많이 칠 것이라는 선입견은 주류회사에서 일하니 술을 많이 마실 것이라는 선입견과 같습니다. 그러니 '골프업계에 취업하려면 골프 실력이 뛰어나야 한다'라는 강박관념에서 벗어나도 될 듯합니다.

만약 골프를 배울 생각이라면 정석으로 배우는 것이 좋습니다. 골프 실력이 늘지 않는 사람 대부분은 혼자서 연습하고, 혼자서 고민하며, 혼자서 골프 스윙을 익히기 때문입니다. 수많은 시행착오를 겪어가며 우격다짐으로 골프를 익힌 경우죠.

이런 방법은 절대로 권하고 싶지 않습니다. 좋은 길을 놔두고 먼 길로 돌아갈 필요는 없으니까요. 골프 스윙의 수많은 메커니즘을 혼자서 이해하기 위해서는 상당한 시간이 요구됩니다. 그래서 대부분 사람은 누군가가 인도해주는 길을 이용합니다. 그 길이 쉽고 빠르고 편리합니다. 쉬운 길 중에서도 더 좋은 길로 인도해주는 사람에게 배워야 더 쉽고 빠르게 목적지에 도달할 수 있습니다. 프로골퍼에게 레슨을 받으라는 뜻입니다.

요즘은 혼자서 골프를 익히기에도 좋은 환경인 건 틀림없는 것 같습니다. 굳이 레슨을 받지 않아도 혼자서 골프를 익힐 수 있는 채널이 많습니다. 포털사이트나 유튜브에서 필요한 단어를 검색만 하면 수많은 정보가 쏟아져 나옵니다. 그래서 요즘은 독학으로 골프를 익히는 사람이 더 많아진 느낌입니다. 그중에서도 유튜브 영상이 인기죠. 찾아보면 없는 것이 없습니다.

유튜브의 단점은 소통이 어렵다는 점입니다. 레슨을 받으면 프로골퍼가 내 스윙의 문제점을 즉시 찾아주지만, 유튜브는 백날 봐도 내 문제점을 찾아주는 사람이 없습니다. 눈과 귀로만 학습하고 내 멋대로 상상하게 됩니다. 잘 맞으면 행운이지만, 잘 안 맞으면 대책이 없지요. 스윙이 완전히 망가진 뒤에야 문제점을 발견합니다. 그때는 이미 늦은 겁니다.

숱한 시행착오를 겪지 않고 지름길로 가기 위해서는 반드시 레슨을 받아야 합니다. 그것이 경제·시간·육체·정신적으로도 훨씬 이득입니다. 거액의 레슨비를 도저히 감당할 수 없다면 유튜브 같은 레슨 영상을 보면서 연습하다 정기적으로 프로골퍼와 만나 원포인트 레슨이나 상담이라도 받도록 하세요. 그렇게 하면 최소한 스윙이 완전히 엉뚱한 방향으로 가는 것은 막을 수 있을 겁니다.

일단 골프를 시작했다면 "적당히 기본기만 익혀야지"라는 생각은 버리세요. 주말 골퍼에 만족해서 살아가는 사람은 평생 제자리걸음을 면하기가 어렵습니다. 직장인 대다수가 평생 백돌이를 면하지 못하는 이유입니다. 목표가 있는 사람과 없는 사람의 차이는 시간이 지날수록 더 분명하게 나타납니다. 목표를 프로골퍼로 잡고 연습해보세요. 프로골퍼가 될 생각으로 운동하면 실력도 빠르게 향상됩니다.

골프 입문 초기에는 누구나 빠른 속도로 성장합니다. 성장 과정을 그래프로 그려보면 웨지로 퍼 올린 공처럼 가파른 상승 곡선이 만들어집니다. 처음 하는 운동이 재미도 있어서 한동안 골프에 흠뻑 빠져 지내는 사람이 많습니다. 골프에 재미를 붙인 만큼 연습량도 늘어날 겁니다. 성장 속도에도 가속이 붙겠죠. 이때까지는 골프가 참 쉽게 느껴질 겁니다.

그러나 골프가 마냥 즐겁지는 않습니다. 일정 수준에 이르면 실력 향상이 둔해져서 골프가 어렵게 느껴집니다. 그 벽을 뛰어넘기 위해서는 남다른 열정과 노력이 필요합니다. 꼼꼼하게 계획을 세워서 운동하고 라운드 후에는 문제점을 하나씩 고쳐나가야 합니다. 그렇게 해야 완만해진 성장 곡선을 다시 위로 향하게 할 수 있습니다.

무작정 공만 많이 친다고 해서 실력이 좋아지는 건 아닙니다. 공을 깨버릴 듯이 힘으로 밀어붙여서 운동하면 몸이 먼저 망가질 가능성이 큽니다. 골프를 오랫동안 건강하게 즐기려면 골프의 기본을 제대로 익히고 이론 공부와 병행하는 것이 좋습니다. 프로골퍼를 꿈꾸는 사람이 아니라도 확실한 목표를 가지고 전략적으로 치밀하게 접근하세요.

질문이요!

Q. 골프를 잘 치면 승진도 잘 된다고 하던데 근거 있는 말인가요?

A. 그런 비슷한 이야기를 들은 적은 있으나 실제로 골프로 승진했다는 사람을 본 적은 없습니다. 골프 실력이 업무 능력과 비례하지도 않습니다. 그렇게 골프 실력이 중요한 회사라면 프로골퍼를 채용하겠지요.

골프취업학개론

골프는 실력보다 매너

골프 매너만으로 50억 투자받은 청년

• • •

골프와 관련해서 또 한 가지 중요한 것이 있습니다. 골프는 실력보다 매너가 중요합니다. 골프 실력으로 상대를 굴복시키는 것보다 서로를 존중하고 배려하면서 긍정적이고 유쾌한 이미지를 남겨야 얻는 것이 더 많습니다.

골프 매너와 에티켓만으로 50억 원을 투자받은 청년이 있다면 믿으시겠습니까? 2011년 10월 일본 가나가와현 도쓰카컨트리클럽에서 실제로 있었던 일입니다.

보통 체형의 말쑥한 청년이 한 노신사와 필드를 나란히 걷고 있었습니다. 청년은 예의 바르고 싹싹했으며, 노신사는 말끔하고 점잖아 보였습니다. 둘은 각자의 공을 따라 움직이면서도 서로에게 소원하지 않았고, 때론 곰살궂은 모습을 보이면서도 어느 정도 거리가 느껴졌습니다. 보이지 않는 미묘한 벽을 사이에 두고 공을 치면서 그린을 향해 걸었습니다.

청년의 정체는 '일본의 골프황제'로 불리던 이시카와 료입니다. 청년과 함께 라운드한 노신사는 일본을 대표하는 경영인 중 한 사람 미타라이 후지오御手洗冨士夫 캐논 회장이었습니다.

이시카와 료는 열일곱 살 어린 나이에 아마추어로서 일본 프로 골프대회에서 우승해 일본 열도를 발칵 뒤집어놓은 골프 신동이었습니다. 다음 해인 2008년에는 일본프로골프투어JGTO에 정식 데뷔해 마이나비ABC 챔피언십에서 우승하며 상금순위 5위에 올랐고, 2009년에는 JGTO 최연소 상금왕이 되었습니다.

그의 장기이자 인기 비결은 호쾌한 장타력과 시원시원한 플레이였습니다. 심지어 잘생긴 훈남이어서 일본 스포츠선수를 대표하는 CF 스타로 군림하기도 했습니다. 당시 이시카와 료의 편당 CF 출연료는 1억 3,000만~1억 5,000만 엔이었습니다. 당시로선 파격적인 금액이었죠.

이른 나이에 슈퍼스타가 된 이시카와 료였지만, 스폰서와 골프 팬, 기자들을 대하는 태도는 웬만한 신인 선수보다 정중했습니다. 프로암에서 미타라이 후지오 회장과 라운드한 날도 다르지 않았습니다. 여느 때처럼 정중하고 사근사근하게 접객하는 모습이 여러 관계자의 눈에 들어왔습니다.

두 사람이 18홀을 전부 도는 데 걸린 시간은 5시간 정도였습니다. 50억 원이나 되는 큰돈 거래도 이 짧은 시간에 이루어졌습니다. 놀랄 만한 일이죠. 어떻게 된 일일까요? 세상에서 가장 어려운 일이 다른 사람으로부터 투자받는 일이라고 합니다. 그런데 이시카와 료는 너무나도 간단하게 50억 원 투자를 받아냈습니다. 그것도 일본을 대표하는 거물 경영인에게 말이죠.

골프취업학개론

국내 프로골프선수 후원 주요 기업

기업	소재지(본사)	기업	소재지(본사)
골드클래스	광주시 서구	카카오 VX	경기도 성남시
골든블루	부산시 기장군	코즈볼	서울시 서초구
골프존	서울시 강남구	큐캐피탈 파트너스	서울시 강남구
교촌치킨	경기도 오산시	태왕아너스	대구시 중구
나이키	서울시 강남구	파마리서치	강원도 강릉시
넥센그룹	경남 김해시	페퍼저축은행	경기도 성남시
노랑통닭	서울시 강남구	프롬바이오	경기도 용인시
대방건설	서울시 강서구	하나금융그룹	서울시 중구
대보건설	서울시 강남구	하이원리조트	강원도 정선군
대흥건설	충북 충주시	하이트진로	서울시 강남구
동부건설	서울시 강남구	한국토지신탁	서울시 강남구
두산건설	서울시 강남구	한화큐셀	서울시 중구
디벨라	경기도 성남시	휴온스	경기도 성남시
롯데	서울시 송파구	AMANO	서울시 영등포구
메디힐	서울시 강서구	BHC Group	서울시 송파구
범한퓨얼셀	경남 창원시	BNK금융그룹	부산시 남구
삼일제약	서울시 서초구	CJ	서울시 중구
삼천리	서울시 영등포구	DB손해보험	서울시 강남구
셀트리온	인천시 연수구	DS이엘씨	인천시 동구
아이브리지닷컴	경기도 수원시	KB금융그룹	서울시 영등포구
안강건설	서울시 강남구	MG새마을금고	서울시 강남구
요진건설산업	강원도 원주시	NH투자증권	서울시 영등포구
우리금융그룹	서울시 중구	SBI저축은행	서울시 중구
유한양행	서울시 동작구	SK네트웍스	서울시 종로구
이수	서울시 서초구	WEMIX	경기도 성남시
참좋은여행	서울시 중구	ZIVENT	서울시 강남구

프로골프선수를 후원하는 다수의 기업은 스포츠마케팅팀을 운영하거나 골프 마케팅에 호의적입니다.

이시카와 료는 정중한 태도와 깔끔한 매너로 미타라이 후지오 회장의 마음을 사로잡았습니다. 라운드 중에는 친절하게 레슨까지 해주는 모습이 포착되기도 했지요.

미타라이 후지오 회장은 라운드 후 시상식에서 "이시카와 선수의 정중한 태도와 깔끔한 매너에 반했습니다. 누구라도 그와 함께 라운드하면 열성 팬이 될 수밖에 없는 매력을 지녔어요"라고 말한 뒤 다음 해(2012년) 캐논오픈 개최를 약속했습니다.

캐논오픈이 JGTO 정규투어에 신설된 건 2008년부터입니다. 대회 원년 총상금은 2억 엔이었으나 2009년과 2010년에는 규모를 줄여 총상금 1억 5,000만 엔으로 치러졌습니다. 2010년 대회는 캐논이 주최하는 사실상 마지막 대회였지요. 계속되는 경영 악화로 다수의 임원이 대회 폐지를 주장했고, 기자들 사이에서도 추가적인 대회 개최는 어려울 것이라는 전망이 나돌고 있었습니다. 더구나 이시카와 료는 캐논의 정식 후원 선수도 아니었습니다. 미타라이 후지오 회장과 각별한 인연이 있었던 것도 아니었고요. 미타라이 후지오 회장의 다음 시즌 대회 개최 약속에 모두가 놀랄 수밖에 없었던 이유입니다.

만약에 미타라이 후지오 회장의 라운드 동반자가 이시카와 료가 아니었더라도 다음 시즌 대회 개최가 성사될 수 있었을까요? 캐논오픈의 3년 계약이 만료된 점과 당시 캐논의 경영 상태, 상당수 임원이 대회 개최를 반대했던 점들을 미루어보아 그러기는 어려웠을 겁니다.

즉, 미타라이 후지오 회장의 50억 원 투자를 성사시킨 건 이시카와 료의 깔끔한 매너와 진지한 태도였다고 할 수 있습니다. 이날 다수의 일본 언론도 '이시카와 료의 매너와 에티켓이 50억 원의 투자를 이끌어냈다'라는 내용으로 기사를 쏟아냈습니다.

당시 일본에서 프로골프대회를 개최하려면 총상금과 골프장 대여료 · TV 중계료 · 기타 운영비를 포함해 약 5억 엔의 예산이 필요했습니다.

길다면 길고 짧다면 짧은 다섯 시간의 만남을 통해 지갑을 열어준 미타라이 후지오 캐논 회장의 통 큰 결단은 골프 비즈니스에서 매너와 에티켓이 얼마나 훌륭한 설득 수단인지를 보여준 모범적인 일화입니다.

직장 생활에서 하는 골프는 경기대회가 아닙니다. 비즈니스 수단일 뿐이죠. 골프라는 게임에 매몰되면 존중과 배려라는 골프의 본질이 훼손될 수 있습니다.

질문이요!

Q. 골프업계는 주말 · 휴일이 더 바쁘다고 들었는데 사실인가요?

A. 골프업계에는 다양한 업 · 직종이 존재합니다. 각자 맡은 업무도 모두 다를 겁니다. 어떤 일을 하냐에 따라 달라지겠지요. 골프대회나 골프선수와 관련한 업무를 맡는다면 시즌 중에 주말 · 휴일은 쉬기가 어려울 겁니다.

제안서 · 기획서 작성 기술

제안서 · 기획서 제출 전 꼭 확인해야 할 것들

• • •

파워포인트PPT는 잘 다루시나요? 직장인에게 PPT는 필수입니다. 어느 정도 실력이냐가 중요한 것이지 전혀 다루지 못한다면 곤란한 일이 많습니다. 담당하는 업무에 따라서 사용 빈도가 다를 수 있으나 전혀 사용하지 않는 업무는 거의 없을 정도로 광범위하게 활용되고 있습니다. 각종 보고서, 계획서, 소개서, 제안서, 설명서를 작성할 때도 대부분 PPT를 사용합니다. PPT를 능숙하게 활용해야 하는 이유는 제4강 〈취업 활동〉에서 다시 한 번 설명하겠습니다.

그럼 골프업계에서 원하는 PPT 활용능력은 어느 정도일까요? 이 강의에서 PPT 활용 방법까지 알려드릴 수는 없습니다. 대신에 완성도 높은 보고서나 제안서를 만들기 위애서는 무엇을 신경 써야 하는지 중요한 몇 가지만 짚어드리겠습니다.

첫 번째는 핵심 내용에 힘을 줘야 합니다. 골프 스윙할 때 힘을 빼라는 말을 자주 합니다. 어드레스, 백스윙, 다운스윙까지는 불필요한 힘을 빼서 임팩트 때 힘을 집중시킬 수 있도록 하라는 뜻이지요. 제안서를 작성할 때도 마찬가지입니다. 설득력 있고 힘 있는 제안서를 만들기 위해서는 힘을 빼야 할 곳과 주어야 할 곳을 분명히 해둬야 합니다. 그렇게 하지 않으면 제안하고자 하는 내용이 모호해지면서 힘없는 제안서가 되거나 엉뚱한 곳에 힘이 들어간 제안서가 될 수도 있습니다. 제안서를 검토하는 사업자나 기업 담당자는 집중력이 흐려져서 핵심 내용을 제대로 파악하지 못할 겁니다.

한 가지 예를 들어볼까요? A 기업에 프로골프선수 B의 메인 스폰서 후원을 제안하려고 합니다. 어떤 내용에 힘을 주어야 할까요? 여러분이 골프 마케터가 되어서 제안할 내용을 담아보세요.

생각해보셨나요? 정답을 말씀드리면 홍보 효과입니다. A 기업이 프로골퍼 B를 메인으로 후원했을 때 기대되는 홍보 효과에 힘을 줘서 자세하게 열거하는 것입니다. ①기업과 브랜드 영향력 및 이미지 강화, ②브랜드 및 제품 노출 효과로 인한 매출 신장, ③폭넓은 팬덤 및 충성고객 확보, ④기업의 사회적 책임CSR을 들 수 있겠지요. 이렇게 하면 A 기업 담당자의 눈과 귀를 온전히 프로골퍼 B의 메인 후원으로 집중시킬 수 있을 겁니다.

반면에 프로골퍼 B의 대회별 성적이나 분야별 개인기록, 경기력 분석처럼 비즈니스와 연관성이 없는 내용에 힘을 주면 집중력이 떨어지고 판단력은 흐려집니다. A 기업 관계자 관심 끌기도 실패할 가능성이 큽니다.

두 번째는 장황한 제안서는 피해야 합니다. 지나치게 의욕을 앞세워서 포괄적인 내용을 다루는 건 좋지 않습니다. 제안서에 포괄적인 내용을 담아 장황하게 꾸미다 보면 핵심 내용을 파악하기가 어려워집니다. 제안하고자 하는 내용도 모호해질 수 있습니다. 기업 담당자는 핵심 내용을 파악하기도 전에 피로감을 느낄 겁니다. 제안서에는 제안하고자 하는 내용이 분명해야 합니다. 제안하고자 하는 내용이 분명하지 않은 제안서로는 누구도 설득시키지 못합니다.

세 번째는 이해하기 쉽게 설명해야 합니다. 어려운 말이나 용어는 쉬운 말로 풀어쓰세요. 골프 관련 기업이라고 해서 모두가 골프에 해박할 것이라는 생각은 편견입니다. 어려운 제안서보다 쉬운 제안서가 좋습니다. 중학생 이상이면 누구라도 이해할 수 있도록 말이죠. 어려운 단어를 난발하거나 이곳저곳에 전문 용어를 무책임하게 섞어 넣으면 제안서를 검토하는 데 두 배 이상의 시간이 걸립니다. 제안서 검토 시간이 길어지면 여러분에게도 좋을 것이 없습니다. 모든 피해는 여러분에게 돌아갑니다.

네 번째는 사진과 그래픽을 충분히 활용하는 것이 좋습니다. 상황에 따라서는 글보다 사진 한 장이 훨씬 강력한 설득력을 발휘합니다. 프로골퍼 B에 대해서 글로써 장황하게 설명하면 제안서를 받아보는 사람은 지루함을 느낄 겁니다. 그럴 땐 차라리 프로골퍼 B의 사진 여러 장을 게재해보세요. 집중력을 높이는 데 오히려 큰 도움이 될 겁니다. 제안서 작업도 훨씬 수월해지겠지요.

사용하려는 사진 배경이 난잡하거나 지저분할 때는 이미지 배경을 제거하는 것이 좋습니다. 이미지 배경 제거만으로도 제안서는 훨씬 깔끔해집니다. 포토샵 프로그램이 없어도 이미지 배경 제거가 가능합니다. 무료 이미지 배경 제거 사이트에서 클릭 몇 번만 하면 간단하게 배경을 지울 수 있습니다. PPT에도 이미지 배경 제거 기능이 있으니 사용방법을 꼼꼼하게 익혀두기 바랍니다.

제안서 배경 디자인은 여러 시안을 준비해두는 것이 좋습니다. 같은 제안서라도 배경 디자인에 따라 분위기가 달라집니다. 제안서를 받아보는 사람의 성별과 나이, 취향 등을 고려해서 배경 디자인을 선택하면 더 좋습니다. 픽사베이 같은 사이트에 접속하면 저작권 없는 무료 배경 이미지를 내려받을 수 있습니다.

다섯 번째는 세련된 글꼴입니다. 출판편집 디자인 지분의 반은 글꼴이 가지고 있다고 해도 과언이 아닐 겁니다. 글꼴 자체가 디자인입니다. 사업기획서(업무제안서)를 깔끔하고 세련되게 작성한 사람

눈누 메인 화면. 상업적으로도 사용 가능한 글꼴들을 내려받을 수 있습니다.

은 업무 능력도 좋을 것이라는 선입견이 생기기도 합니다. 눈누라는 사이트에 접속하면 여러 글꼴을 내려받을 수 있습니다. 사업기획서(업무제안서)는 상업적 용도가 아니어서 규제 없이 여러 글꼴을 사용할 수 있습니다. 단, 한 제안서에 여러 글꼴을 사용해선 안 됩니다. 난잡하고 통일성이 없어 보입니다. 기획 의도나 콘셉트에 맞는 글꼴 2~3개만 사용하세요.

질문이요!

Q. 여성에게 추천할 만한 일자리가 있을까요?

A. 업무 특성상 여성보다 남성이 많은 건 사실입니다만, 요즘은 어디에서 어떤 일을 하든 남녀 어느 쪽을 차별하거나 우대하지는 않습니다. 여성에게 추천할 만한 업무를 콕 짚어드리지 못해서 유감입니다. 뜻이 있고 열정이 있다면 그 일에 자신 있게 도전하세요. 참고로 골프 브랜드의 마케터, 골프웨어 디자이너, 미디어 프로, 캐디, 캐디마스터, UX디자이너는 남성보다 여성 비율이 높은 직군입니다.

골프취업학개론

제4강

취업 활동

이번 시간에는
여러분의 취업 가능성을 높여주는
꿀팁을 알려드리겠습니다.
이력서 · 자기소개서 작성하기, 면접 보기처럼
취준생이 반드시 알아둬야 할
정보들을 모아봤습니다.

이력서 만들기

이력서에 꽉꽉 채워 넣어야 할 것들

• • •

취업 활동의 첫걸음은 이력서 만들기입니다. 취업을 원하는 회사에 입사 지원을 하기 위해선 이력서를 반드시 작성해야 합니다.

그럼 골프업계 취업 확률을 높여주는 이력서 작성 방법에 대해서 알아볼까요. 골프업계 이력서는 따로 있냐고요? 아니요. 그렇지는 않습니다. 다른 업계, 다른 업종과 똑같은 이력서를 냅니다. 그런데도 이 강의에서 이력서 만들기를 따로 설명하는 이유는 골프업계 관계자들이 선호하는 이력서는 분명히 존재하기 때문입니다.

그러면 골프업계 취업을 위해서는 이력서를 어떻게 만들어야 할까요? 아주 쉽습니다. 이력서에 여러분이 취업하고자 하는 회사에서 관심 가질 만한 내용을 많이 적으면 됩니다. 결국, 취준생에 대한 골프업계 관계자들의 관심사만 알면 되겠네요. 관심사는 바로 현장(실무) 경험 유무입니다.

골프업계 대표들에게 "신입사원 이력서를 볼 때 무엇을 관심 있게 봅니까?"라고 물어보면 대부분 '현장(실무) 활동 경험'이라는 공통된 답변이 돌아옵니다. 왜일까요? 앞에서도 설명해 드렸지만, 골프업계는 대부분 중소기업입니다. 현장(실무)에 즉시 투입할 수 있는 인재가 아니면 채용을 꺼린다는 점도 말씀드렸죠. 현장(실무)에 곧바로 투입할 수 있는 인재인지 아닌지를 가늠하는 가장 쉬운 방법이 바로 현장(실무) 경험 유무입니다. 좋은 대학을 나와서 양질의 스펙을 쌓는 것도 중요하지만, 골프 또는 스포츠와 관련한 현장(실무) 경험과 활동 이력을 늘리는 것이 더 중요합니다.

이 시간 이후 이력서를 작성할 땐 골프·스포츠 또는 입사 지원 분야의 현장(실무) 경력을 반드시 추가하기 바랍니다. 좋은 대학 졸업장과 해외 유학 경험만으로는 여러분의 상품 가치를 높이기가 어렵습니다. 유학을 다녀온 취준생은 외국 생활 중에 경험했던 입사 지원 분야의 인턴십이나 아르바이트 경력을 한 줄이라도 적는 것이 좋습니다. 반드시 골프가 아니라도 상관없습니다. 다른 스포츠 종목이라도 현장(실무) 경험이 있다면 분명히 가산점을 받을 겁니다.

당장 취업을 원하는데 현장(실무) 경험이 전혀 없다고요? 일부러라도 만들어야 합니다. 거창하고 대단한 경험을 원하는 것이 아닙니다. 동아리나 동호회 활동도 괜찮습니다. 지금이라도 여러분이 할 수 있는 현장(실무) 경험을 찾아보세요.

좋은 대학, 좋은 학과, 유학 경험 따위가 좋은 스펙이라는 편견은 버리세요. 과거에는 좋은 대학, 좋은 학과, 유학 경험이 최고의 스펙이었습니다. 틀림없는 사실이죠. 좋은 대학, 좋은 학과를 나온 사람이 삼류 대학 또는 지방 대학, 인기 없는 학과를 나온 사람보

골프취업학개론

다 조금이라도 유능하고 성실할 것이라는 기대감이 있기 때문이었죠. 유학을 다녀온 사람은 그렇지 않은 사람보다 외국어 능력은 물론이고 세상 보는 눈도 넓을 것이라는 기대감도 없지 않았습니다.

하지만 세상이 많이 변했습니다. 기업들은 많은 시행착오를 겪으면서 학창 시절 성적과 업무 능력이 비례하지 않는다는 것을 인지하게 되었습니다. 그래서 요즘은 대기업, 금융사, 언론사 정도가 아니라면 학력에 그다지 집착하지 않는 분위기입니다. 좋은 대학을 나오거나 유학 경험이 없어도 현장(실무) 경험이 많다면 더 좋은 점수를 받을 수 있습니다.

입사 지원 분야가 골프 마케팅 · 기획 · 홍보 · 컨설팅 · 판매 · 영업직이라면 골프대회나 이벤트 진행, 인턴 프로그램 참여, 아르바이트 같은 실무 경험을 쌓는 것이 좋습니다. 골프 · 스포츠 관련 동아리나 동호회, 팬클럽 · 카페 운영 · 활동, 골프대회 마셜(경기 진행을 돕는 요원) 경험도 훌륭한 이력입니다. 블로그나 SNS에 관련 글과 포스팅을 꾸준히 게재해왔다면 그것도 좋습니다.

눈에 띄는 이력서 만들기

· · ·

흔한 일은 아니지만, 여자프로골프 선수 출신을 정직원으로 채용하는 회사도 있습니다. 골프용품 회사의 마케팅 담당자와 스포츠마케팅 회사의 골프 마케터로 채용되거나 고액 연봉을 받고 대기업 또는 금융사의 골프 컨설턴트로 입사하기도 합니다. 그것이 무엇을 의미하는지 곰곰이 생각해보세요. 그들의 스펙이 여러분만큼 좋을까요? 학창 시절 성적은 어떨 것 같습니까? 당연히 여러분만 못합니다. 글쓰기와 문서 작성 능력이 좋은 것도 아니고요. 그들에게 장점이 있다면 현장 경험이 많다는 점입니다. 골프선수나 관계자들과 친분이 있고, 현장 감각이 여러분보다 좋겠지요. 사무실에서의 기본적인 업무 능력은 조금 떨어질 수 있으나 즉시 전력감으로서 현장에 투입하기에는 손색이 없습니다. 이 정도면 업계에서 현장(실무) 경험을 얼마나 중요하게 여기는지 알겠지요.

회사에는 매일 수많은 이력서가 들어옵니다. 인사 담당자가 모든 이력서를 꼼꼼히 살펴보기는 어렵습니다. 눈에 띄는 이력이라도 있어야 자기소개서까지 읽어볼 겁니다.

눈에 띄는 이력서를 만들기 위해서는 반드시 현장(실무) 경험을 적어 넣어야 합니다. 현장(실무) 경험을 전혀 적어 넣지 않았다면 미안하지만 낙제점입니다. 지금도 늦지 않았으니 하나씩 경험을 쌓아보세요. 경험이 쌓일수록 보이는 것이 늘어납니다. 보이는 것이 늘어나면 사업을 기획할 수 있는 기초체력이 단련됩니다. 실전 업무 능력에 근육이 붙기 시작하는 것이죠. 업계에서 원하는 인재가 바로 그런 사람입니다.

또 한 가지는 촘촘한 이력서입니다. 현장(실무) 경험만으로 이력서를 촘촘하게 만들 수 있다면 좋겠지만, 대부분 사회 초년생의 이력서는 엉성하기 마련입니다. 어느 대학에서 무엇을 전공했다는 것 외에는 내세울 게 별로 없을 겁니다. 그렇다고 이력서에 빈칸

골프취업학개론

을 많이 만들어두면 좋지 않습니다. 능력도 성의도 없어 보입니다.

입사하고자 하는 회사와 관련 없는 자격증이나 경력을 불필요하게 나열하는 것은 오히려 역효과가 날 수 있습니다. 이력서가 번지수를 잘못 찾았다고 오해할 수 있으니까요. 입사 지원 분야 경력이나 현장(실무) 경험이 있다면 빠짐없이 적어넣되 관련 없는 정보는 과감하게 삭제할 필요가 있습니다.

없는 이력을 꾸며서는 안 됩니다. 한두 마디만 들어보면 거짓이 금방 드러납니다. 취업을 준비하는 과정에서, 또는 학창 시절에 필요한 것들을 하나씩 준비해보세요. 이력서만 보면 여러분이 얼마나 열심히 살았고, 취업을 위해 얼마나 성실하게 준비했는지 알 수 있습니다. 이력서에 게으르고 나태한 흔적은 남기지 마세요.

질문이요!

Q. 이력서 기본 양식에는 현장(실무) 경험을 적을 만한 칸이 없습니다.

A. 입사하고자 하는 회사에 통일된 이력서 양식이 있다면 몰라도 그렇지 않다면 기존의 이력서 양식에 얽매일 필요는 없습니다. 이력서 양식을 여러분 편의에 따라 새롭게 만들어도 됩니다. 이력서 양식을 새롭게 만들 땐 현장(실무) 경험이 눈에 잘 띄도록 꾸며보세요.

자기소개서 작성하기

첫 줄에 모든 것을 걸어라!

· · ·

이력서를 작성했다면 다음은 자기소개서 차례입니다. 이력서와 자기소개서는 하나라고 볼 수 있죠. 이력서를 제출하랬다고 이력서만 달랑 제출하면 분명 낙제점입니다. 이력서 안에는 자기소개서가 포함되어 있다는 것을 명심해야 합니다.

자기소개서는 이력서와 달리 작성이 만만치 않습니다. 첫 줄부터 무엇을 어떻게 써야 할지 막막하기만 합니다. 이력서는 단답형이어서 빈칸에 알맞은 말을 채워 넣기만 하면 되지만, 자기소개서는 아무것도 없는 백지 위에 나를 표현해야 합니다. 오직 글로써 면접관의 시선을 붙잡아야 합니다. 임팩트 있고 재치 있게 말이죠. 참으로 부담스럽고 번거로운 작업입니다.

그래서인지 자기소개서에 공백을 듬성듬성 남긴 채 제출하는 사람도 있습니다. 절대 금물입니다. 글재주도 성의도 열정도 최소한의 정성도 없어 보입니다. 공간을 채우기 위해 글자 크기를 키우거나 줄 간격을 늘리는 꼼수도 금물입니다. 요령을 부리는 것처럼 보여서 오히려 좋지 않은 인상을 줍니다. 글자 크기는 10포인트, 줄 간격은 160~180%로 설정해서 최대한 알차 보이도록 하는 것이 좋습니다. 자기소개서에 '공간의 미학' 따위는 통하지 않습니다. 그럼 취업 가능성을 높여주는 자기소개서 작성법에 대해서 알아보겠습니다.

첫 번째는 회사에서 관심을 가질 만한 내용을 적는 것입니다. 자기소개서라고 해서 어렵게 생각할 필요는 없습니다. 이력서 작성과 크게 다르지 않아요. 이력서에 기업이 관심을 가질 만한 내용을 적었던 것처럼 자기소개서에도 기업에서 관심을 가질 만한 내용을 적으면 됩니다.

여러분이 자기소개서를 작성할 때 흔히 하는 실수가 있어요. 바로 고리타분한 인생 이야기를 두서없이 나열하는 겁니다. 자기소개서는 여러분의 자서전이 아닙니다. 인사 담당자가 알고자 하는 내용을 작성해야 합니다. 좁다면 좁고 넓다면 넓은 A4지 한두 장에 여러분이 어떤 사람인지 면접관에게 각인시켜야 하죠. 입사 지원 분야와 관련한 경험이 있다면 그것 위주로 작성하는 것이 좋습니다. 아주 사소한 경험이라도 상관없습니다. 인사 담당자의 시선을 붙잡을 만한 소재를 활용하세요.

두 번째는 첫 문장에 모든 것을 걸어야 합니다. 가장 중요한 이야기를 맨 윗줄에 쓰세요. 그래야 인사 담당자가 자기소개서를 계속해서 읽어 나갈 겁니다. 첫 줄도 읽지 않고 쓰레기통에 버리는 사람은 없습니다. 아무리 건성으로 살펴봐도 자기소개서 첫 줄은 반드시 읽어봅니다.

여러분은 이력서 첫 줄에 어떤 내용을 적습니까? 언제 어디에서 태어났다는 이야기 또는 다복한 가정에서 밝게 자랐다느니 이런 이야기로 시작하지 않나요? 절대 그러지 마세요. 만약 그렇게 쓴다면 여러분의 소중한 자기소개서가 인사 담당자에게 읽히기도 전에 쓰레기통으로 들어갈지도 모릅니다.

자기소개서도 영화처럼 만들어보세요. 드라마틱한 사건, 또는 핵심이 되는 사건을 가장 윗줄에 써서 이야기를 하나씩 풀어나가는 겁니다. 예를 들면 이런 식입니다.

*"○○ 브랜드 시타 행사에 참여해 영업 기밀을 알게 되었습니다."*_ 입사하고자 하는 회사가 골프용품 업체라면 관심이 없을 수 없습니다.

*"골프대회장에서 ○○○ 선수 부모님과 친해졌습니다."*_ 유치해 보일 수도 있으나, 스포츠에이전시는 선수 · 선수 부모와의 인맥이 재산입니다.

*"미국에서 마스터스 토너먼트를 직관한 적이 있습니다."*_ 해외에서 스포츠대회 직관은 아주 훌륭한 현장 경험입니다. 골프업계 종사자라면 누구나 관심을 가질 겁니다.

어떻습니까? 다음 이야기가 궁금해지지 않나요? 이렇게 쓰면 인사 담당자 시선 끌기는 일단 성공입니다.

세 번째는 숫자를 활용하는 방법입니다. 기업인들은 정확한 수

치를 좋아합니다. 모호한 설명보다 수치로 정확하게 기재해야 합니다. 기업이 여러분의 면접을 보는 이유는 결국 돈을 벌기 위해서입니다. 여러분을 위해 봉사하는 자리가 아닙니다. 예를 들어서 이렇게 써보세요.

"골프선수 팬카페를 운영하면서 한 달 만에 회원 1만 명을 가입시켰습니다."

"골프 굿즈 판매 아르바이트를 하면서 하루 2,000만 원 이상의 매출을 올렸습니다."

업무 성과와 결과가 분명하게 드러납니다. '거시기 화법'처럼 불분명한 문장의 연속이거나 두리뭉실한 문장으로 구렁이 담 넘어가듯이 설명하는 글보다 훨씬 높은 점수를 받을 겁니다.

네 번째는 열정·패기·인내·성실성·노력 따위를 내세우지 마세요. 사교성, 붙임성, 쾌활함, 적극성, 부지런함을 강조할 필요도 없습니다. 대부분 취준생이 즐겨 쓰는 단어들입니다. 아무리 강조해도 확인할 길이 없습니다. 인사 담당자는 이미 수많은 취준생의 자기소개서에서 이런 단어들을 이골이 나게 봐왔을 겁니다. 이런 단어들이 반복된다면 어떤 인사 담당자도 자기소개서를 끝까지 읽지 않을 겁니다.

다섯 번째는 원인과 결과가 분명해야 합니다. 무엇인가를 했다면 반드시 결과와 느낀 점, 대책 방안 등을 분명하게 적어야 합니다. 예를 들어 "골프대회 마샬을 했을 때 현장 인력이 효율적으로 배치되지 않아 업무 효율성이 떨어진 것 같습니다"라고 지적했다면 누구를, 어디에, 어떻게 배치하면 업무 효율성은 물론이고 참관객들 만족도도 올라갈 것이라는 내용으로 마무리하는 것이죠.

만약 사건의 나열이나 비판만 있고 결과와 결실, 실적, 해결책·대책·대안 등은 적지 않으면 절대로 높은 점수를 받지 못합니다. 인사 담당자가 그 글을 끝까지 읽는다면 허탈한 기분만 들 겁니다. 그렇다고 자세한 정보를 원하는 것이 아닙니다. 인사 담당자에게 궁금증이 생기도록 했다면 그것으로 충분합니다.

여섯 번째는 가족과 주변인으로 시선 끌기입니다. 한 사람을 알기 위해 가족이나 주변인을 보는 경우가 많습니다. 가족이나 주변에 괜찮은 사람이 많다면 그 사람도 괜찮은 사람일 것이라는 추측을 하게 됩니다. 가족이나 지인 중에 셀럽이 없더라도 상관없습니다. 가족이나 주변 사람과의 관계가 원만하면서 서로 존중하고 존중받는 사이라는 것을 보여주는 것만으로도 충분히 긍정적인 인상을 심어줄 수 있습니다.

가족·지인들과 지식·정보를 공유하면서 꿈을 키워왔다는 것을 강조해도 좋습니다. 아버지가 부동산업 종사자라면 "부동산업에 종사하시는 아버지를 통해서 어릴 적부터 부동산 시세나 투자에 대해 배웠습니다"라고 적어보는 겁니다. 지인 중에 해외 영업을 하는 사람이 있다면 "지인으로부터 해외 영업 관련 이야기를 들으면서 골프업계에서 해외 마케팅을 해보고 싶다는 생각을 하게 되었습니다"라고 쓰는 것이죠. 최소한 무턱대고 계획도 없이 입사지원서를 낸 청년은 아니라는 것을 알 수 있습니다. 단, 가족이나 인맥을 자랑하듯이 써서는 안 됩니다. 스스로 내세울 것이 없으니 주변 사람으로 시선을 돌리려는 의도로 비추어지면 마이너스입니다.

일곱 번째는 문장에 군더더기가 없어야 합니다. 자기소개서 분량을 부풀릴 목적으로 문장을 불필요하게 늘리는 사람도 있습니다. 같거나 비슷한 단어(내용)를 반복해서 사용하는 것도 좋지 않습니다. 교열을 보면서 중복되는 단어나 내용이 없는지 꼼꼼히 확인하세요. 군더더기 없이 간결하고 깔끔한 문장이 완성될 때까지 다듬고 또 다듬어야 합니다. 20번 이상 읽어보는 것을 권장합니다.

질문이요!

QnA

Q. 자기소개서도 이력서 양식처럼 새롭게 꾸며도 될까요?

A. 물론입니다. 자기소개서 기본 양식을 보면 '성장 과정', '성격 및 생활신조' 칸 등으로 나뉘어 있을 겁니다. 그것이 함정입니다. 자기소개서를 그렇게 작성하니 모든 취준생이 붕어빵 찍어내듯 똑같은 자기소개서를 제출하는 겁니다. 여러분의 개성과 경력과 현장(실무) 경험이 돋보이도록 새롭게 만들어보세요. 줄이나 칸을 없애고 중간제목을 넣어서 문장을 나누는 것도 좋은 방법입니다.

사업기획서(업무제안서) 첨부하기

바늘구멍 취업 문 뚫기 '마지막 승부수'

• • •

이력서는 많이 내셨나요? 면접은 몇 군데나 보셨습니까? 결과
는요? 결과가 좋았다면 이 강의에 자리하지 않았겠지요. 좋은 대
학, 좋은 학과를 나오고 골프 관련 현장(실무) 경험을 많이 쌓았으
며, 이력서와 자기소개서도 충실하게 작성했는데 입사지원서만 내
면 지원한 회사로부터 연락이 없습니다. 참 답답한 일이죠. 할 수
있는 건 다해봤는데 면접을 보자는 회사는 없습니다. 그 조바심과
상실감이 어느 정도인지 충분히 알 것 같습니다. 포기하지 마세요.
한 가지 방법이 있습니다.

할 수 있는 건 다 해봤는데 취업을 하지 못했다면 지원하려는
회사에 사업기획서(업무제안서)를 제출해보세요. 지원 분야가 홍
보 · 마케팅 · 기획 · 컨설팅 · 서비스 · 영업이라면 사업기획서를,
관리 · 회계 · 개발 분야라면 업무제안서를 제출하는 것이 좋습니
다. "이력서와 자기소개서를 작성하는 것도 쉬운 일이 아닌데 사업
기획서(업무제안서)까지 만들라고요?"라면서 손사래를 칠 사람이 많
을 것 같습니다. 그것도 입사지원서와 전혀 상관없어 보이는 사업

기획서(업무제안서)라니 당최 무슨 의도인지 모르겠다는 사람도 있을 겁니다.

입사를 원하는 회사의 사업기획서(업무제안서)를 작성하려면 그 회사의 브랜드와 수익 사업에 대해서 속속들이 알고 있어야 합니다. 그 회사 골프 마케팅 또는 브랜드(상품)의 아쉬운 점이 무엇이고, 어떻게 하면 단점을 보완해서 더 높은 수익을 낼 수 있는지 구체적인 방법을 제시해야 하니까요. 어설프게 알아서는 제대로 된 사업기획서(업무제안서)를 만들지 못합니다. 만들더라도 웃음거리가 되거나 오히려 역효과가 날 수 있습니다. 인사 담당자라면 회사가 추진하는 수익 사업을 훤히 내다보고 있을 겁니다. 그렇게 생각하면 겁이 나고 위축되어서 소극적인 태도로 바뀔 수밖에 없습니다. 참으로 막막한 작업입니다.

너무 막막하게 생각하지는 마세요. 사실 이력서를 제출하면서 사업기획서(업무제안서)를 첨부하는 취준생은 거의 없습니다. 그런 사람 얘기를 들어는 보셨나요? 아마 못 들어봤을 겁니다. 모든 취준생은 이력서 내기에 급급합니다. 어지간한 열정과 근성이 아니고선 불가능한 일이죠. 그래서 시도해보라는 겁니다. 입사하고자 하는 회사에 "나, 이런 사람이야. 이래도 채용 안 해?"라고 도발하는 것처럼요. 어차피 취업이 어렵다면 승부수라도 띄워보자는 겁니다.

한 골프 마케팅 회사 대표에게 들은 이야기입니다. 어느 날 한 취준생이 이력서, 자기소개서와 함께 사업기획서를 작성해서 이메일로 보내왔다고 하더군요. 사업기획서를 자세히 살펴보니 어설프기 짝이 없었다고 합니다. 작업이 꼼꼼하지도 않았고, 사업계획도 구체적이지 않아서 높은 점수를 줄 수가 없었답니다. 그래서 대충 훑어보고 삭제해버렸는데, 다음 주에 약간 수정·보완된 사업기획서가 다시 들어왔고, 그다음 주에 또다시 수정·보완된 사업기획서가 들어왔습니다. 그렇게 4~5주가량 같은 사람으로부터 연속해서 메일을 받았다고 해요. 노력이 가상하다고 생각해서 사업기획서를 보낸 취준생에게 연락해 면접을 보았는데, 생각했던 것보다 인상이 좋고 건전한 청년이었다고 합니다. 청년은 A 골프 마케팅 회사 정직원이 되었습니다.

취준생 사업기획서가 돋보이는 이유

• • •

여러분의 사업기획서(업무제안서)는 기업의 대표나 오너들이 관심을 가질 수밖에 없습니다. 사업기획서(업무제안서)를 작성할 정도면 업무 능력과 열정과 근성을 가진 청년일 가능성이 매우 크기 때문이죠. 골프업계 종사자들 모두가 업무 능력이 좋은 건 아닙니다. 한 회사에서 높은 연봉을 받으면서 오랫동안 근무했어도 사업기획서(업무제안서) 하나도 제대로 못 만드는 사람이 수두룩합니다. 그런 직원들에게 실망감만 안고 있던 고용주라면 여러분의 사업기획서(업무제안서)가 다소 부족하더라도 높은 점수를 줄 수밖에 없습니다. 골프업계에서 능력과 열정과 근성을 모두 갖춘 사람을 찾기는 대단히 어려운 일이니까요. 그러니 취준생의 사업기획서(업무제안서)가 돋보이지 않을 수 없겠지요.

시작도 하기 전에 포기하지는 마세요. 해보지 않으면 그것이 될지 안 될지 아무도 알 수 없습니다. 수십 군데 이력서를 제출했는데 연락조차 없다고 해서 낙심할 필요는 없습니다. 아직 여러분의 능력과 열정을 확인하지 못한 겁니다. 여러분의 능력과 열정을 사업기획서(업무제안서)에 담아서 보내세요. 사업기획서(업무제안서)를 보낸 사람은 분명히 가산점을 받습니다.

그렇다고 너무 큰 기대는 하지 마세요. 이력서나 자기소개서처럼 읽히기도 전에 쓰레기통에 들어갈지도 모릅니다. 하지만 여러분의 열정을 알아봐 주는 회사는 반드시 나올 겁니다. 언제, 어떤 회사가 될지 알 수 없지만, 여러분의 열정에 더 많은 가치와 의미를 부여하는 회사로 가면 됩니다.

사업기획서(업무제안서)를 꾸준히 만들다 보면 여러분의 업무 능력은 놀랍도록 향상될 겁니다. 사업과 마케팅, 돈의 흐름을 읽는 눈도 생깁니다. 아무나 할 수 있는 일이 아닙니다. 사업기획서(업무제안서)를 만드는 일만으로도 여러분은 다른 취준생보다 훨씬 앞서 나가는 것이지요. 그 실력을 인정해주는 회사는 반드시 나옵니다. 여러분 자신을 믿고 도전해보세요.

사업기획서(업무제안서)를 보낼 때 한 가지 주의할 점이 있습니다. 같은 사업기획서(업무제안서)를 여러 회사에 보내면 곤란합니다. 여러 회사에 돌리는 사업기획서(업무제안서)는 누구라도 금방 알아차립니다. 명절 때마다 날아오는 단체 문자가 있죠? *"새해 복 많이 받으세요"*, *"풍요로운 한가위 되세요!"* 같은 내용으로 말입니다. 그런 문자를 받으면 기분이 어떻습니까? 혹시 나에게만 보낸 정성스러운 문자 메시지라고 생각해서 감동이라도 받았나요? 그런 사람은 없겠지요. 보는 순간 여러 사람에게 보낸 메시지라는 걸 알아차릴 수 있으니까요. 그래서 답장도 하지 않고 무시해버렸을 겁니다. 그것과 똑같습니다. 힘들더라도 내가 입사하고자 하는 회사라면 그 회사에 꼭 맞는 사업기획서(업무제안서)를 만들어서 제출하세요. 그것이야말로 진정한 실력이고, 열정이고, 부끄럽지 않은 진심입니다.

질문이요!

Q. 지원 분야가 사업기획서나 업무제안서를 낼 만한 직군이 아닙니다만….

A. 사업기획서나 업무제안서를 낼 만한 직군이 아니라면 포트폴리오 같은 업무 결과물이라도 첨부하세요. 디자인이나 기사, 사진을 다루는 직군일 겁니다. 포트폴리오를 제출해야 하는 회사는 여러분의 능력을 포트폴리오로 평가합니다. "포트폴리오만 보고 뽑았는데 입사 후 일을 시켜보면 실망스럽다"라고 말하는 실무자가 많습니다만, 포트폴리오 말고는 업무 능력을 평가할 방법이 없습니다. 포트폴리오에 모든 것을 걸어야 합니다.

채용공고만 기다리면 나만 손해

골프업계 중소기업의 채용공고 패턴

· · ·

여러분한테 한 가지 부탁드리고 싶은 게 있습니다. 취준생이라면 좀 더 적극적으로 취업 활동을 하라는 겁니다. 무슨 말이냐고요? 기업의 채용공고만 기다리지 말라는 뜻입니다.

모든 준비를 마쳤다면 원하는 회사에 이력서를 보내는 겁니다. 채용공고가 없더라도 이력서 보내는 것이 어렵지는 않잖아요. 운이 좋으면 시기가 잘 맞아서 가장 먼저 면접을 보고 취업에 성공할 수도 있습니다. 실제로 그런 사례가 있습니다. 결과가 어떻게 될지는 아무도 모르는 일이죠. 물론 대부분 회사는 채용공고를 내지 않은 상황에서 이력서를 관심 있게 살펴보지 않을 겁니다. 그래도 이력서라도 내보는 것이 아무것도 하지 않고 기다리는 것보다 낫습니다. 이력서 보내는 데 돈이 드는 것도 아니고 상당한 노력과 시간이 필요한 것도 아닙니다.

취준생이 적극적이어야 하는 이유는 또 있습니다. 앞에서 여러 차례 말씀드렸듯이 골프업계 대부분은 중소기업입니다. 중소기업은 신입사원 채용 기간이 정해지지 않아서 수시로 모집하고 면접

보는 회사가 의외로 많습니다. 괜찮은 이력서가 들어오면 그때그때 면접을 보는 회사도 있습니다. 괜찮은 인재가 있으면 일손이 부족하지 않은데도 채용하기도 합니다.

다수의 중소기업이 신입사원 채용 기간을 정해두지 않는 이유는 크게 두 가지입니다. 첫 번째는 대기업과 비교해 근속 기간이 길지 않다는 점입니다. 그만큼 입·퇴사가 빈번하다는 뜻이지요. 퇴사자나 퇴사 예정인 직원이 있으면 그 자리를 채울 신입 또는 경력 사원이 입사해야 업무 과부하 없이 정상적으로 돌아갑니다. 신입사원 채용 기간을 정해두고 인재를 뽑으면 수시로 발생하는 퇴사자로 인해 업무가 비효율적으로 돌아가겠죠.

두 번째는 신입사원 채용공고를 내지 않아도 이력서를 제출하는 사람이 많다는 점입니다. 입사 경쟁이 치열하다 보니 채용공고 없이도 이력서가 몰립니다. 인사 담당자는 회사 메일로 들어온 이력서를 수시로 확인해서 필요할 때마다 면접을 봅니다. 밖에서 보기에는 신입사원 채용공고가 올라오지 않아서 폐쇄적인 회사로 보일 수 있지만, 실제는 그렇지 않습니다. 여러분 경쟁자들은 이미 여러 기업에 이력서를 내고 있었던 겁니다. 여러분이 지금보다 더 적극적이어야 하는 분명한 이유입니다.

적극적인 취준생이 먼저 취업한다

• • •

이력서를 이메일로 보냈다면 전화를 걸어 잘 받았는지 확인해

봐야 합니다. 이메일 수신자가 담당자에게 이력서를 전달하지 않았을 수도 있기 때문입니다. 담당자에게 전달하는 걸 뒤로 미루다 깜빡하는 사람도 있지요. 그런 불상사를 막기 위해서라도 확인 전화는 꼭 필요합니다.

회사에 전화하더라도 이메일 수신자와 전화 받는 사람이 다른 경우가 많습니다. 여러분의 말이 인사 담당자에게 전해지지 않을 수도 있어요. 그러니 한두 번 전화하다 포기하지 말고 여러 차례 전화해야 합니다. 전화할 때마다 입사지원서를 낸 누구라고 당당하게 밝히고 회사 측의 의견을 들어보세요. 정직원을 채용하지 않는다면 인턴이라도 뽑는지 알아보세요. 인턴이라도 일만 잘하면 정직원이 될 수 있습니다. 정직원만 고집하지 말고 어떻게든 일을 시작하는 쪽으로 접근해보라는 뜻입니다.

충남 천안에 사는 후배 A의 이야기입니다. B 회사에 이력서를 보내고 다음 날 전화를 걸어 확인해 보았는데, "면접 보러 올 수 있나요?"라는 말을 들었다고 합니다. A는 서둘러 서울로 올라가 면접을 보았습니다. 그런데 면접관은 뜻밖의 질문을 던집니다. "언제부터 출근할 수 있어요?" A는 그렇게 입사에 성공했습니다. 나중에 알고 보니 수많은 지원자 중에 전화를 걸어 확인한 사람은 A뿐이었습니다. 회사는 A의 패기만 보고 채용을 결정했다고 합니다.

거절당하는 걸 두려워해서는 안 됩니다. 거절당하는 것마저 즐길 수 있어야 합니다. 스펙이 좋지 않아서 특별히 내세울 것이 없다면 집요함과 끈기라도 있어야지요. 이메일이 아니라 우편으로 보내는 것도 좋습니다. 이메일보다 성의가 있어 보여서 개봉도 되지 않은 채 쓰레기통으로 들어가는 불상사는 막을 수 있으니까요. 입사지원서를 우편으로 받아본 사람이 인사 담당자나 상관의 책상 위에 올려놓기만 해도 성공입니다. 그 기업만을 위한 맞춤형 사업 기획서(업무제안서)까지 첨부했다면 관심을 가질 수밖에 없습니다. 여러분의 채용 확률은 틀림없이 올라갈 겁니다.

큰 기업이라도 이력서 제출 방법을 달리할 필요는 없습니다. 큰 기업에서는 채용 인원이 여러 명일 수 있으니 생각지도 못한 행운이 떨어지기도 합니다. 큰 기업에선 스펙을 중시하는 풍토가 여전합니다. 좋은 대학, 좋은 학과, 유학 경험이 있는 취준생을 우선 선발할 가능성이 큽니다. 그렇다 해도 한두 명 정도는 독특한 이력이나 패기가 있는 청년을 채용하기도 합니다. 도전하기도 전에 기가 죽을 필요는 전혀 없습니다. 배짱 좋게 밀어붙이세요.

골프전문지 발행인으로 일하던 시절 이야기를 잠시 해보겠습니다. 영업사원 한 명을 추가로 채용하기 위해 두 사람과 차례로 면접을 봤습니다. 두 사람 모두 장단점이 있었습니다. A는 젊고 활달하며 패기가 있어 보였고, B는 나이가 좀 있었으나 차분하고 책임감이 강해 보였습니다. 둘 중 한 명은 반드시 뽑아야 했는데 선택이 쉽지 않았습니다. 면접을 마친 뒤 일본인 지국장과 의논하며 누구를 뽑을지 고민하고 있었습니다. 지국장은 "비슷한 조건이라면 젊은 사람(A)을 뽑는 것이 어떻겠냐?"라는 의견을 냈습니다.

그날 밤 B로부터 이메일이 도착했습니다. 열어보니 "기회를 주시면 마지막 회사라고 생각하고 최선을 다하겠습니다"라는 내용이었습니다. 다음 날은 B로부터 확인 전화가 걸려왔습니다. "영업사원 채용이 결정되었나요?"라면서 "자신에게 기회를 달라"고 호소하더군요. B의 적극성에 마음이 움직이지 않을 수 없었습니다. '입사 후에도 이렇게 적극적으로 일한다면 영업 성과가 나쁠 수가 없을 것 같다'라는 생각도 들었습니다. 다시 한번 지국장과 의논했고, 지국장도 나와 같은 생각이었습니다. B는 우리와 가족이 되었습니다.

사람들 생각은 대부분 비슷합니다. 끌리는 사람에겐 분명한 이유가 있지요. 여러분도 끌리는 사람이 되어보세요. 0.1점이라도 가산점이 있다면 그것을 위해 최선을 다하세요. 인생은 스스로 개척하는 겁니다.

질문이요!

Q. 골프 마케터를 지원하고 싶습니다. 그런데 시즌 중에는 주말·휴일에도 쉬지 못한다고 하니 교회에 나가지 못할까 걱정입니다.

A. 주말·휴일에 쉬지 못하더라도 신앙심은 여러분 의지에 달린 것 아닐까요? 내가 아는 스포츠마케터 중에는 지방 출장 중에도 현지 교회에 나가 예배를 다녀오는 사람이 있습니다. 주말·휴일에 대회에 출전하는 프로골프선수 중에도 크리스천이 의외로 많습니다.

골프계 숨은 일자리 찾기

아르바이트 참여했다 정직원이 된 청년

• • •

방콕 좋아하세요? 취업이 안 되었다고 해서 방콕만 하시면 곤란합니다. 일할 준비가 되었다면 현장으로 나가보세요. 골프 관련 일자리는 의외로 많습니다. 정직원이 아니라도 계약직이나 아르바이트를 모집하는 회사도 있습니다. 골프의류 유통 회사, 골프용품 유통 회사, 골프 단체·조직, 프로골프 구단, 스포츠에이전시 등에서는 행사가 있을 때마다 일할 사람을 모집합니다.

골프채나 골프공을 유통·판매하는 회사에서는 프로골프선수들을 연중 대대적으로 후원·관리하기 때문에 스포츠마케팅팀이 별도로 운영됩니다. 이벤트나 행사가 있을 때는 당연히 아르바이트를 씁니다. 타이틀리스트, 테일러메이드, 캘러웨이 골프, 핑 골프, 미즈노, 브리지스톤골프, 야마하 골프, 던롭, 볼빅 등이 이에 해당합니다.

골프 관련 업종이 아니라도 스포츠마케팅을 적극적으로 추진하는 회사도 있으니 스포츠 관련 기업 채용공고를 꼼꼼하게 살펴보기 바랍니다.

골프대회나 골프선수와 관련한 일을 하고 싶다면 골프선수 매니지먼트와 프로골프대회를 대행하는 스포츠에이전시에서 일해보세요. 갤럭시아SM, 넥스트스포츠, 매니지먼트서울, 브리온컴퍼니, 세마스포츠마케팅, 스포츠인텔리전스그룹, 와우매니지먼트그룹, 이니셜스포츠, 지애드스포츠, 크라우닝, 프레인글로벌 등에서는 수시로 아르바이트를 모집합니다. 아르바이트로 참여하면 회사가 맡은 골프대회나 행사에서 업무 보조 역할을 하게 됩니다. 아르바이트라도 수당이 괜찮고, 일만 잘하면 수습사원으로 채용될 수 있습니다. 수습사원으로 채용되지 않더라도 현장(실무) 감각과 경험을 쌓을 수 있으니 도전해볼 만한 가치가 충분합니다.

골프대회 기간에는 현장 보조 요원이 많이 필요합니다. 갤러리 통제부터 주차장 관리, 프레스룸 관리 · 운영 보조, 스코어 기재 요원 등으로 일할 수 있습니다. 골프대회 기간에는 업계 관계자 상당수가 대회장을 방문합니다. 골프대회가 어떻게 치러지는지 눈으로 보고 몸으로 부딪히면서 학습할 수 있습니다. 여러분이 골프업계에 몸담을 생각이라면 꼭 한 번 경험해보는 걸 추천합니다.

골프클럽 신제품 시타회도 눈여겨봐야 할 이벤트입니다. 골프용품 유통 · 판매업체들은 골프클럽 신제품이 출시되면 전국 대형 골프연습장에서 일반인을 대상으로 시타회를 여는데, 행사 때마다 운영 보조 요원을 아르바이트로 모집합니다. 골프클럽에 대한 지식과 정보를 쌓으면서 현장의 생생한 목소리도 들을 수 있어서 골프대회장과는 사뭇 다른 체험을 하게 될 겁니다.

봄·가을에 열리는 골프박람회에서는 골프 산업 트렌드를 한눈에 볼 수 있습니다.

봄·가을에 열리는 각종 골프박람회·전시회에 참가해보는 것도 좋은 공부입니다. 골프클럽 브랜드들은 자사 신제품을 홍보하기 위해 골프박람회에 출품하죠. 대형 브랜드들은 전시 부시에 타석이 붙어 있어서 신제품을 살펴보면서 시타까지 할 수 있습니다. 골프클럽 브랜드뿐만 아니라 골프공, 골프의류, 용품업체, 골프연습기, 스크린골프, 액세서리, 골프 단체, 언론사, 골프전문 여행사들이 참가하기 때문에 골프업계 트렌드를 한자리에서 살펴볼 수 있습니다. 스태프로서 현장 업무에 참여할 수 있다면 좋겠지만, 참관객으로서 둘러보는 것도 일종의 현장 경험(학습)입니다. 현장에서 보고 듣고 느낀 점들은 메모해두었다가 사업기획서나 업무제안서를 쓸 때 참고하세요. 부스마다 참관객 대상으로 다양한 이벤트도 진행됩니다. 메인 무대에서는 골프장 관련 세미나를 열기도 합니다. 골프장이나 컨설팅 업무에 관심이 있다면 꼭 참여해보세요.

아르바이트라도 현장(실무) 경험을 많이 쌓다 보면 골프계 흐름이 머릿속에서 그려질 겁니다. 업무의 메커니즘을 익히면서 자신

골프취업학개론

감도 장착할 수 있습니다.

골프용품 업체 이벤트에 아르바이트생으로 참가했다가 정직원으로 채용된 사람도 있습니다. C 골프클럽 수입상에서 정기적으로 진행하던 시타 행사가 있었습니다. C 골프클럽 유통 회사는 행사 때마다 아르바이트를 채용했는데, 청년 A가 빠지지 않고 참여했습니다. 돈도 돈이지만, C 골프클럽이 진심으로 마음에 들었기 때문이죠. A는 C 골프클럽 브랜드에 해박한 지식을 가지고 있었고, 일도 열정도 남달랐습니다. A를 눈여겨보던 회사는 정식 직원으로 채용합니다. A는 C 골프클럽의 마케팅팀장까지 지냈습니다.

드라마나 소설 속 이야기가 아닙니다. 우리 주변에서 실제로 일어나는 일입니다. 어떻습니까. 이 정도면 취준생들에게 적극성과 현장(실무) 경험이 얼마나 중요한 요소인지 아시겠죠? 적극성도 습관입니다. 사소한 습관이 여러분의 미래와 인생을 바꿉니다.

질문이요!

Q. 대학생 프로골프입니다. 졸업 후 레슨은 하기 싫습니다. 골프업계 기업에 취업하고 싶은데 가능할까요?

A. 당연히 가능하죠. 프로골퍼 자격이 있다면 어디에서 무엇을 하든 다른 취준생보다 유리한 조건인 건 틀림없습니다. 글쓰기와 외국어 능력이 어느 정도 받쳐주고 현장(실무) 경험까지 있다면 환영할 회사가 많을 겁니다.

대기업·금융사로 이직하기

경력 사원으로 '점프'

• • •

골프 산업의 혈관은 골프 마케팅이라고 앞선 강의에서 설명했습니다. 업무 영역이 인간의 혈관처럼 방대하고 복잡한 데다 골프 산업 상당수 매출이 골프 마케팅을 통해서 발생하기 때문이죠.

골프 마케팅의 핵심 소재는 골프선수와 골프대회입니다. 짧은 기간에 거액이 거래되고, 많은 사람과 기업과 언론의 스포트라이트가 집중됩니다. 다수의 스포츠에이전시는 골프 마케팅으로 적잖은 수익을 올리고 있습니다. 골프 마케팅에 의존하는 기업도 많습니다. 골프선수와 후원 기업의 계약 관계를 알고, 골프대회나 행사에 대한 메커니즘을 이해했다면 당장이라도 골프 마케팅 업무를 시작할 수 있습니다. 그럼 어떤 회사에서 골프 마케팅 업무를 진행하고 있는지 알아볼까요?

우선 대기업 계열사가 있습니다. 현대자동차그룹 계열사 이노션, 롯데그룹 계열사 대홍기획이 대표적입니다. 주로 모기업의 스포츠 행사나 마케팅을 대행합니다. 비교적 높은 연봉을 받으면서 안정된 환경에서 메이저급 스포츠마케팅 업무를 경험할 수 있습니다.

대기업 계열사는 많은 사람이 선망하는 직장입니다. 그렇다고 단점이 없을 리 없겠죠. 전체 업무에서 골프 마케팅이 차지하는 비중이 크지 않습니다. 스포츠마케팅도 기초부터 배우기가 어렵습니다. 전체적이고 체계적인 업무 습득도 쉽지 않습니다. 부서 간, 직원들 간 업무 분담이 명확하기 때문이죠. 결국, 여러분이 경험할 수 있는 업무는 지극히 제한적일 겁니다. 연차가 낮을수록 골프 마케팅과 무관한 허드렛일을 맡게 될 가능성이 큽니다. 큰 회사일수록 이 같은 업무 패턴이 두드러진다는 점을 알아두는 게 좋겠습니다. 골프가 좋아서 골프 마케팅 관련 업무를 지원한 사람이라면 실망할 수도 있겠죠. 골프 마케팅 일을 배워서 창업을 목표하는 사람에게도 썩 좋은 환경은 아니라는 생각이 듭니다.

그런 사람에게는 오히려 작은 회사에서 경험을 쌓는 것이 좋을 수도 있습니다. 작은 회사에서는 스포츠마케팅 업무를 기초부터 전체적이고 체계적으로 배우고 경험할 수 있으니까요. 사업기획과 세일즈, 홍보·마케팅, 영업, 관리, 수금까지 회사에서 일어나는 일련의 수익 창출 과정을 눈앞에서 보고 듣고 배울 수도 있습니다. 모든 업무를 주체적으로 할 수 있어서 의욕만 있다면 업무를 익히는 데 많은 시간이 걸리지 않습니다.

대기업으로의 이직도 가능합니다. 작은 스포츠에이전시에서 근무하다 대기업으로 스카우트되거나 창업해서 크게 성공한 사람도 있습니다. 물론 연차만 쌓인다고 해서 스카우트가 되는 건 아닙니다. 유능하고 성실한 인재가 아니라면 어떤 회사에서도 눈독을 들이지 않겠지요. 마케팅 기획력이 좋고, 목표가 뚜렷하며, 사교성이 좋아서 누구와도 잘 어울리는 사람은 모두가 탐을 냅니다. 반드시 대기업이나 높은 연봉만을 고집하지는 마세요. 유능한 인재는 언제 어디서 어떤 일을 하든 돋보이게 되어 있습니다.

골프업계는 좁고 일자리는 의외로 많아

• • •

골프 마케팅 회사는 아니지만, 골프대회 시행사에서 경력을 쌓는 것도 나쁘지 않습니다. 골프대회 시행사는 골프대회 진행에 필요한 모든 시설물을 제작·설치하는 회사입니다. 골프대회뿐만 아니라 모든 스포츠대회 시설물을 다룹니다. 광고 보드 같은 장치물이 여기에 포함되죠. TV에서 스포츠 경기를 보면 여러 광고 보드나 스코어보드, 백보드들을 볼 수 있는데, 전부 시행사에서 맡아서 설치합니다. 야외에서 몸으로 하는 업무가 대부분이죠.

시행사는 대회 전에 모든 장치장식물을 설치해야 해서 대회 전날 밤늦게까지 일이 끝나지 않을 수도 있습니다. 골프대회장 시설물 설치는 대회 준비에 있어서 대단히 중요한 과정입니다. 정해진 날짜에 일을 마치지 못하면 곤란합니다. 오차가 있어서도 안 됩니다. 전부 대회 후원사와 돈으로 얽혀 있기 때문이죠.

대회장 시설물들은 골프대회에 있어서 대단히 중요한 요소이지만, 골프 마케터 중에 이를 깊이 아는 사람은 거의 없습니다. 시행

골프취업학개론

골프대회장에 설치되는 장치장식물입니다.

사에 맡기면 자동으로 설치되기 때문에 굳이 신경을 써야 할 이유가 없는 것이죠.

그래서 일부 스포츠에이전시에서는 일 잘하는 시행사 직원을 스포츠마케터로 스카우트하기도 합니다. 시행사 출신 골프 마케터는 주로 대회팀 업무를 맡는데, 대회장 시설물과 골프대회의 메커니즘을 깊이 있게 알고 있어서 능동적으로 일한다는 장점이 있습니다.

골프업계는 넓은 것 같아도 아주 좁습니다. 한 다리만 건너면 모두 아는 사이라고 해도 과언이 아닐 만큼 거미줄처럼 촘촘한 인적 네트워크가 형성되어 있습니다. 여러분이 원하든 원하지 않든 이미 오랜 시간에 걸쳐 견고하게 형성된 네트워크입니다. 그러니 작은 회사라도 시시하게 보거나 하찮게 여겨서는 안 됩니다. 중소기업에서 대기업으로 스카우트되는 기적 같은 일이 골프업계에서는 종종 일어나니까요.

스펙이 좋지 않은 취준생은 대기업이나 공기업, 금융사에 입사하기가 쉽지 않을 겁니다. 하지만 중소기업에 입사해서 경력을 쌓은 뒤 성실하게 능력을 발휘한다면 다른 중소기업으로의 이직은 비교적 쉽습니다. 기회가 된다면 대기업이나 금융사로의 이직도 충분히 가능합니다.

골프 전문기자도 마찬가지입니다. 전문지에서 중앙일간지로 스카우트되는가 하면 대기업 홍보·마케팅팀이나 골프 관련 단체, 골프단 단장으로 영입되기도 합니다. 그만큼 경력과 인적 네트워크를 중시하는 업계가 바로 골프업입니다.

질문이요!

Q. 골프 마케터를 뽑는 대기업이나 대기업 계열사가 있다면 알려주세요. 어떤 업무를 맡게 될지도 궁금합니다.

A. 프로골프선수나 골프대회를 후원하는 대기업과 금융사에서는 골프 마케터를 뽑기도 합니다. 골프장이나 골프 용품업체, 스포츠마케팅 회사 중에도 대기업 계열사가 있습니다. 신세계백화점 골프숍은 다른 백화점과 달리 직영으로 운영합니다. 물론 취업은 바늘구멍입니다. 공채 입사에 실패하더라도 경력자를 채용할 때도 있으니 일단 업계에서 경력을 많이 쌓은 뒤 다시 이력서를 내보는 것도 괜찮을 것 같습니다. 한 가지 알아두어야 할 점은 대기업에 입사하면 골프가 아닌 다른 일과 병행하거나 다른 부서로 발령이 날 수도 있습니다.

면접관 사로잡는 사업 기획력

사업 기획력 기르기 트레이닝

. . .

앞 강의에서 사업기획서(업무제안서) 이야기를 많이 했죠. 이력서와 자기소개서가 준비됐다면 입사하고자 하는 회사의 사업기획서(업무제안서)까지 첨부하라는 말도 했습니다. 그런데 말은 쉽죠. 한 회사의 사업을 기획하고 업무를 제안한다는 게 쉬운 일인가요? 한 회사에서 10년 이상 높은 연봉을 받는 베테랑들에게도 어려운 일일 겁니다.

그렇다고 너무 어렵게 생각하지는 마세요. 기획력도 연습으로 단련할 수 있으니까요. 물론 단기간 연습으로 기획력의 기초체력이 만들어지는 건 아닙니다. 장기간 꾸준히 연습해야 눈에 보이지 않을 만큼 아주 조금씩 기획력에 근육이 붙기 시작합니다.

이 강의에서 기획력을 강조하는 이유는 어떤 직장에서 무슨 일을 하든 대단히 중요한 업무 능력이기 때문입니다. 기획력 기르기를 포기할 수 없는 또 다른 이유는 면접 시 응용된 질문으로 돌아올 수 있다는 점입니다. 이와 관련해서는 바로 다음 강의인 〈면접의 기술〉에서 자세하게 설명하겠습니다.

이 강의에서 이야기하고자 하는 기획력은 골프라는 소재를 활용해서 수익을 창출해내는 일련의 과정과 방법을 계획하는 일입니다. 아쉽게도 이 방법은 누구도 가르쳐주지 않을 겁니다. 정답이 없는 일이니 배우고 싶어도 배울 수 없습니다. 그렇다고 포기하거나 방관해서는 안 됩니다. 훌륭한 인재라면 없는 길이라도 개척해서 새로운 비즈니스 모델을 만들어야 하니까요.

기획 중에서도 신규 사업기획은 회사의 미래를 좌우하는 중요한 작업입니다. 기존 회사들의 사업 아이템을 그대로 따라가면 영업이익이 크지 않습니다. 회사 발전에도 크게 도움이 되지 않겠죠. 여러분도 높은 평가를 받기는 어려울 겁니다.

예를 들어서 골프공 브랜드마다 컬러볼을 선보이는 요즘, 차별성 없는 컬러볼을 만들어 시장에 내놓고 경쟁한다면 수익성이 떨어질 수밖에 없겠죠. 사업 기획력이 이 정도라면 유능한 골프 마케터로 평가받지 못합니다. 그냥 장사꾼이 되는 것이지요.

그럼 골프 마케터다운 기획력을 기르기 위해서는 어떻게 해야 할까요? 이런 질문을 참 많이 받습니다. 방법은 하나밖에 없습니다. 현장을 많이 다니면서 실무 경험을 쌓아야 합니다. 예를 들어서 골프대회장이나 골프 관련 이벤트 현장을 방문하면 여러 힌트를 얻을 수 있습니다. 지원 분야가 골프선수나 골프대회와 관련한 업무가 아니라도 선수가 사용하는 골프채, 갤러리가 입고 있는 골프웨어를 보면 상상력이 발동하기도 합니다. 갤러리들의 이야기를 엿듣다 아이디어가 샘솟기도 하죠.

그렇다고 눈에 보이는 것이나 귀로 들리는 것에만 의존해선 안 됩니다. 선수나 경기 장면, 경기 결과만 보는 사람은 업무의 기초 체력이 전혀 단련되어 있지 않았다는 증거입니다. 그런 사람은 10년이 흘러도 제자리걸음을 면하기 어려울 겁니다. 남들이 보지 않는 곳이나 아예 눈에 보이지 않는 것들을 볼 줄 알아야 한다는 것이죠. 경기장 이면에서 일어나는 현상을 보고, 대회의 흥행 원동력이나 실패 원인, 아쉬웠던 점들을 분석하면서 '다음 대회에선 어떻게 하면 더 많은 갤러리를 끌어모을 수 있고, 어떻게 하면 더 큰 수익을 올릴 수 있을 것 같다'라는 아이디어를 내보세요. 그렇게 해야 사업 기획력의 기초체력을 다질 수 있습니다.

현장에 나가지 않고 TV로만 보는 것도 문제입니다. 경기 내용 외엔 아무것도 보이지 않을 테니까요. 시야가 좁아져서 눈에 들어오는 것도 지극히 한정적입니다. 대부분 상상력에 의존할 겁니다. 현장 업무와 동떨어지거나 현실성 없는 기획이 나오는 이유가 이 때문입니다. 유능한 인재, 모든 기업이 탐내는 인재가 되고 싶다면 반드시 현장에 나가세요. 현장에서 일어나는 모든 것을 보고 듣고 느껴야만 현장 감각이 돋아나고 창의력이 길러지며 업무 의욕도 고취됩니다. 그래야 좋은 아이디어도 얻을 수 있습니다.

인사 담당자의 인재 구별 방법

• • •

똑같은 골프대회를 관전하더라도 바라보는 시각에 따라 생각이 달라집니다. 전 삼성그룹 회장 이건희는 영화광이었다고 하죠. 유년시절부터 같은 영화를 수십 차례씩 반복해서 돌려보곤 했습니다. 왜 그랬을까요? 그냥 재미있어서? 그것도 틀린 말은 아니겠죠. 하지만 그보다 더 중요한 이유가 있었습니다. 영화를 보는 시각에 따라서 전혀 다른 감동과 재미가 느껴졌다고 합니다. 같은 영화라도 여러 시각으로 바라보면 다양한 생각과 분석을 할 수 있었던 것이죠. 주인공에 집착하지 않고 조연의 자리에서 바라보거나 영화감독의 눈으로 돌려보기도 했습니다. 때론 카메라맨이 되어 영화에 몰입했습니다.

사업에 성공한 사람이라고 해서 특출한 눈을 가진 건 아닙니다. 여러분과 똑같은 눈을 가지고 태어났어요. 단지 사물을 바라보는 각도가 다를 뿐입니다. 무엇을 봐도 평범한 시각으로 바라보지 않아요. 남들의 시선이 미치지 않는 곳에서 수익 아이템을 찾아냅니다. 골프 사업기획(업무제안)도 마찬가지입니다. 평범하지 않은 시각으로 골프를 바라보세요. 바라보는 시각에 따라 전혀 다른 세계가 보일 수 있습니다. 유능한 인재와 무능한 인재는 여기에서 판가름이 납니다. 인사 담당자가 여러분의 능력을 평가하는 기준도 한 사물을 바라보는 시각이 될 수 있습니다.

스포테인먼트 아이디어 짜보기

. . .

부득이한 사정으로 현장에 나갈 수 없다면 기획력 기르기 트레

골프취업학개론

이닝으로서 아이디어를 짜보세요. 현대 스포츠산업의 중요한 트렌드 중 하나가 스포테인먼트라고 앞에서도 설명했습니다. 스포츠 경기력만으로 흥행하는 시대는 끝났습니다. 경기력에 오락성을 가미해야 폭넓은 팬층을 확보해 장기적인 흥행도 바라볼 수 있습니다.

스포테인먼트는 거의 모든 종목에서 시도되고 있습니다. 야구장 치어리더 응원이나 관중 참여 여러 이벤트도 전부 스포테인먼트의 일종이라고 할 수 있죠. 골프도 마찬가지입니다. 갤러리 참여 이벤트는 물론이고 경기 중에 진행하는 여러 챌린지도 선수들의 경기력에 오락성을 더한 스포테인먼트입니다.

스포테인먼트는 정해진 범위나 규칙이 없습니다. 반사회적이거나 도덕적 관념에서 벗어난 행위, 정서에 맞지 않는 행위가 아니라면 어떤 기획이든 개의치 않습니다. 골프 마케터의 아이디어와 기획력에 따라서 다양한 이벤트가 만들어질 수 있는 겁니다. 여러분도 아이디어를 내보세요. 이번 주 열리는 프로골프대회에 스포테인먼트를 기획해보는 겁니다. 대회 콘셉트와 스폰서, 출전선수, 대회 장소, 상금 규모 따위를 참고해서 기존에 없던 새로운 이벤트를 구성해보기 바랍니다. 좋은 트레이닝이 될 겁니다.

기획력 기르기 트레이닝을 처음 시작한 사람은 골프대회에서 경기만 보일 수도 있습니다. 여러분은 아직 관람객 수준이라는 증거입니다. 미안하지만 유능한 인재라고 할 수는 없을 것 같습니다. 좀 더 솔직하게 말하면 낙제점입니다. 지금부터는 전문가의 눈으로 바라보세요. 언젠가 골프대회에서 돈의 흐름이 보이기 시작한다면 여러분은 이미 훌륭한 인재가 되어 있는 겁니다.

절대로 단기간에 길러지지 않습니다. 기획력이라는 게 눈에 보이지 않아서 자라나는 것을 확인할 수도 없습니다. 확실한 목표와 계획, 그리고 인내심을 가지고 꾸준히 실천해보세요. 어느 순간 사업기획(업무제안)에 자신감이 붙는 날이 올 겁니다.

질문이요!

Q. 몸에 타투가 있는데 취업 시 문제가 될까요?

A. 타투는 개인의 자유입니다. 그에 따른 문제나 불이익이 발생한다면 여러분 스스로 극복하거나 책임지면 되는 겁니다. 타투에 대해 골프업계 여러 대표의 의견을 들어본 적이 있습니다. 일상생활에서 눈에 보이는 타투라면 10명 중 5명 정도는 곤란하다고 답했고, 5명 정도는 크게 문제 되지 않는다고 답한 것으로 기억합니다. 반반입니다. 대체로 대면 마케팅이나 VIP를 상대하는 업무는 타투가 곤란하다는 의견이고, 디자이너처럼 내근직이 많은 업무는 크게 상관하지 않는 분위기입니다. 미리 알아둬야 할 점은 골프계는 여전히 보수적인 사람이 많다는 점입니다.

골프취업학개론

면접의 기술

회사별 예상 질문 미리 파악하기

• • •

면접 중에는 예상치 못한 질문을 받기도 합니다. 예를 들면 "이번 주말 여자프로골프 대회장에서 갤러리 대상으로 이벤트를 기획한다면?"이라는 질문을 받을 수 있다는 것이죠.

정직원들도 답하기 어려운 질문인데 취준생들이 명쾌한 답변을 내놓기는 쉽지 않습니다. 질문을 받는 순간 머릿속이 하얘져서 아무런 생각도 나지 않을 겁니다. 면접관이 취준생들의 수준을 모를 리 없습니다. 면접관의 의도는 분명합니다. 여러분에게 일할 준비가 얼마나 되었는지 가늠해보기 위한 것이죠. 면접 전에 입사하고자 하는 회사의 사업 아이템에 대해서 열심히 공부했거나 평상시 사업 기획력 기르기 트레이닝을 꾸준히 해온 사람이라면 면접관의 질문에 크게 당황하지 않을 겁니다. 결국, 이 질문 하나로 여러분의 수준이 드러나는 겁니다.

면접관은 여러분의 답변만 들어도 현장(실무) 경험이 있는지, 앉아서 공부만 했는지 귀신같이 알아차립니다. 현장(실무) 경험이 있다면 여러 분야에서 다양한 경험을 쌓았는지, 얄팍하게 수박 겉핥

기로 경험했는지도 알 수 있어요. 몇 가지 질문만으로도 평소 독서를 많이 한 사람인지 아닌지를 어렵지 않게 알 수 있듯이 말입니다. 아무리 아는 척을 하고, 안 해본 것, 안 가본 곳이 없는 것처럼 둘러대도 면접관은 쉽게 눈치챕니다. 얕은 지식을 아무리 부풀려서 과장되게 설명해도 면접관은 속지 않습니다. 면접관 앞에서 요행은 통하지 않아요.

면접관으로부터 "우리 회사 브랜드나 마케팅의 문제점이 무엇이라고 생각합니까?"라는 질문을 받을 수도 있습니다. 얼버무렸다간 낙제하고 맙니다. 질문을 받고 고민하면 이미 틀렸다고 볼 수 있지요. 면접 전에 입사지원서를 낸 회사와 브랜드에 대해서 꼼꼼하게 공부하면서 여러 질문에 철저하게 대비했어야 합니다. 답변 시에는 문제점과 대책·해결방법을 함께 제시해야 합니다. 문제점만 제시한 사람은 50점, 대책이나 해결방법까지 제시한 사람은 만점에 가까운 점수를 받을 수 있습니다.

한 가지 주의할 점은 회사와 브랜드의 방향성을 정확하게 읽고 있어야 한다는 점입니다. 예를 들어서 오랫동안 초고가 브랜드만 생산·유통해온 회사에 중저가 마케팅을 제안하는 어리석은 실수를 해선 안 된다는 것이죠. 초고가 브랜드를 유통하는 회사라면 그에 걸맞은 VVIP 마케팅을 제안해야 합니다.

이런 바보 같은 실수를 방지하기 위해선 많이 공부하고 많은 책을 읽으면서 많은 경험을 쌓아야 합니다. 많이 공부한 사람일수록 현장에서 많은 것을 볼 수 있고, 많은 것을 느끼게 됩니다. 거꾸로 말하면 현장에서 보이는 것이 많은 사람은 골프 지식이 풍부하고 많이 준비된 인재라는 증거입니다.

면접 시 자신 있는 질문을 받는다면 면접관이 묻는 말에만 답할 필요는 없습니다. 말할 기회가 된다면 여러분이 그동안 보고 듣고 느꼈던 점들을 답변에 덧붙여보세요. 합격 가능성은 여러분 스스로가 올리는 겁니다.

세일즈를 잘하는 사람들은 모두 각자의 매력이 있습니다. 사람 성격과 얼굴이 모두 다르듯이 매력도 모두 다릅니다. 똑같은 매력을 가진 사람은 단 한 명도 없어요. 그런데 세일즈를 잘하는 사람들이 각자 다른 매력을 지녔다고 해도 공통점이 몇 가지는 있습니다. 밝고 긍정적이며 자존감이 높다는 점입니다. 그런 사람들은 몇 마디 말만 들어봐도 자신감과 여유가 느껴집니다. 사람은 누구나 매력 있는 사람에게 끌리게 되어 있습니다. 면접관도 사람입니다.

질문이요!

Q. 골프업계 면접장에서 받을 수 있는 질문들은 어떤 게 있을까요?

A. 어떤 직군이냐에 따라 다르겠지만, 직군 구분 없이 미리 준비하면 도움 되는 질문들을 모아보겠습니다.

1. 골프는 치세요?
– 골프 실력으로 업무 능력이나 이해도를 가늠해보기 위한 질문입니다.

2. 우리 회사 브랜드의 홍보 · 마케팅에 문제점이 무엇이라고 생각하세요?
– 홍보 · 마케팅 관련 업무를 지원했다면 받을 수 있는 질문입니다. 답변 시에는 문제점만 제시하지 말고 대책이나 해결 방법까지 말씀하세요.

3. 평소에 책은 많이 읽으세요? or 최근에 읽은 책은 무엇입니까?
– 골프는 물론이고 여러 분야 깊이 있는 지식과 정보가 요구되는 직군에서 면접을 보신다면 이 질문에 대비해야 합니다.

4. 전 회사에서 오래 근무하지 못했는데, 이유가 무엇인가요?
– 이직자에 해당하는 질문입니다. 상당수 면접관은 전 직장 퇴사 사유나 이직하려는 이유가 무엇인지 궁금해합니다. "더 큰 무대에서 일해보고 싶었습니다"라고 말하는 것이 가장 무난합니다.

5. 우리 회사를 지원한 이유가 있습니까?
– 어떤 직군이든 자주 나올 법한 질문입니다. 정답은 없으니 편안하게 답하세요.

6. 지원한 분야 업무에 대해서 아는 대로 설명해보세요.
– 지원 분야 업무 설명→전망→준비 과정 순으로 설명하면 됩니다.

7. 자신의 장점이 무엇이라고 생각하세요? or 자신의 단점은 무엇이라고 생각하세요?
– 이 역시 어떤 직군이든 자주 나올 법한 질문입니다. 철저하게 준비해둬야 합

니다.

8. 인생의 목표가 무엇입니까?

– 구체적으로 말할수록 좋습니다. 예를 들어 1년 뒤, 5년 뒤, 10년 뒤 목표와 계획까지 말해보세요. 구체적으로 말할수록 진정성이 강해 보입니다.

9. 살면서 성공했을 때와 실패했을 때를 말해보세요.

– 원인과 결과가 분명해야 합니다. 성공했을 때와 실패했을 때만 답하면 낙제점입니다. 어떻게 성공했고, 무엇 때문에 실패했는지 분명한 이유와 원인을 알고 있어야 합니다.

10. 우리 회사에 입사해서 꼭 하고 싶은 일이 있다면 말해보세요.

– 이 역시 구체적으로 답하는 게 좋습니다. 달랑 한 가지만 말하지 말고, 첫 번째는 무엇을, 두 번째는 무엇을, 세 번째는 무엇을 꼭 하고 싶다는 의지를 보이면 좋겠습니다.

11. 희망 연봉은 어느 정도인가요?

– 입사지원서를 낸 회사의 정보파악이 정확하게 되어 있어야 합니다. 입사하고자 하는 회사의 신입사원 평균 초봉보다 약간 높게 불러야 유리합니다.

12. 이번 주말 갤러리(참관객) 대상 이벤트를 기획한다면?

– 골프 마케터 경력자들의 이직 면접에서 나올 법한 질문입니다. 면접 전에 최소 2~3가지는 생각해두는 것이 좋습니다.

13. 지금까지 라운드한 골프장 중 가장 인상 깊은 코스는 어디인가요?

– 골프의 전문성이 요구되는 이직자에게 나올 법한 질문입니다. 실제로 이와 같은 질문을 받은 경험이 있습니다.

면접 복장과 표정 관리

옷차림과 기업 문화

• • •

면접 준비를 완벽하게 마쳤다면 면접 때 입을 옷을 챙겨보세요. 면접 복장은 늘 신경이 쓰이죠? 대부분 정장을 입는데, 꼭 그럴 필요는 없습니다. 면접 복장을 공지하는 회사가 아니라면 정장이든 세미 정장이든 캐주얼이든 상관없습니다.

요즘은 면접 시 정장만 고집하는 회사는 그렇게 많지 않은 것으로 압니다. 어떤 직장이든 나름의 기업 문화가 있습니다. 직원들의 평상시 근무 복장만 보면 대충 어떤 느낌의 회사라는 걸 느낄 수 있지요. 면접 복장은 직원들의 평상시 근무 복장을 참고하면 됩니다. 예를 들어서 내일 면접을 볼 회사의 근무 복장이 캐주얼이라면 캐주얼 차림으로 면접을 봐도 아무런 문제가 없다는 뜻입니다. 평상시 근무복이 정장인 회사라면 면접 의상은 반드시 정장이어야 합니다. 면접 전에 꼭 확인하세요.

개인적으로 옷차림 따위는 중요하게 생각하지 않습니다. 하지만 어쩌겠습니까. 우리 사회에서 다수의 사람이 옷차림 같은 외모를 중요하게 여깁니다. 사람의 첫인상은 단 몇 초 만에 굳어진다고 하죠. 굳어진 이미지는 특별한 계기가 없는 한 바뀌지 않습니다. 굳이 정장을 차려입지 않아도 된다고 해서 면접 복장을 너무 가볍게 여겨서는 안 됩니다. 평소 열심히 준비한 면접에서 복장 문제로 좋지 않은 인상을 남긴다면 합격을 장담할 수 없을 테니까요.

긴 시간과 많은 돈을 투자하라는 건 아닙니다. 얼굴 생김새를 고치려면 많은 돈과 시간과 고통을 감내하면서 성형수술을 해야 하지만, 옷차림은 '어떤 옷을 어떻게 입을 것인지'만 신경 써도 전혀 다른 분위기와 느낌을 임팩트 있게 전달할 수 있습니다.

반드시 면접이 아니라도 옷차림은 사회생활에서 대단히 중요한 부분을 차지합니다. 문제는 그걸 가르쳐주는 사람이 없다는 것이죠. 개인적인 자유와 취향의 문제이니 사회적 · 정서적으로 크게 문제가 되지 않는다면 누구도 간섭하지 않을 겁니다. 많은 사람이 나름의 시행착오를 겪으면서 하나씩 깨달아갈 수밖에요. 이 강의에서 옷 잘 입는 방법까지 알려드릴 수는 없지만, 면접에서 좋은 인상을 남길 수 있는 복장에 대해서 몇 가지만 알려드리겠습니다. 참고하시면서 면접 당일 당황하거나 허둥대는 일이 없도록 미리미리 준비하세요.

면접 복장 체크 사항 일곱 가지

• • •

첫 번째는 무엇을 입든 단정함이 우선입니다. 정장도 좋고 캐주얼도 좋습니다. 무엇을 입냐보다 단정하게 입는 것이 더 중요합니다. 아무리 좋은 옷을 입어도 단정하지 않으면 그만입니다. 면접 전에는 거울에 비친 여러분을 보면서 복장이 단정하고 깔끔하고 청결한지 반드시 점검하세요.

두 번째는 재킷을 꼭 준비해야 합니다. 어떤 옷, 어떤 스타일을 연출하든 상관없지만, 재킷은 꼭 필요합니다. 셔츠만 입고 면접관 앞에 서는 사람은 단정해 보이지 않을뿐더러 긴장감도 떨어집니다. 계절이나 날씨에 상관없이 재킷을 걸치고 면접장에 들어가세요.

세 번째는 화려함보다 무난함이 좋습니다. 멋을 내고 싶다면 넥타이나 시계, 벨트, 구두로 얼마든지 멋을 내도 좋습니다. 멋지게 코디하면 패션 감각이 있어 보여서 세련된 사람이라는 인상을 남길 수 있죠. 단, 지나치게 튀어 보이는 건 좋지 않습니다. 화려함과 무난함, 둘 중 하나를 택하라면 무난함입니다. 대기업에서 신입사원을 선발할 때도 의외로 평범한 사람을 좋아합니다. 조직에서 튀지 않고 원만하게 생활할 수 있는 사람을 선호하는 것이죠. 면접관의 나이가 여러분보다 많다는 것도 참고하세요.

네 번째는 어두운색보다 밝은색 의상이 좋습니다. 면접 의상이라고 하면 흰색 셔츠에 검은색 재킷을 연상하는 사람이 많습니다. 결혼식 의상도 그렇고 장례식장 의상도 그렇습니다. 면접 의상이 반드시 그래야 할 이유는 없습니다. 밝은 톤으로도 얼마든지 단정하면서 무난하게 연출할 수 있습니다. 밝은 의상은 사람의 기분도, 분위기도 밝게 만드는 기운이 있습니다. 너무 화려한 코디로 눈길

골프취업학개론

을 끌겠다는 생각은 금물입니다. 앞서 설명한 것처럼 화려함보다는 무난함이 좋습니다.

다섯 번째는 남자의 경우 발목 양말을 피하는 게 좋습니다. 발목까지 덮는 짙은 색 양말을 신으세요. 양말은 잘 보이지 않지만, 의외로 시선이 많이 가는 부위입니다. 면접을 볼 때 의자에 앉으면 바지가 접히면서 발목이 훤히 드러납니다. 의도와 상관없이 발목에 난 털이나 각질, 탈색된 피부가 노출될 수 있습니다. 절대로 단정해 보이지 않습니다.

여섯 번째는 여성의 경우 머리 매듭에 주의하세요. 면접관이 여성이면 머리 매듭까지 깐깐하게 살펴볼 수도 있습니다. 보통 머리를 묶어서 이마가 훤히 드러나게 하는 사람이 많은데, 굳이 그렇게까지 하지 않아도 됩니다. 이마에 콤플렉스가 있는 사람은 머리를 앞으로 내리고 머리카락 끝이 안쪽으로 말리도록 하는 것도 괜찮은 방법입니다. 긴 머리는 길게 늘어트리는 것보다 묶어서 단정하게 마무리하는 것이 좋겠습니다.

일곱 번째는 밝고 자신감 있는 표정입니다. 표정은 복장 못지않게 중요합니다. 진지하되 밝고 자신감 있는 표정을 유지하는 것이 좋습니다. 밝은 표정은 전염성이 있어서 주변 사람을 기분 좋게 합니다. 과하지 않게 미소짓는 얼굴은 자신감과 여유가 있어 보이고, 긍정적인 에너지를 발산합니다. 틀림없이 가산점을 받을 겁니다. 진지한 표정만을 고집하면 표정이 가라앉아서 어두워 보일 수 있습니다. 면접관 표정도 덩달아 가라앉으면 여러분만 손해입니다.

Q. 골프업계 새 직장에 취업한 취준생이 있다면 어떤 말을 건네주고 싶나요?

A. 무기력증에 빠지지 말라고 말해주고 싶어요. 무기력증은 다수의 월급쟁이가 앓고 있는 증상입니다. 현실에 안주하고 월급 받는 기계로 전락하는 것이죠. 그러면 미래로 한 발짝도 나아가지 못합니다. 무기력증에 빠지지 않으려면 뚜렷한 목표와 꼼꼼한 계획을 세워야 합니다. 이렇게 한 번 해보세요. 입사 후 3년 뒤에 내 회사를 차린다는 목표를 세우는 겁니다. 실제로 창업을 할 수 있을지는 알 수 없지만, 그렇게 계획이라도 세워두면 긴장감이 생겨서 업무를 느슨하게 할 수가 없습니다. 당연히 업무 능률은 올라가고 자기계발에도 큰 도움이 될 겁니다. 슬럼프가 오더라도 거뜬히 이겨낼 수 있다고 봅니다.

독서로 통찰력 기르기

"최근에 읽은 책은 무엇입니까?"

• • •

여러분은 한 달에 책을 몇 권이나 읽으세요? 한국인의 성인 1인 당 월평균 독서량은 한 권도 안 된다고 합니다. 경제협력개발기구 OECD 국가 중 최하위 수준입니다. 부끄러운 일이죠. 여러분이 골프업계 취업을 목표한다면 골프 관련 도서뿐만 아니라 문학·인문·사회과학·자연과학·문화예술 등 다양한 책을 읽어서 지적 능력을 함양하고, 생각의 폭도 넓혀야 합니다. 골프 관련 공부만 열심히 한다고 해서 업무 능력이 좋아지는 건 아니니까요.

책을 읽는 건 습관입니다. 어릴 적부터 책 읽는 습관을 들이지 않은 사람은 성인이 되어서도 책을 거의 읽지 않습니다. 책을 읽지 않는 사람은 몇 마디 이야기만 나눠보아도 얕은 지식이 쉽게 드러납니다.

책을 안 읽는 사람의 특징은 이것저것 아는 것은 많으나 한 가지에 깊이가 없습니다. 근거나 논리 없이 자기주장만 하는 사람도 여기에 속합니다. 정치 이야기나 주변 사람 험담을 즐기며, 인생의 단면만 보고 이야기하는 경향이 있습니다. 환경의 영향을 많이 받고, 귀가 얇으며, 주변 사람 이야기에 쉽게 휘둘리기도 하죠. 면접 때 질문 몇 마디만 해보면 책을 많이 읽는 사람인지 그렇지 않은 사람인지 알 수 있습니다.

책을 읽어야 하는 여러 이유 중에서 나는 '현장에서 찾지 못한 아이디어를 책에서 찾을 수 있기 때문'이라고 말합니다. 현장에 나가 체험하는 일은 시간·공간·금전·체력적인 한계가 있습니다. 책을 읽으면 이 모든 한계를 뛰어넘어 여러 분야 지식과 정보를 간접적으로나마 습득할 수 있습니다. 현장에서 찾지 못한 보물을 책에서 찾을 수도 있습니다.

한 가지 일에만 몰두하다 보면 시야가 흐려지고 생각의 폭도 좁아집니다. 기존 사고의 틀에서 벗어나기가 어렵습니다. 아이디어나 기획에 욕심은 있으나 생각이 미치지 않습니다. 아는 것이 많지 않으니 상상력도 쉽게 한계에 부딪히는 것이죠.

하루에 30분 이내라도 상관없습니다. 아무리 바빠도 잠깐만 짬을 내서 책 읽는 습관을 들여보세요. 매일 꾸준히 책을 읽다 보면 세상을 보는 눈과 생각의 폭이 넓어집니다. 책 읽기가 일상의 루틴이 되면 책을 읽지 않고는 하루를 마무리하지 못할 겁니다. 책을 읽지 않은 날에는 죄책감까지 든다면 여러분은 이미 책 읽기가 습관이 된 것이죠. 아주 바람직한 현상입니다.

기업도 책 읽는 사람을 선호합니다. 면접관 중에는 간혹 "최근에 읽은 책이 무엇입니까?"라는 질문을 던지는 사람도 있습니다. 면접관이 쓸데없는 질문을 하는 게 아닙니다. 책은 설득의 힘을 길

골프취업학개론

러서 비즈니스 근력을 단련시켜주기도 합니다. 자기계발은 물론이고 회사 발전을 위해서라도 독서는 꼭 필요합니다.

기업들이 독서의 중요성을 인지하기 시작한 건 2000년 이후입니다. 기업 사이에서 독서경영이라는 낯선 용어가 유행처럼 번지기 시작했죠. 독서를 통해서 임직원들의 업무 역량을 강화한다는 경영전략인데, 임직원이 50명이면 각자 한 권씩 책을 읽고 지식을 공유하거나 의견을 나누면서 토론하기도 합니다. 50명이 50권의 책의 교훈과 지식과 정보를 공유하는 셈이지요.

우리나라에 독서경영이 처음 도입된 건 1990년대 중반입니다. 삼성, 현대, 한국이동통신(SK텔레콤의 전신) 같은 대기업들이 독서경영에 참여한 것으로 알려졌습니다.

그렇다면 이들 기업은 왜 임직원들에게 독서를 장려했던 걸까요? 임직원들이 책을 읽어야 업무 경쟁력이 강화된다고 판단했기 때문입니다. 임직원들의 업무 경쟁력이 강화되면 당연히 회사 경쟁력이 올라가겠죠. 회사 경쟁력은 업무 성과, 즉 매출 신창으로 이어질 겁니다. 창의력뿐만 아니라 통찰력과 문제해결 능력도 책을 통해서 기를 수 있다는 것이 독서경영을 실천하는 기업들의 공통된 의견입니다.

그런데 우리 주변에는 어떤 책을 읽어야 할지조차 모르겠다는 사람이 의외로 많습니다. 읽을 만한 책을 추천해달라는 사람도 있습니다. 대학에서 학사 과정까지 마친 사람이 스스로 어떤 책을 읽어야 하는지 감도 잡지 못한다면 큰 문제입니다. 학교에서 교재나

교과서를 제외하면 독서를 전혀 하지 않았다는 증거입니다.

어떤 책이든 좋습니다. 평소 책을 전혀 읽지 않았다면 관심 분야 도서를 직접 골라 읽는 것이 좋습니다. 책 읽는 습관을 들일 때까지는 너무 어렵거나 무거운 책보다는 부담 없이 가볍고 쉽게 읽을 수 있는 책을 권합니다. 어느 정도 책 읽는 습관이 들여졌다면 장르를 가리지 말고 다양한 책을 읽으세요. 골프에 대한 지식과 정보 수집을 위해서 골프 관련 도서를 집중적으로 읽는 것도 좋습니다.

질문이요! QnA

Q. 골프 지식과 정보를 수집하는 데 도움이 될 만한 책이 있다면 소개해주세요.

A. 골프 지식을 넓히고 업무에도 도움이 될 만한 책들을 분야별로 몇 가지만 소개해드리겠습니다.

『캐디 시크릿』　　　　　　　그렉 마틴, 미래를소유한사람들
프로 캐디 세계를 들여다볼 수 있는 책입니다. 프로 캐디의 밝고 어두운 면을 모두 볼 수 있으나, 우리나라 현실이나 정서와는 맞지 않는 이야기도 있습니다.

『퍼펙트 멘탈』　　　　　　　이종철, 예문당
골프 심리를 인생에 비유하며 100가지 상황을 정리한 책입니다. 처음부터 차례대로 읽어도 되고, 읽고 싶은 파트만 골라 읽어도 좋습니다.

『한국의 골프장 이야기』　　　류석무 · 남화영, 구름서재
우리나라 골프장들을 이야기로 풀어낸 책입니다. 골프장들 정보파악과 상식을 넓히는 데 도움이 됩니다. 총 3권으로 구성되어 있습니다.

『대통령과 골프』   안문석, 인물과사상사

대통령들의 골프 통치를 재미있게 다룬 책입니다. 골프와 대통령을 엮은 저작물은 이 책이 유일합니다. 골프와 정치의 불편한 관계를 이해하는 데 큰 도움이 됩니다.

『군자리에서 오거스타까지』   한장상, 에이앰지커뮤니케이션

프로골퍼 한장상의 자서전입니다. 초창기 한국 프로골프계를 살펴보는 데 있어서 귀중한 자료입니다. 삼성 창업자 이병철부터 대기업 총수들의 골프 이야기도 엿볼 수 있습니다.

『골프 싱글이 비즈니스 싱글이다』   다이애나 홍, 일상과이상

골프가 지닌 장점을 비교적 객관적으로 풀어낸 책입니다. 밑도 끝도 없이 골프 예찬만 하는 책들과는 비교됩니다.

『잭 니클라우스의 골프와 나의 인생』 잭 니클라우스, 김영사

잭 니클라우스가 자신의 경험들을 토대로 챔피언이 되는 방법을 설명한 책입니다. 인생 성공과 골프 실력 향상을 위한 72가지 교훈과 사례를 소개합니다.

『골프 나를 위한 지식 플러스』   남화영, 넥서스북스

골프 상식의 폭을 넓힐 수 있는 책입니다. 역사, 인물, 교습가, 골프대회, 골프장 등 골프와 관련한 흥미로운 사실들을 한 권의 책에 담았습니다.

『마음챙김 골프』   박지은 · 김연정, 예미

멘탈도 레슨도 아닙니다. 마음챙김이라는 새롭고 독특한 영역이 눈길을 끕니다. 명상 같기도 하고 최면술 같기도 합니다. '10초 만에 굿샷을 만든다'라는 콘셉트도 재밌습니다.

『프로골퍼도 몰래 보는 골프책』   오츠키 요시히코, 봄봄스쿨

골프를 물리학적 관점으로 접근한 책입니다. 골프와 물리학을 쉽고 흥미롭게 풀어냈습니다. 운동역학적 관점이 대부분인 기존 골프 레슨 도서와는 거리가 있습니다.

취업은 또 따른 구직 활동

오래 근무하겠다는 생각부터 버려라

• • •

바늘구멍을 뚫고 취업에 성공했다면 축하드립니다. 취업하신 모든 분에게 축복이 있기를 바라는 마음입니다. 하지만 취업에 성공했다고 해서 여러분의 구직 문제가 영원히 해결되는 것은 아닙니다. 첫 직장이 마지막 직장이 아닌 이상에는 말이죠.

요즘은 평생직장이라는 개념이 사라진 지 오래지요. 첫 직장에서 10년 이상 근무하는 사람은 지극히 드문 것으로 알고 있습니다. 사람에 따라서는 1년도 못 채우고 이직하거나 실직을 하기도 합니다. 요즘 젊은 세대의 첫 직장 평균 근무일은 1년 7개월이 안 된다는 통계도 있습니다.

결국, 첫 직장에 취업과 동시에 다음 구직 활동이 시작된다고 해도 틀린 말은 아닌 듯합니다. 특히나 중소기업이 몰려 있는 골프업계에선 이직률이 더 높을 수밖에 없죠. 안타깝지만 그것이 현실이니 냉철하게 받아들여야 할 것 같습니다.

취업에 성공하신 여러분의 다음 단계 미션은 무엇이 될까요? 맞습니다. 몸값을 올리고 더 좋은 환경의 직장으로 점프하는 것이겠

골프취업학개론

죠. 기업을 운영하시는 경영자분들에게는 미안한 말이지만, 몸값을 올려서 더 좋은 직장으로 이직하려는 청년들의 마음도 충분히 이해해주셨으면 합니다.

그럼 취업에 성공한 사람들은 어떻게 일하면 될까요? 막연하게 열심히 일하면 될까요? 목표도 계획도 없이 성실하게 열심히 시키는 일만 잘하면 될까요? 그런 수동적인 태도는 바람직하지 않습니다. 언제가 될지 모르지만, 여러분은 다시 취준생으로 돌아갈지도 모릅니다. 의지와 상관없이 길거리로 내몰릴 수 있다는 뜻입니다. 그러지 않으려면 확실한 목표와 계획을 세워놓고 업무에 임하세요. 맹목적으로 시키는 일만 하면 업무를 내 것으로 소화하지도 못하고 시간만 낭비하게 됩니다. 장기적으로는 여러분 몸값도 올리지 못할 겁니다.

이런 현상이 나타나는 이유는 입사와 동시에 목표가 사라지기 때문입니다. 취준생이었을 때는 어떻게든 취업하는 것이 유일한 목표였으니까요. 입사 후 크고 구체적인 목표와 계획까지 세워둔 사람은 거의 없습니다. 그러니 월급쟁이에 만족한 채 다람쥐 쳇바퀴 돌 듯 맹목적인 삶을 사는 것이죠.

입사 후에는 먼저 회사에서 몇 년간 근무할 것인지 큰 틀에서 계획을 세우세요. 3년을 근무할 것인지, 5년을 근무할 것인지를 결정한 뒤 연 단위 계획을 세워봅시다. 연간 계획까지 구체적으로 세웠다면 이번에는 월간 계획을 짜보세요. 이렇게 월간 계획까지 촘촘하게 짜놓으면 업무에 임하는 자세는 누구보다 진지해질 겁니다.

꼭 3~5년만 근무하고 퇴사하라는 게 아닙니다. 계획이라도 그렇게 세워놓고 일을 하라는 겁니다. 계획했던 5년이 지나고 나면 당장 창업을 해도 손색이 없을 만큼 높은 경쟁력을 갖추고 있어야 합니다. 계획대로 성실하게 일했다면 분명히 그렇게 되어 있겠지요.

그것이 목표가 있는 사람과 없는 사람의 차이입니다. 목표가 있는 사람은 계획이 있습니다. 계획이 있는 사람은 그렇지 않은 사람보다 계획적이고 책임감 있게 일할 겁니다. 눈앞에 높은 장벽이 나타나더라도 어떻게든 극복하려 하겠지요. 목표도 계획도 없는 사람은 높은 장벽을 힘들게 넘어야 할 이유가 없습니다. 포기하거나 다른 길로 돌아가면 됩니다.

다음으로 중요한 건 업무 진행 순서입니다. 입사 후 가장 먼저 무엇을 해야 할까요? 처음부터 여러분 일에만 집중하면 될까요? 그럴 수 있다면 좋겠지만, 그보다 먼저 해야 할 일이 있습니다. 회사 조직을 익히는 일입니다. 여기서 조직이란 조직 구조와 구성원, 업무 체계 따위를 말합니다. 조직을 알아야 인간관계가 원만해지고 회사 생활도 편하게 할 수 있으니까요. 즉, 회사 생활의 기초를 다지라는 것입니다.

만약 조직 구조도 파악하지 않은 채 여러분 업무에만 열중하면 인간관계에 결함이 생길 수 있습니다. 타 부서(팀)와의 협업도 어려워질 겁니다. 장기적인 관점에서는 자기 발전에도 그다지 도움이 되지 않습니다. 직장에서 대인관계가 원만하지 않은 사람은 회사를 오래 다니고 싶어도 오래 다니지 못합니다. 처음에는 느끼지 못

골프취업학개론

할 수도 있는데, 시간이 지날수록 인간관계 결함이 커집니다. 그땐 돌이킬 수 없는 상태일 겁니다. "어차피 곧 이직이나 창업을 할 텐데…"라고 생각하면 오산입니다. 이직이나 창업을 생각하는 사람은 조직을 익히는 일에 더 신경 써야 합니다. 대인관계에 결함이 있는 사람치고 이직이나 창업이 쉽게 되는 사람은 없습니다.

인적 네트워크=이직 성공률

. . .

조직을 익혔다면 여러분 업무에 집중해도 좋습니다. 단, 업무를 편식해선 안 됩니다. 당분간 여러분 업무에 충실하되 주변 사람들의 업무에도 관심을 가져야 합니다. 여러분 업무에만 매몰되면 일을 배우는 데 그만큼 많은 시간이 허비됩니다. 처음엔 한 가지 업무도 버겁겠지만, 짬이 날 때마다 주변 사람, 주변 부서를 돌아보세요.

여기서 주의할 점이 있습니다. 주변 사람, 주변 부서 업무에 관심을 기울이되 업무 도움 요청에는 냉정해질 필요가 있습니다. 도움을 잘 받아주는 직원에게는 업무가 몰리기 마련입니다. 여러 사람이 도움을 청할 수도 있는데, 사람을 골라가며 도와줄 수도 없는 일이니 냉정하게 모든 부탁을 거절하는 것이 좋습니다. 도움을 거절하더라도 여러분의 책임이 아닙니다. 자기 업무를 스스로 해결하지 못하는 사람의 문제이거나 회사 시스템의 문제입니다.

회사 밖 인적 네트워크를 쌓는 일도 매우 중요합니다. 앞에서도 설명했지만, 첫 직장이 여러분의 마지막 직장은 아닐 겁니다. 결국, 지금보다 나은 조건을 제시하는 회사로 이직하고자 한다면 회사 밖 사람들을 열심히 알아가야 하겠죠. 사람을 알아가는 것보다 더 좋은 구직 활동은 없습니다. 그러니 직장 생활을 하는 것만으로도 대단히 유리한 위치에서 구직 활동을 하는 셈이지요. 직장 생활을 하지 않고 있다고 생각해보세요. 동종 업계 관계자들과 만날 기회라도 있을까요? 그러기는 매우 어렵습니다. 지금 소속된 회사가 마음에 들지 않더라도 긍정적인 생각으로 직장 생활에 임하세요. 그리고 가능하면 많은 사람과 만나 친분을 쌓으세요.

인맥은 시간이 지나 경력만 쌓인다고 자동으로 만들어지는 게 아닙니다. 많은 사람을 만났다고 해서 탄탄한 인맥이 자동으로 구축되는 것도 아니고요. 그럼 어떻게 해야 할까요? 인적 네트워크 구축도 처음부터 구체적인 목표를 세워두는 것이 좋습니다. 예를 들어 한 달에 10명 이상, 1년이면 120명 이상의 사람과 친해지는 것을 목표로 세우는 것이지요.

물론 사람과 친해지는 일이 그렇게 쉽지는 않습니다. 성격이 내향적이고 사교적이지 못한 사람에게는 더 어렵겠죠. 친분 쌓기는 고사하고 사람 만나는 일 자체를 꺼리는 사람도 있습니다. 그런 사람들 마음은 충분히 이해합니다. 나 역시 극단적으로 내향적인 성격이어서 사람들 만나는 일이 무척이나 힘들었습니다.

내향적인 성격을 가진 사람이라도 탄탄한 인적 네트워크를 쌓을 방법이 있습니다. 스스로 단점을 인정하면서 그것을 극복하려는 노력이 뒤따른다면 충분히 가능합니다. 사교성이 부족한 사람들에게 내가 추천하는 방법은 기업이나 업계 담당자들의 명함을 모으는 일입니다.

예를 들어 일주일에 20장 이상의 명함을 모아서 정리해보세요. 한 달이면 80장, 1년이면 1,000장 이상을 모을 수 있습니다. '한 달에 명함 80장 모으기'라는 목표를 세워놓고 일하면 동기부여가 생깁니다. 매달 80장 이상의 명함을 모아야 하기에 사람을 만나기 싫어도 만날 수밖에 없습니다. 거래처나 행사장, 모임에 나가면 여러 사람에게 명함을 건네며 인사하게 될 겁니다. 그러면서 사교성이 자라나게 됩니다.

요즘은 명함관리 앱이 생기고, 비대면 업무가 늘어나면서 사람을 만나지 않아도 명함을 교환할 수 있고, 업무도 얼마든지 처리할 수 있게 되었습니다. 모바일 메신저를 활용해도 대부분 업무를 처리할 수 있습니다. 그러나 사람을 만나지 않고 명함만 교환하는 건 아무런 의미가 없습니다. 궁극적인 목적은 사람과 친해지는 것이니까요. 번거롭더라도 사람을 직접 만나서 명함을 주고받아야 실제적인 인적 네트워크가 형성됩니다.

명함 모으는 것이 무슨 의미가 있냐고요? 명함을 교환하려면 얼굴을 맞대고 최소한 한두 마디 이상의 대화를 나누게 됩니다. 처음에는 한두 마디 인사만 나누어도 이야기 소재가 바닥이 날 수 있습니다. 여러 사람을 만나다 보면 오늘 만난 사람 얼굴도 기억하기 어려울 겁니다. 그런데 이런 훈련을 반복하다 보면 처음 만난 사람과 어떤 대화를 어떻게 나눠야 하는지 스스로 깨우치게 됩니다. 얼굴을 인식하는 능력도 훈련으로 좋아집니다.

　단순히 명함을 교환하기 위해 약속을 잡지는 마세요. 사람을 만나는 데는 반드시 목적이 있어야 합니다. 그러려면 사람을 만날 때마다 명분을 만들어야 하고, 어떤 대화를 나눠야 할지 고민해야 합니다. 결국, 명함 모으기 미션을 성실하게 수행한 사람은 인적 네트워크와 사람을 상대하는 기술을 동시에 터득하게 될 겁니다. 명심하세요. 동종 업계 이직은 대부분 인맥으로 결정됩니다.

질문이요!

Q. 새 직장에 입사하자마자 이직을 생각하면 죄책감이 들 것 같은데요.

A. 이직을 위해 스파이처럼 일하라는 게 아닙니다. 그렇게 목표라도 세워놓고 자신을 채찍질하라는 겁니다. 인생에서 목표가 사라지면 돈 버는 기계로 전락합니다. 자기 발전에도 전혀 도움이 되지 않습니다. 더욱이 이직은 각자의 능력입니다. 어느 날 여러분에게 이직 제의가 들어온다면 평소 열심히 일했다는 증거로 받아들여도 좋습니다. 반대로 같은 직장에서 10년 이상 일했으나 어떤 누구에게도 이직 제안이 들어오지 않았다면 반성해야 합니다. 몸값을 올려서 이직할 기회는 많지 않습니다. 나이 마흔이 넘으면 받아주는 회사가 거의 없습니다. 그 전에 자리를 잡아야 합니다.

　　　　　　　　　　골프취업학개론

슬기로운 연봉 협상

회사 내규에 따르겠다고?

. . .

입사가 결정되면 연봉 협상을 해야 합니다. 우리가 회사에서 일하는 주된 목적은 돈을 벌기 위함이기 때문에 가장 중요한 과정이라고 할 수 있습니다.

"입사하기도 전인데 연봉 협상을 운운하는 건 너무 앞서가는 것 아닌가요?"라고 말할 사람도 있을 겁니다. 그렇게 생각하시면 안 됩니다. 입사하고자 하는 회사가 있다면 그 회사의 평균 연봉이나 초봉이 어느 정도인지는 대략이라도 파악하고 있어야지요. 그런 정보도 생각도 없이 무턱대고 이력서만 제출할 생각인가요?

연봉 협상이 여러분 의지와 상관없이 갑작스럽게 이루어지기도 합니다. 이력서에 희망 연봉을 적지 않았다면 면접장에서 "희망 연봉이 어느 정도입니까?"라는 질문을 받을 수도 있습니다. 이력서를 내고 면접을 볼 생각이라면 당연히 희망 연봉을 생각해두고 있어야지요. 당당하게 여러분의 희망 연봉을 제시해보세요.

가장 무능력한 연봉 협상자는 "회사 내규에 따르겠다"라고 말하는 사람입니다. 사실상 백기 투항이죠. "회사에서 받아주는 것만으로도 감사하니 마음대로 정하세요"라며 몸과 마음과 인생을 회사에 송두리째 맡겨버리는 것과 다르지 않습니다. 이런 식의 소극적이고 굴욕적인 연봉 협상은 겸손도 배려도 아닙니다. 회사로부터 가산점도 받지 못합니다. "아주 겸손하고 배려심이 있는 청년일세"라면서 각별한 의미를 부여할 면접관은 아무도 없습니다.

여러분이 연봉 협상에서 "회사 내규에 따르겠다"라고 말한다면 회사가 정한 가장 낮은 연봉으로 책정될 가능성도 있습니다. 함께 입사한 동료보다 낮은 연봉으로 계약될지도 모릅니다.

만약 입사 동기보다 낮은 연봉으로 계약했다고 칩시다. 어떤 기분일지 상상해보셨나요? 지금은 상상하기 힘든 자괴감이 몰려듭니다. 업무 의욕도 크게 떨어집니다. 심지어 퇴사를 앞당기는 원인이 되기도 하지요.

다음 연봉 협상에서 높게 부르면 된다고요? 그렇게 협상 기술이 뛰어난 분이라면 입사 동기보다 낮은 연봉을 받고 입사하지는 않을 것 같은데요. 내년에는 회사에서 알아서 올려줄 거라고요? 그렇게 배려심이 있는 회사라면 입사 동기보다 낮은 연봉으로 계약하게 했을까요?

중소기업 연봉 협상은 답정너 방식이 많습니다. 이미 얼마를 줘야겠다고 정해놓은 상태에서 형식적인 협상 자리만 마련합니다. 정해진 연봉보다 높게 부르면 어떻게든 깎아내리려 할 겁니다. 예를 들어 회사에서 물가인상률을 반영해 연봉을 5%씩 똑같이 인상하는 안을 결정했다면 그것에 따를 수밖에요. 그렇게 되면 여러분은 입사 동기와의 연봉 차이가 더 크게 벌어집니다.

입사할 때 연봉 협상을 잘못하면 내년에도, 내후년에도 불이익이 뻔합니다. 심한 자괴감으로 업무 의욕을 잃고 무기력증에 빠지는 사람도 있어요. 퇴사할 때까지 낮은 연봉으로 인한 스트레스를 피하지 못할 겁니다. 이직 시 연봉 협상에서도 유리할 것이 없습니다. "전에 다녔던 회사에서 연봉이 얼마였나요?"라는 질문을 받을 가능성이 크기 때문이죠.

그러면 어떻게 해야 할까요? 우선 입사하고자 하는 회사의 평균 연봉과 신입사원 초봉이 어느 정도인지 파악하고 있어야 합니다. 입사하고자 하는 회사의 정보파악이 전혀 되어 있지 않으면 희망 연봉을 얼마나 제시해야 할지 감도 잡을 수 없으니까요. 예를 들어서 신입사원 초봉이 3,600만 원인데, 5,000만 원을 요구하면 회사로선 받아들이기 어려울 겁니다. 회사는 여러분이 아닌 차선을 생각할지도 모릅니다. 반대로 3,000만 원을 제시한다면 여러분만 손해입니다. 초봉이 3,600만 원인 회사라면 그보다 약간 높은 4,000만 원을 제시하는 것이 적당합니다.

물론 회사는 어떻게든 정해놓은 수준에 맞추려고 할 겁니다. 그러면서 뒤따르는 말이 "그렇게 받아야 하는 이유가 있나요?"라는 질문일 겁니다. 이때 여러분의 답변이 매우 중요합니다. 여러분이 가진 독보적인 능력과 재능을 내세워서 설득시키는 겁니다.

앞선 강의에서 이력서, 자기소개서와 함께 사업기획서(업무제안서)를 첨부하라고 말씀드렸죠. 사업기획서(업무제안서)는 입사를 위한 승부수이자 유리한 연봉 협상을 위한 포석이기도 합니다. 첨부한 사업기획서(업무제안서) 내용이 괜찮거나 사업 기획력을 갖춘 인재라고 회사에서 판단했다면 높은 연봉이라도 받아들여질 가능성이 있습니다. 회사도 사업 기획력이 좋은 인재를 놓치고 싶지 않겠지요. 사업기획서(업무제안서)가 아니라도 외국어 실력이 뛰어나거나 잘 만들어진 포트폴리오, 또는 풍부한 현장(실무) 경험이 있다면 그것을 무기로 내세워보세요. 좋은 성과가 있을 겁니다.

질문이요!

Q. 골프업계에는 업무 환경이 열악한 회사가 많다는 얘기를 들었습니다. 업무 환경이 열악하다는 건 구체적으로 어떤 의미인가요?

A. 쉽게 말하면 연봉이 적고 복지가 다양하지 못하다는 뜻입니다. 무엇보다 여러분을 중장기적으로 육성·관리할 수 있는 환경과 시스템이 없을 가능성이 큽니다. 물론 모든 회사가 그렇지는 않습니다. 업무 환경이 좋은 회사도 많습니다. 걱정하실 필요는 없습니다.

제5강

직
업　선
택

마지막 시간에는 골프업계에
어떤 직업들이 있는지 알아봅니다.
여러 직업 중에 여러분 적성에 맞거나
마음이 끌리는 업무가 있다면
구체적으로 알아본 뒤 도전하세요.
단, 한 번 선택한 직종은 바꾸기가 쉽지 않습니다.
소개하는 골프 직업은 전문직 위주이고,
'가나다' 순이며, 총 26가지입니다.

골프 경기위원

골프대회의 최고 책임자

· · ·

골프대회의 경기 진행을 돕는 사람입니다. 경기 시작 전에는 대회장 코스를 세팅·점검하고, 경기 중에는 코스 곳곳에 배치돼 선수들의 플레이를 관리·감독하면서 경기 진행상·규칙상 애매한 상황을 정리·해결해주는 역할을 합니다.

골프 경기에는 심판이 없다고 말씀드렸죠. 선수들의 양심과 매너에 맡겨야 하는데, 그러다 보면 여러 문제가 발생합니다. 비양심적인 선수가 나오기도 하고, 애매한 상황에서 이러지도 저러지도 못해 도움을 요청하는 선수도 있습니다. 감시자나 중재자가 필요합니다. 이렇게 심판이 없는 골프 경기에서 감시자와 중재자, 또는 해결사 역할을 하는 사람이 경기위원입니다. 골프대회의 최고 책임자라고 할 수 있지요.

경기위원의 업무를 자세히 들여다볼까요? 월요일부터 대회가 시작되면 대회 전날인 일요일에 대회장에 들어가 코스를 세팅하거나 점검합니다. 모든 경기위원이 코스 세팅에 참여하는 건 아닙니다. 코스 세팅을 전담하는 경기위원은 따로 있어서 코스 세팅 수당을 추가로 받습니다.

업무 일정은 대회 당일 첫 티오프 시간에 따라 달라집니다. 첫 팀이 새벽 6시 출발이라고 칩시다. 경기위원은 두 시간 전인 새벽 4시부터 코스에 나가 대회 준비를 해야 합니다. 경기는 오후 2~3시쯤 마무리됩니다. 특별한 일이 발생하지 않았을 경우 스코어카드만 제출하면 일과를 마무리할 수 있습니다. 하지만 경기 중 사건·사고가 발생하거나 크고 작은 문제가 생겼을 경우는 회의를 통해서 어떻게 처리할 것인지를 의논합니다. 부정행위자 적발 시에는 해당 선수에게 진술서와 사인을 받은 뒤 상벌위원회에 올릴 것이냐를 놓고 논의합니다.

골프 규칙은 꿰뚫고 있어야 합니다. 언제 어디서 어떤 상황이 발생해도 거침없이 매끄럽게 문제를 해결해야 하니까요. 골프 규칙뿐만 아니라 골프와 관련해서 깊고 넓은 지식과 풍부한 현장 경험이 필요한 직업입니다.

책이나 이론에 지나치게 의존해선 안 됩니다. 이론과 실제 상황은 다를 수 있기 때문이죠. 그만큼 경험이 중요합니다. 실전은 변화무쌍해서 책에서 소개하는 상황이 그대로 연출되지는 않습니다. 아무리 골프 규칙에 해박해도 실전에서 활용·응용해보지 않으면 내 지식이라고 하기는 어렵습니다.

책과 이론은 전부 영문을 번역한 것이라는 점도 인지하고 있어야 합니다. 번역이 완벽하다고 볼 수는 없지요. 설명이 모호한 상황도 있고, 우리 실정에 그대로 도입해도 될지 미심쩍은 상황도 있습니다. 실전에서 이런 상황과 맞닥트리면 머릿속이 하얘진다고 해요.

경기 중 이런 모호한 상황이 현실로 나타난다면 다른 경기위원이나 팀장들과 상의해야 합니다. 경기위원에게는 전부 무전기가 제공되기 때문에 다른 홀에 배치된 경기위원들과도 상시 소통할 수 있습니다. 비상상황 발생 시에도 무전기를 활용합니다. 현상황을 설명하면 코스 곳곳에 흩어져 있는 경기위원이 모두 들을수 있으니 어떻게든 해결방법을 찾을 수 있을 겁니다. 다른 경기위원이 도움을 청해도 마찬가지입니다. 결국, 여러분이 배치된 홀뿐만 아니라 모든 경기위원과 모든 홀 상황을 예의주시하면서 근무해야 합니다.

골프 경기위원의 조건

* * *

골프 경기위원 채용 조건은 협회마다 다릅니다. KPGA부터 설명하면 프로골퍼 자격을 획득하는 것이 단연 유리합니다. 응시 조건에 '반드시 프로골퍼여야 한다'라는 조항은 없습니다. 프로골퍼가 아니라도 대한골프협회KGA에서 진행하는 골프 규칙 테스트를 통과한 사람이면 누구나 응시할 수 있습니다. 그러나 응시자 대부분이 프로골퍼이고 경쟁이 치열해서 프로골퍼가 아니라면 채용되기는 어렵습니다. 골프 규칙 테스트도 레벨2 이상은 되어야 합격을 기대해볼 수 있을 것 같습니다. 그만큼 경쟁이 치열합니다.

KLPGA는 반드시 프로골퍼여야 합니다. 그것도 정회원만 응시할 수 있어요. 같은 KLPGA 프로골퍼라도 준회원은 응시 자격조차 주어지지 않습니다. 그래서 KLPGA 경기위원은 자부심이 더 대단하다고 들었습니다.

경기위원 선발 과정도 복잡하고 어렵습니다. 골프 규칙 필기시험에 합격한 사람은 면접을 보는데, 면접장에서도 골프 규칙을 실전에 응용한 질문이 나옵니다. 예를 들면 '샷한 공이 바운스 없이 러프에 박힌 선수가 도움을 요청한다면 어떻게 할 것이냐?' 같은 실전 응용 질문을 받게 됩니다. 골프 규칙을 꿰뚫고 있지 않은 한 대단히 어려운 면접이지요. 필기시험은 100점 만점에 60점만 맞아도 통과이지만, 면접에서는 적당히 대답하면 틀림없이 불합격입니다.

채용이 되었다고 해도 안심할 수 없습니다. 2년마다 재시험을 치러서 경기위원을 다시 선발합니다. 기존 경기위원들의 자격 재검증과 새로운 경기위원 선발이라고 생각하면 됩니다. 수준 미달의 경기위원이 섞여 들어가지 않았는지, 2년간 제대로 근무했는지를 점검하는 것이죠. 2년 전과 똑같은 필기시험과 면접을 다시 보는 겁니다. 진정으로 실력이 있는 사람이 아니면 오랫동안 자리를 보존하기 어려운 직업입니다.

기존 경기위원은 2년 동안 근무하면서 받은 성적이 있습니다. 실전에서 실수하거나 적절하지 않은 판단을 내리면 패널티를 받기도 합니다. 1~2개월 자격 정지 처분을 받는 사람도 있습니다. 평점이 좋지 않은 경기위원은 2년 뒤 시험을 보기도 전에 걸러집니다. 대단히 냉정하고 책임감이 무거우며 생존경쟁이 치열한 세계이죠. 끊임없이 공부하고 노력하는 사람만 살아남을 수 있습니다.

출장이 많아 가족과 떨어져 지내는 날이 많다는 점, 이른 새벽부터 일과를 시작해야 한다는 점, 급여가 많지 않은 점, 시즌이 끝나면 일이 없다는 점, 잦은 출장과 빼곡한 일정으로 인해 시즌 중에는 투잡이 어려운 아쉬움도 있습니다. 자부심과 사명감이 없다면 절대로 뛰어들기 어려운 일이죠.

더 알아보기

장점	골프대회장 최고 권위자라는 자부심, 각 협회를 대표하는 자긍심
단점	적은 급여, 치열한 경쟁, 잦은 출장, 2년마다 재시험, 시즌 중 투잡 어려움, 시즌 끝나면 일거리 없음
추천 전공	무관
추천 자격(증)	KPGA는 준회원 이상 · 골프 규칙 레벨2 이상, KLPGA는 정회원 · 골프 규칙 레벨2 이상
추천 인재	퇴직자나 고령의 프로골퍼, 돈보다 자부심을 중요하게 생각하는 사람, 골프계나 후배들에게 봉사하고 싶은 사람
이력서 내보기	한국프로골프협회, 한국여자프로골프협회

골프공 디자이너

골프공에 과학을 입히는 사람들

. . .

골프공을 개발하고 디자인하는 사람입니다. 코어의 배합과 표면 분할구조를 연구 · 개발하는 것이 주요 업무죠.

그린 위에 떨어진 골프공이 마치 마법에 걸린 듯이 핀을 향해 강력한 스핀을 일으키면서 멈춰 서는 장면을 보신 적이 있나요? 일류선수들의 경기에서나 나올 법한 장면이죠.

일류선수들의 골프공에는 원격조종장치라도 되어 있는 것일까요? 아니면 특수소재라도 사용한 것일까요? 그들의 골프공에는 어떤 비밀이 숨겨져 있길래 그런 마법 같은 퍼포먼스가 나올 수 있는 것일까요? 일류선수들의 공이라고 해서 특별하지는 않습니다. 우리가 평소 사용하는 골프공과 똑같은 소재, 똑같은 제조공법으로 만들어집니다.

그렇다면 다시 질문을 드리겠습니다. 세상에서 가장 좋은 골프공이 있다면 어떤 공이라고 생각하십니까? 정확하게 멀리 날아가는 공일까요? 맞습니다. 정확하게 멀리 날아가는 공은 모든 골퍼가 염원하는 공이죠. 하지만 늘 똑바로 멀리 날아가는 공은 이 세

골프취업학개론

상에 존재하지 않습니다. 잘 못 쳤는데도 똑바로 멀리 날아가는 공이 있을 리 없죠. 반대로 잘 쳤는데도 똑바로 날아가지 않는다면 불량일 겁니다. 잘 못 쳤을 때는 잘 못 친 대로 반응해야 하고, 잘 쳤을 때는 잘 친 만큼 보상이 있는 공이야말로 좋은 공이죠. 즉, 세상에서 가장 훌륭한 골프공은 똑바로 멀리 날아가는 공이 아니라 정직한 공입니다.

서두가 길었습니다. 본론으로 들어가서 골프공 디자이너 이야기를 해봅시다. 골프공 디자인과 성능이 대체 무슨 관계가 있냐고요? 골프공을 잘 보세요. 같은 골프공이라도 어떤 브랜드의 어떤 모델이냐에 따라서 모양이 전부 다릅니다. 똑같은 골프공은 하나도 없습니다. 골프공 브랜드마다 특화된 디자인과 기술을 가지고 있으니까요. 골프공 디자인에 따라서 골프공 성능도 완전히 달라집니다. 바로 그것이 골프공 디자이너의 역할입니다. 과학적인 디자인을 입혀서 정직한 골프공을 만드는 것이죠.

골프공 디자이너라는 직업을 처음 들었다는 사람도 많을 겁니다. 골프업계에서 오랫동안 종사한 사람들도 골프공 디자이너라는 직업을 잘 모릅니다. 그럴 만도 합니다. 국내에는 골프공 디자이너가 많지 않으니까요. 소수의 골프공 디자이너가 국내 골프공 디자인을 이끌어가고 있습니다.

골프공 디자이너가 되는 길은 좁고 험난합니다. 골프공을 제조하는 회사가 많지 않으니 짐작은 하고 있었을 겁니다. 우선 대학에서 물리학을 전공해야 하고 골프에 대한 이해가 깊어야 합니다. 삼각함수가 기본이 되는 업무이다 보니 처음부터 질색하는 젊은이가 많습니다. 게다가 최소 10년은 근무하면서 연구해야 분할구조를 정확하게 이해할 수 있다고 합니다. 안타깝게도 그때까지 참고 견디는 젊은이는 거의 없는 실정입니다.

그래서 골프공 디자이너에게 요구되는 가장 중요한 덕목이 인내심입니다. 장기간 인내심을 가지고 꾸준히 노력하지 않으면 버티기조차 어려운 직업이니까요. 어디에서 무슨 일을 하든 마찬가지겠지만, 특히나 골프공 디자인은 마음먹고 뚝딱 해치울 수 있는 업무가 아닙니다. 요즘 젊은 사람들을 보면 무엇이든 서둘러서 빨리 해결하고 싶은 마음이 앞서는 것 같아요. 골프공 디자인 업무에서 서둘러 빨리 해결하겠다는 생각은 금물입니다. 실패에 실패를 거듭하면서 하나의 골프공이 완성됩니다. 수학 문제를 풀어가듯 기초부터 차근차근 만들어 간다는 생각으로 연구 · 개발해야 좋은 골프공 하나가 완성되는 것이지요. 새로운 골프공 하나를 개발하는 데 걸리는 시간이 최소 6개월에서 1년 6개월이라고 하니 웬만한 인내심으론 버티기도 어렵습니다.

하지만 경력 10년 이상의 골프공 디자이너는 일에 대한 자부심이 골프업계 어떤 직종보다 대단합니다.

국산 골프공을 대표하는 브랜드 중 하나가 충북 음성군에 제조공장을 둔 볼빅입니다. 볼빅 골프공 디자이너가 디자인한 골프공은 일반 아마추어 골퍼는 물론이고 국내외 유명 프로골프선수들도 사용합니다. 전 세계 투어에서 활약하는 선수들이 여러분이 개

　　　　　　　　　　골프취업학개론

충북 음성군 대소면에 있는 볼빅 2공장 전경. 만약 여러분이 볼빅 골프공 디자이너로서 입사한다면 이곳에서 근무하게 됩니다.

발·디자인한 골프공을 사용한다고 생각해보세요. 자부심이 없을 수가 없겠죠.

우리나라 골프공이 처음부터 세계 시장에서 인정받은 것은 아닙니다. 오랜 인고의 시간을 거쳐 지금에 이른 것인데, 골프공 디자이너들의 역할이 컸습니다. 볼빅을 예로 들면 사업 초기엔 수출은커녕 국내 소비자들로부터도 외면을 받았습니다. 첫술에 배부를 순 없습니다. 골프공 디자이너는 지나친 욕심이나 의욕은 버리고 개발·연구에 대한 흥미를 갖는 것이 우선입니다.

국산 골프공 전망은 밝습니다. 한국 선수뿐만 아니라 해외 유명선수들도 국산 골프공에 대해 관심이 많습니다. LPGA 투어 활약 선수 중에도 국산 골프공을 사용하는 선수가 꽤 많아요. 케이팝K-POP과 케이 드라마로 촉발된 한류가 케이 컬처, 케이 푸드로 확대되었고, 지금은 한국어와 한국 제품으로도 관심사가 옮겨가고 있습니다. 아쉽게도 세계 시장에서 인정받는 국산 골프채 브랜드는 없지만, 국산 골프공은 세계 유수의 브랜드들과 어깨를 나란히 하고 있습니다.

한국의 골프공 제조 기술력은 이미 세계 최고 수준입니다. 덕분에 내수뿐만 아니라 수출도 꾸준히 늘고 있어요. 그만큼 골프공 디자이너의 입지는 더 단단해질 것이라는 전망을 해볼 수 있습니다.

더 알아보기

장점	세계적인 골프공을 개발·디자인한다는 자부심, 영업·매출에 대한 스트레스 없음
단점	삼각함수가 기본이 되는 복잡한 업무, 회사에서 인정받기까지 최소 10년
추천 전공	물리학
추천 자격(증)	불필요
추천 인재	골프공 구조에 관심이 많은 사람, 수학·물리학을 좋아하는 사람, 골프공 디자인이나 개발에 뜻이 있는 사람, 인내심이 강하고 학습·연구를 좋아하는 사람, 골프와 물리학을 좋아하는 사람
이력서 내보기	골프공 제조회사

골프 마케터① 골프선수 매니저

전천후 업무 해결사

• • •

매니저는 일정을 챙겨주거나 일을 도와주는 사람입니다. 다수의 연예인과 운동선수는 매니저가 있습니다. 골프선수 매니저는 대회장에서 선수들과 동행하면서 짐을 들어주거나 일정을 챙겨줍니다. 허드렛일을 돕기도 하지요.

넓은 개념으론 골프 마케터라고 합니다. 골프 마케터 업무 범위는 대단히 넓습니다. 크게 나누면 골프선수 매니지먼트와 골프대회 운영대행 업무를 들 수 있습니다. 국내 대부분 스포츠마케팅 회사는 두 업무를 함께 처리하지만, 외국은 각각 다른 회사에서 맡아 진행합니다. 이 강의에서는 골프선수 매니저와 골프대회 운영대행 업무를 각각 다른 직업군으로서 소개하겠습니다.

골프선수 매니저 업무는 다양합니다. 소속 선수의 투어 가이드 역할을 해야 하고, 여러 기업에 소속 선수를 알려서 후원할 수 있도록 유도해야 합니다. 선수에게 꼭 필요한 정보를 찾아서 제공하고, 언론사 인터뷰 일정을 잡아주며, 갖은 업무처리를 돕기도 하죠.

매니저가 열심히 뛸수록 선수는 운동에만 전념할 수 있습니다.

반대로 매니저가 게으름을 피우거나 능력이 부족하면 선수는 운동에 전념하기 어렵습니다. 그만큼 매니저의 역할이 중요합니다.

매니저가 없는 선수도 있습니다. 자신이나 가족이 직접 기업에 후원을 제안하고 언론 인터뷰 같은 일정도 스스로 관리해야 합니다. 선수마다 생각이 다르겠지만, 절대로 효율적인 방법은 아닙니다. 후원 기업을 찾기가 어려울 뿐 아니라 일이 많아져서 운동에만 몰두할 수 없을 겁니다.

골프선수 매니저는 소속 선수의 상품성을 높이는 데도 힘써야 합니다. 골프 팬과 기업, 언론사에 소속 선수의 장점과 개성을 홍보해서 긍정적인 이미지가 널리 알려지도록 해야 합니다. 선수가 사고를 당하거나 문제를 일으켰을 때 전면에 나서서 일을 수습하는 것도 소속사 매니저들의 몫입니다.

골프선수 매니저의 가장 중요한 업무는 선수들의 후원 기업을 찾아 계약하는 일입니다. 많은 기업과 계약할수록 회사와 선수의 수익은 늘어납니다. 결국 능력 있는 매니저는 소속 선수에게 많은 후원사를 붙여주는 사람이겠죠. 어떻게 보면 선수 매니지먼트는 그것을 위한 부가적인 서비스 업무라고 할 수 있습니다.

KLPGA 투어의 신인 선수를 예로 들어보겠습니다. 선수 한 명의 연간 계약금은 최소 5,000만 원입니다. 상금순위 20위 안에 드는 선수는 2억~3억 원에 거래되고 있습니다. 만약 소속 선수 A와 기업 B의 계약이 1억 원에 성사된다면 매니지먼트사는 중계 수수료로 10~20%(1,000만~2,000만 원)를 받습니다. 회사마다 운영방침

회사명	소재지	대표
갤럭시아SM	서울시 강남구	이반석
넥스트스포츠	서울시 송파구	김주택
매니지먼트서울	서울시 서초구	남민지
브리온컴퍼니	서울시 성동구	임우택
스포츠웨이브	서울시 강남구	정상원
스포츠인텔리전스그룹	서울시 송파구	김동욱
올인원스포츠	서울시 서초구	송근호
와우매니지먼트그룹	서울시 강남구	장상진
원오원커뮤니케이션즈	서울시 용산구	김슬기, 황정우
이니셜스포츠	서울시 강남구	류연진
지애드스포츠	서울시 서초구	강영환
크라우닝	서울시 서초구	김정수
프레인글로벌(스포티즌)	서울시 중구	김평기
WP스포테인먼트	경기도 용인시	박충일

프로골프선수 매니지먼트를 진행하는 주요 기업 정보.

이 다르겠으나 매니저가 계약 성사에 공헌했다면 발생한 중계 수수료의 일부를 인센티브로 받을 수 있습니다.

골프는 매니지먼트가 가장 활성화된 종목 중 하나입니다. 정규 (1부) 투어에서 활약하는 대부분 선수가 스포츠에이전시를 통해서 후원사와 계약합니다. 남녀 프로골퍼를 합쳐서 200명이 훨씬 넘는 선수가 정규 투어에서 활약하고 있으니 큰 시장이 아닐 수 없습니다. 그만큼 선수 영입 경쟁이 활발하고 치열합니다.

골프판에 스포츠에이전시가 자리를 잡은 건 2000년대 후반 이후입니다. 그 전에는 스포츠에이전시와 매니저라는 개념 자체가 생소했지요. 대부분 선수와 선수 부모는 골프선수 매니저의 필요성을 느끼지 못했습니다. 대회가 많지 않았고, 기업 후원도 일부 스타 선수에 국한돼 있었으니까요. 골프선수 매니지먼트를 부정적으로 바라보는 사람도 많았습니다.

불과 십수 년 사이 골프업계 분위기는 완전히 달라졌습니다. 기업의 관심과 참여가 늘어나면서 대회 수가 증폭했고, 골프전문 채널에 뉴 미디어까지 등장하면서 홍보할 수 있는 루트도 다양해졌습니다. 무엇보다 스포츠에이전시 시장이 커지면서 업무의 분업화·전문화가 이루어졌습니다. 그 결과 선수들의 운동 환경은 크게 개선되었지요.

골프선수 매니저의 자격은 별도로 없습니다. 단, 대학에서 스포츠·골프를 전공했거나 경영학을 공부한 사람이 많습니다. 스포츠·골프 관련 전공자는 풍부한 현장 경험이, 경영학과 졸업생은 경영과 회계 이론이 뒷받침돼 있다는 게 각각의 장점인 듯합니다. 실무에 들어가면 모두가 똑같습니다. 어디에서 무엇을 공부했든 특별히 유리하고 불리한 건 없습니다.

프로야구를 예로 들어보겠습니다. 프로야구는 에이전시 제도가 골프와는 약간 다르지만, 경영과 마케팅이 중요한 건 마찬가지입니다. 프로야구 선수를 에이전시하기 위해서는 공인대리인 자격시험을 통과해야 합니다. 시험 합격자 중에는 변호사처럼 법을 공부한 사람이 많습니다. 자격시험에 합격했다고 해서 성공이 보장되는 건 아닙니다. 공인대리인은 에이전시 자격을 의미할 뿐입니다.

그때부턴 경영과 마케팅, 영업이 성패를 가릅니다. 공인대리인 자격을 얻은 후 2년 안에 단 한 명과도 계약하지 못하는 사람이 허다하다고 합니다. 업무를 책으로만 익힌 사람과 현장에서 익힌 사람의 차이일 겁니다. 스포츠마케팅은 어디까지나 경영과 기획력, 마케팅이 우선되어야 한다는 점을 망각해선 안 됩니다.

더 알아보기

장점	프로선수 에이전시라는 자부심, 비교적 자유로운 업무
단점	시즌 중에는 주말·휴일 휴식 보장 안 됨, 허드렛일이 많음
추천 전공	무관하지만, 골프학·체육학·경영학, 마케팅 관련 전공자가 많음
추천 자격(증)	불필요
추천 인재	프로골프선수를 좋아하는 사람, 골프·스포츠마케팅에 뜻이 있는 사람, 프로골프선수들과 친분을 쌓거나 일해보고 싶은 사람, 골프선수 매니저 업무에 뜻이 있는 사람, 스포츠·골프 현장에서 일해보고 싶은 사람
이력서 내보기	골프·스포츠마케팅 회사, 스포츠에이전시, 일반 기업의 프로골프선수 담당

골프 마케터② 골프대회 운영 전문가

골프대회의 숨은 지휘자

• • •

골프대회 주최·주관사를 대신해서 운영·진행하는 업무입니다. 골프선수 매니지먼트와 더불어 골프 마케터의 핵심 업무라고 할 수 있지요.

골프대회 운영대행 업무는 골프대회나 이벤트가 집중되는 4~11월에 가장 바쁩니다. 단기간에 많은 업무를 소화해야 하고 출장과 야근이 몰리죠. 그러나 12월부터 다음 해 3월까지는 비시즌이어서 비교적 여유롭습니다. 다음 시즌을 준비하는 기간이라고 보시면 됩니다. 전문지식을 쌓거나 세미나, 강의, 교육 프로그램에 참석하면서 자기계발 시간을 갖는 사람이 많습니다.

직업 전망은 밝습니다. 골프 대중화와 더불어 골프 마케팅 시장은 매년 지속 성장을 이루고 있습니다. 인구·규모·관심도도 높아지고 있지요. AI로 대체하기도 어렵습니다. 기업들도 업무의 분업화·전문화를 지향하고 있어서 인맥과 노하우만 쌓이면 나이에 상관없이 오랫동안 업으로 삼을 만합니다.

여기서 중요한 질문 하나만 해보겠습니다. 기업이 자사 골프대회를 대행사에 맡기는 이유가 뭐라고 생각하세요? 여러분이 골프 마케터로서 일해볼 의향이 있다면 이 질문에 똑 부러지게 답할 수 있어야 합니다.

가장 중요한 이유는 시행착오를 줄일 수 있다는 점입니다. 골프 마케팅은 복합적인 전문업무입니다. 골프와 마케팅을 함께 알아야 하지요. 기업에선 의외로 골프를 모르는 사람이 많습니다. 골프를 한다고 해서 골프를 다 안다고 생각하면 큰 오산입니다. 골프장에서 골프를 즐기는 것과 골프 업무는 전혀 다릅니다. 골프 산업과 골프업무의 메커니즘을 제대로 이해하지 못한 채 골프대회에 손을 대면 어떤 결과가 나올까요? 큰 시행착오를 겪을 가능성이 매우 큽니다. 시간과 인력과 예산을 낭비하면서 기업 이미지만 나빠집니다. 이런 시행착오를 사전에 방지하기 위해서라도 골프 마케팅 회사의 힘을 빌리는 것이 좋습니다.

골프 마케팅 업무를 가장 전문적으로 잘 할 수 있는 사람은 골프 마케터입니다. 집을 수리하거나 리모델링을 할 때 인테리어 업체에 의뢰하듯이 기업이 골프대회·행사를 열 때는 골프 마케팅 회사에 맡기는 것이 시행착오를 줄이는 가장 현명한 방법입니다.

스포츠에이전시를 대행사라고도 합니다. 스포츠에이전시를 골프대회 주최·주관사가 원하는 대로, 시키는 대로 운영만 한다면 대행사라는 말이 맞습니다. 그러나 스포츠에이전시는 심부름업체가 아닙니다. 기업 이미지에 꼭 맞는 대회나 행사를 기획·제안하는 전문가 집단입니다. 미래지향적인 발전 방향을 기업과 함께 모색하기도 합니다. 스포츠 트렌드를 주도하는 역할도 하지요. 골프대회 하나만 보더라도 매년 새로운 이벤트를 기획해야 합니다. 단 하나의 골프대회를 기획하고 준비하는 과정이 최소 1년 이상 걸립니다. 수많은 인재와 예산과 시간이 필요합니다. 대행사보다 스포츠에이전시라는 말이 더 어울리는 이유입니다. 만약에 여러분이 시키는 업무만 로봇처럼 처리한다면 스포츠에이전시는 대행사가 되는 겁니다. 여러분 하기 나름입니다.

골프 마케터의 조건
· · ·

골프대회 운영대행 업무의 자격은 골프선수 매니지먼트와 비슷합니다. 스포츠나 골프에 전문적인 지식을 가지고 있으며, 사람 만나는 일을 좋아하는 사람이라면 누구나 도전할 수 있는 직업입니다.

업계 관계자들은 열정이 뒷받침하지 않으면 하기 힘든 일이라고 말합니다. 내 생각은 조금 달라요. 업무에서 중요한 건 열정이 아닙니다. 옛날처럼 열정만 강조하면 젊은 사람들이 버티질 못합니다. 운동선수에게 투지만 강요하는 것과 무엇이 다른가요? 열정만 가지고 뛰어든다는 생각은 절대 금물입니다. 얼마 지나지 않아서 후회할 겁니다. 일을 처음 시작했을 때나 열정이지 1년이 지나고 2년이 지나도 열정의 온도가 그대로일까요? 열정보다 탄탄한 지식과 경험을 쌓아서 진정한 전문가가 되는 것이 더 중요합니다.

회사명	소재지	대표
리앤에스 스포츠	서울시 마포구	이재명
대홍기획	서울시 중구	홍성현
브리온컴퍼니	서울시 성동구	임우택
세마스포츠마케팅	서울시 강남구	이덕래
스포츠웨이브	서울시 강남구	정상원
에스지컴	서울시 강남구	성기석
에하드스포츠	경기도 안양시	송원진
유비매니지먼트그룹	서울시 강남구	채정석
와우매니지먼트그룹	서울시 강남구	장상진
원오원커뮤니케이션즈	서울시 용산구	김슬기, 황정우
지애드스포츠	서울시 서초구	강영환
크라우닝	서울시 서초구	김정수
프레인글로벌(스포티즌)	서울시 중구	김평기
WP스포테인먼트	경기도 용인시	박충일

프로골프대회 운영 대행하는 주요 스포츠에이전시 정보.

많이 아는 사람은 업무에 여유가 생겨서 즐길 수 있습니다. 그렇게 해야 열악한 업무 환경도 이겨낼 수 있습니다. 만약에 그것도 안 된다면 이직을 하거나 다른 일을 찾는 것이 좋습니다.

골프 마케터의 연봉은 회사에 따라 큰 차이가 있습니다. 우선 대기업과 중소기업의 차이가 큽니다. 중소기업 스포츠마케팅 회사는 대체로 업무 환경이 열악한 것으로 알려져 있습니다. 그렇다고 모든 중소기업 업무 환경이 좋지 않은 건 아닙니다. 중소기업 중에서도 상위권 기업들은 업무 환경이 비교적 안정되어 있습니다. 일반적으로 사회 초년생은 박봉이지만, 5~6년 차 이상으로 인맥과 노하우가 쌓이면 다른 직업과 비슷하거나 높은 수준의 연봉을 받을 수도 있습니다. 프로젝트 성과에 따른 인센티브는 별도이기 때문에 업무에 대한 동기부여도 확실합니다. 연차가 쌓일수록 괜찮은 직업입니다.

더 알아보기

장점	비교적 자유로운 업무, 나이에 상관없이 오랫동안 할 수 있음, 스포츠 트렌드 주도한다는 자부심, 프로젝트 성과에 따른 인센티브 별도
단점	시즌 중에는 주말·휴일 휴식 보장 안 됨, 허드렛일이 많음
추천 전공	무관하지만, 골프학·체육학, 경영학, 마케팅 관련 전공자가 많음
추천 자격(증)	불필요
추천 인재	골프·스포츠마케팅에 뜻이 있는 사람, 골프대회 운영에 관심이 있는 사람. 스포츠마케팅 회사 창업 꿈이 있는 사람, 골프선수 곁이나 골프대회 현장에서 일해보고 싶은 사람
이력서 내보기	골프·스포츠마케팅 회사, 스포츠에이전시, 일반 기업의 스포츠마케팅팀

골프취업학개론

골프 멘탈 코치 · 트레이너

골프선수 정신적 동반자

. . .

골프선수의 심리상담사이자 멘탈을 지도하는 스승입니다. 멘탈 코치, 멘탈 트레이너, 골프 심리상담사 등으로 불리지요. 골프는 멘탈 게임입니다. 그만큼 심리상태가 중요한 경기입니다. 골프 경기에서 멘탈이 차지하는 비율은 70% 이상이라는 사람도 있고, 비슷한 경기력이라면 90%는 멘탈에 의해 좌우된다고 주장하는 사람도 있습니다. 그래서 골프는 스윙 코치 못지않게 멘탈 코치가 중요한 역할을 합니다.

멘탈 코치는 크게 두 부류로 나눌 수 있습니다. 프로골퍼 출신 멘탈 전문가와 스포츠선수 전문 심리상담사입니다.

먼저 프로골퍼 출신 멘탈 전문가부터 알아볼까요? 프로골퍼이면서 스포츠심리학 박사과정을 마친 사람입니다. 골프 경기와 스윙, 선수들의 고충을 누구보다 잘 아는 것이 가장 큰 장점입니다. 경기 상황에 따른 심리상태를 조목조목 분석해서 문제점을 잘 찾아냅니다. 선수들과 선수 가족들도 신뢰하고 따르는 편이지요.

스포츠선수 전문 심리상담사는 여러 종목, 여러 선수의 심리상담을 진행합니다. 골프라는 한 분야에 매몰되지 않고 큰 틀에서 폭넓은 상담을 하는 것이 특징입니다.

어느 쪽이든 비전은 좋습니다. 과거 운동선수들은 오로지 신체 능력 향상에 초점을 맞춰 훈련했다면 요즘은 신체 능력 향상 못지않게 심리 트레이닝도 강조되고 있습니다. 인간이 육체적으로 끌어올릴 수 있는 경기력에는 어느 정도 한계가 있습니다. 트레이닝 기술이나 장비가 첨단화하면서 선수들 기량도 상향 평준화되었습니다. 백지장 한 장 차이로 우승과 준우승이 갈립니다. 우승 선수와 꼴찌 선수의 실력 차이가 미미한 종목도 있습니다. 인간의 기술적 한계를 극복할 수 있는 유일한 방법은 정신력입니다. 심리 트레이닝이 주목받을 수밖에 없는 이유입니다.

비슷한 경기력을 가진 선수와의 대결, 극도로 긴장된 상황, 체력이 바닥난 상황, 알 수 없는 슬럼프에서 헤어나지 못하는 상황에서 심리 트레이닝 효과는 더 빛을 나타냅니다. 미래에는 스포츠 심리 트레이닝이 더 주목받을 겁니다. 비슷한 경기력이라면 심리적으로 안정되거나 심리전에서 앞선 선수가 절대적으로 유리할 테니까요. 그래서 많은 스포츠선수가 멘탈 코치의 필요성을 느끼고 있습니다. 특히나 멘탈 스포츠인 골프에서는 더 많은 사람이 멘탈 전문가와의 상담을 원합니다.

멘탈 트레이닝의 성공사례는 언론을 통해 어렵지 않게 접할 수 있습니다. 요즘 선수들의 성공 스토리는 과거와 다르지요. 국내 스포츠 초창기(1990년 이전)에는 오로지 투지와 인내력만이 강조되었다면 도약기(1990~2000년)에는 과학적이고 체계적인 훈련방법이 조명되었습니다. 발전기이자 폭발기(2000년 이후)인 근래에는 심리 트레이닝 효과와 관련한 이야기가 주류를 이룹니다.

예를 들면 2016 리우올림픽 펜싱 종목에서 금메달을 딴 박상영 선수 아시죠? "할 수 있다"라는 자기암시를 반복하면서 기적 같은 역전 우승을 차지해 화제가 된 바 있습니다. 자기암시는 플라시보 효과Placebo effect가 있어서 "할 수 있다"라는 말을 반복하는 것만으로도 긍정 에너지가 발생합니다. 이제는 거의 모든 종목 선수들이 심리 트레이닝을 받고 있어요. 현대 스포츠 트레이닝에 있어서 빠질 수 없는 요소가 된 것이죠.

멘탈 코치로서 어느 정도 이름이 알려지면 선수들이 알아서 찾아올 겁니다. 멘탈 코치를 스스로 찾아온 선수라면 심리적으로 심각한 상황일 가능성이 큽니다. 이것저것 다해봤으나 슬럼프를 벗어나지 못하고 있다거나 자존감이 바닥으로 떨어져서 선수 생활을 더는 하기 어려운 상황일지도 모릅니다. 그들에게 올바른 방향을 제시해서 슬럼프를 극복할 수 있도록 인도해주는 것이 멘탈 코치의 역할입니다. 숱한 어려움을 이겨내고 다시 뛰어오르는 선수들을 곁에서 지켜보면 마치 자신이 해낸 것처럼 가슴이 찡하다고 합니다.

수입구조는 크게 나눠 네 가지입니다. ①횟수를 정해놓고 정해진 상담료를 받는 방법과 ②기간과 금액을 정해놓고 진행하는 방법, ③선수의 상금 일부를 받는 방법, 그리고 ④이 세 가지 방법을 혼합 적용한 방법입니다. 선수 또는 선수 부모와 협의한 뒤 계약하면 됩니다.

　스타 선수와 계약하면 멘탈 코치로서 이름을 널리 알릴 수 있습니다. 그러려면 스타 선수 못지않게 좋은 코치가 되어야 합니다. 끊임없이 공부하고 연구하면서 수많은 자료를 수집·정리하는 학자여야 하지요. 그래야 모든 선수로부터 존경과 신뢰를 받을 수 있습니다. 한 걸음 더 들어가면 성실성과 도덕성을 갖추고 있어야 하고, 지시자나 감시자가 아닌 격려자, 동반자로서 선수들과 소통해야 합니다.

더 알아보기

장점	선수들을 가르치는 보람, 상담 효과를 보았을 때의 성취감, 나이에 상관없는 평생직업, 사회적으로 존경받는 위치
단점	자리 잡기까지 많은 시간·노력 필요, 업계에서 인정받기 쉽지 않음
추천 전공	심리학, 골프학·체육학, 스포츠심리학(대학원)
추천 자격(증)	스포츠심리학 박사학위, 스포츠심리상담사
추천 인재	스포츠심리학 박사, 프로골퍼, 심리상담사, 스포츠심리에 관심이 많은 사람
이력서 내보기	자영업 또는 프리랜서

골프용품 유통·판매원

골프용품 수입부터 판매까지

· · ·

골프용품을 생산자나 중간 유통업자로부터 구매해 소비자에게 판매하는 일입니다. 자영업자가 될 수도 있고, 매장이나 업체에서 근무하는 직원이 될 수도 있습니다. 자영업자 중에는 도매만 전문으로 하는 사람이 있고, 도매와 소매를 병행하는 사람도 있습니다. 어디에서 어떤 방식으로 영업하든 골프채 생산부터 유통, 판매까지 전체적인 흐름을 한눈에 꿰뚫고 있어야 하는 직업입니다.

우리나라에는 골프채 생산업체가 없어서 거의 100% 수입에 의존하고 있습니다. 결국, 저렴한 비용으로 수입해서 영업이익을 최대한 높이는 것이 골프용품 유통·판매자들의 가장 중요한 수익 창출 전략입니다.

수입한 골프채는 골프숍이나 온라인 마켓을 통해서 판매합니다. 대부분 유통·판매자는 자신이 운영하는 골프숍(온라인 또는 오프라인)이 있어서 도매와 소매를 병행합니다. 비교적 단순한 업무로 보일 수도 있는데, 골프채의 역사, 트렌드, 제작, 유통, 판매, 기능성, 골프 스윙, 피팅 등 골프채와 골프 전반에 걸쳐 다양한 정보와

골프용품을 판매하려면 골프채에 대한 지식은 물론이고 골프 스윙과 피팅 기술도
갖추고 있어야 합니다.

지식을 겸비하고 있어야 합니다.

여러분이 골프채를 산다고 생각해보세요. 똑같은 골프채를 사
더라도 골프클럽에 대해 지식이 풍부한 사람에게 구매하겠습니
까. 그렇지 않은 사람에게 구매하겠습니까. 선택은 여러분의 몫
이지만, 골프클럽에 대해 지식이 풍부한 사람에게 마음이 쏠릴 가
능성이 큽니다. 사람에 대한 신뢰감이 있어야 지갑도 열릴 테니까

요. 지식이 풍부한 사람이 좋을 물건을 팔 것이라는 선입견도 없지 않을 겁니다.

또 한 가지 질문을 드리겠습니다. 일반 소비자들의 골프채 구매 기준은 무엇이라고 생각합니까? 크게 세 부류가 있어요. 첫 번째는 브랜드만 보고 구매하는 부류, 두 번째는 입소문과 주변 사람들의 권유로 구매하는 부류, 세 번째는 직접 시타해보고 자신에게 꼭 맞는 물건만 구매하는 부류입니다. 가장 이상적인 부류는 세 번째인데, 이런 사람은 많지 않습니다. 대부분 브랜드만 보거나 주변 사람 권유로 선택합니다. 그러니 판매자의 설명과 권유가 대단히 중요한 것이죠.

그래서 골프용품 유통·판매자는 골프용품 컨설턴트가 되어야 합니다. 단순히 물건을 판매하는 것에 그치지 않고 어떤 물건이 소비자에게 필요하고, 어떤 물건이 꼭 맞는지 추천해줄 수 있어야 합니다. 최신 골프용품 트렌드와 재테크 흐름까지 알려준다면 물건만 팔아서 수익을 내는 판매원보다는 훨씬 높은 매출을 올릴 수 있을 겁니다.

그러려면 골프채에 대해서 전문지식을 갖춰야겠죠. 어디에서 어떻게 공부하면 될까요? 국내에는 관련 도서나 자료가 거의 없습니다. 골프채 교육 프로그램도 많지 않아서 미국이나 일본에서 열리는 프로그램에 참여하는 사람도 있습니다. 일본에서는 골프 브랜드별로 주최하는 골프채 아카데미가 정기적으로 열립니다. 대개 주 3회씩 6개월 코스로 이론과 실기를 병행합니다. 교육 이수 후에는 수료증을 줍니다. 이 과정을 성실하게 밟으면 골프채 유통과 관련해서 독보적인 경쟁력을 갖게 됩니다. 현지에서 실무 교육을 받은 취준생은 찾아보기 어려우니까요. 국내외 골프용품 관련 업체에서 눈여겨볼 수밖에 없는 스펙입니다.

외국어 능력도 대단히 중요합니다. 미국과 일본 제품 수입에 의존하는 만큼 외국어 능력은 막강한 경쟁력입니다. 외국어를 잘해야 해당 국가의 유통 정보와 트렌드를 빠르고 정확하게 파악할 수 있고, 수입 조건 협상과 현지 유통망 개척, 현지인 업자 관계 유지도 수월해집니다.

최근에는 중국과의 비즈니스도 늘고 있습니다. 한중일 3국의 냉랭한 국제관계는 오히려 우리나라 골프용품 유통·판매자에게 기회입니다. 중국인들은 일본과의 직접 무역을 꺼리거나 서툽니다. 일본도 마찬가지고요. 따라서 중국과 일본 사이에서 중간 거래자 역할을 영리하게 해낸다면 새로운 유통망을 개척해 수익 구조를 넓힐 수 있습니다.

골프용품 유통·판매자는 골프를 좋아하는 사람에게 아주 좋은 직업입니다. 어떤 골프용품이든 싸게 살 수 있기 때문이죠. 골프용품을 싸게 구매할 수 있다면 골프 친구도 쉽게 만들 수 있습니다. 30년 동안 연락 없이 지내던 친구나 선후배한테서 연락이 오기도 합니다. 헤어진 연인으로부터 연락이 올지도 몰라요. 물론 농담입니다. 골프가 그만큼 매력 있는 운동이라는 겁니다.

골프용품 유통업자에게 특별 자격이 필요하진 않습니다. 골프

　　　　　　　　　　골프취업학개론

에 대한 열정과 책임감만 있다면 누구나 도전할 수 있습니다. 그러나 많은 사람과 비즈니스 해야 하는 만큼 활달하고 사교성이 좋은 성격이 유리하겠죠. 매사에 정직하고 꾸준하며 여러 사람에게 신뢰받는 사람이 되어야 합니다. 단골이 늘어날수록 입지가 굳어질 테니까요.

업무 경험 없이 개인사업에 도전하는 건 위험합니다. 독보적인 유통망을 개척했다면 모를까 무엇도 준비되지 않은 상황에서 자본력과 골프 영업에 대한 자신감만으로 선뜻 뛰어들었다간 큰 손해를 보기 쉽습니다.

골프업계가 호황일 때만 보아서도 안 됩니다. 골프용품 유통업자에게 가장 큰 어려움은 실물 경기의 영향을 직접 받는다는 점입니다. 골프업계에는 골프장이 있고, 골프연습장, 스크린골프, 골프용품점이 있죠. 이 중에서 국내 경기가 어려워지면 가장 먼저 타격을 받는 곳이 어디라고 생각하세요? 골프용품점입니다. 경기가 침체하면 업계 전체가 타격을 받지만, 그중에서도 골프용품 시장이 가장 먼저 얼어붙습니다. 대부분 골퍼가 불필요한 지출을 최소화하다 보니 골프장이나 연습장에는 나가도 용품은 구매하지 않습니다. 현재 보유한 용품만으로도 골프를 할 수 있으니까요.

수익 구조나 정산에 대해서도 알아볼까요? 해외에서 직수입한 골프용품은 일반적으로 현지 수입가의 3배 정도 가격으로 국내에 유통됩니다. 예를 들어 드라이버 하나를 현지에서 17만~18만 원에 구매했다면 국내에서는 50만 원 정도에 팔립니다. 골프용품이 왜 그렇게 비싼지 아시겠죠?

그렇다고 골프용품 수입·유통업자가 엄청난 이익을 챙길 수 있는 건 아닙니다. 지금은 과거처럼 신제품이 나오면 자동으로 팔리는 시대가 아닙니다. 골프 인구는 늘었지만, 그만큼 경쟁 업자들도 늘었습니다. 드라이버 200개를 직수입하더라도 100개 이상 팔기는 어렵다는 게 업자들의 의견입니다. 요즘은 어디에서 무엇을 하든 무한경쟁 시대입니다.

더 알아보기

장점	자유로운 업무, 모든 골프용품 싸게 구매, 자리만 잡으면 평생직업
단점	실물 경기에 큰 영향, 업계 경쟁 치열, 새 유통망 개척 어려움
추천 전공	무관
추천 자격(증)	불필요
추천 인재	골프를 좋아하는 사람, 골프용품 일에 뜻이 있는 사람, 업무를 익혀 개인사업 하고자 하는 사람, 영어나 일본어가 능통하고 세일즈를 잘하는 사람, 사람 상대하는 영업에 능숙한 사람
이력서 내보기	백화점 골프 매장, 골프숍, 골프용품 도매상, 골프용품 업체(홍보·마케팅·영업 담당자)

골프웨어 디자이너

필드 패션 트렌드 개척자

• • •

골프의류를 전문으로 디자인하는 사람입니다. 필드 위 패션과 트렌드를 만들어 가는 사람들이라고도 할 수 있지요. 골프는 단체 종목이 아니어서 정해진 유니폼이 없습니다. 프로선수들은 자기 의상을 스스로 선택해서 입어야 합니다. 선수마다 입는 옷이나 패션 스타일이 모두 다른 이유가 그 때문입니다.

요즘 골프선수들 의상은 참 화려합니다. 과거에는 이안 폴터Ian Poulter, 리키 파울러Rickie Fowler 같은 선수들을 '필드 위 패셔니스타'라고 불렀습니다. 요즘은 어떻습니까? 모든 선수가 패셔니스타 같습니다. 굳이 프로골퍼가 아니라도 일반인들 의상도 세련되고 멋스럽습니다. 인스타그램이나 페이스북에 올라온 골프장 인증 사진을 보면 그렇게 예쁘고 화려해 보일 수가 없어요. 골퍼들의 평균 연령이 젊어지면서 골프웨어 디자인은 더 밝고 화려해진 것 같습니다. 화려하고 세련된 골프웨어는 이제 특정 사람들의 전유물이 아닙니다.

아마추어 골퍼들도 의상에 이렇게나 집착하는데 프로골퍼들은 말할 것도 없겠죠. 프로선수들은 대횟날 의상이 마음에 들지 않으면 경기를 망칠 수도 있습니다. 여자 선수들은 의상에 더 민감합니다. 필드에 나갔는데 여러분과 똑같은 옷을 입은 선수와 만나면 어떨 것 같아요? 민망하겠죠. 어디론가 숨고 싶은 심정일 겁니다. 그런데 필드에선 숨을 곳도 없습니다. 갈아입을 옷이나 위에 걸칠 여분의 옷이 있다면 다행이지요. 그렇지 않으면 참 난감해집니다.

비슷한 컬러 코디만 봐도 신경이 쓰인다는 사람도 있습니다. 공 치는 데만 집중해도 좋은 플레이가 나올까 말까인데 옷에 신경이 쏠리면 그날 스코어는 뻔합니다. 그만큼 골프의류가 중요한 역할을 하지요. 프로선수들에게 의상을 공급하는 디자이너는 책임감이 막중할 수밖에 없습니다.

골프웨어 디자이너의 조건

• • •

골프웨어 디자이너가 되기 위해서는 대학에서 의류학이나 의상학, 패션디자인을 전공해야 합니다. 일반 의류 디자이너와 다를 게 없죠. 패션 관련 공모전 수상 경력은 취업 시 가산점이 있어서 많을수록 좋습니다. 손 그림, 일러스트, 패션 캐드, 포토샵 같은 프로그램은 능숙하게 다룰 줄 알아야 하고, 색채학, 패턴, 봉제 기법도 익혀두면 도움이 됩니다. 조금 더 욕심을 내면 문화 전반에 걸친 다양한 경험과 지식이 뒷받침하고 있어야 합니다. 해외 출장도 많은 직업이어서 영어나 일본어도 틈틈이 공부해두어야 유리합니다.

너무 화려한 면만 보아선 안 됩니다. 골프웨어 디자이너라고 하면 자유롭고 화려한 직업이라는 편견을 가진 사람이 많더군요. 현실은 그렇지만도 않아요. 고된 노동입니다. 출장과 야근의 연속이에요. 많은 시간을 시장조사와 해외 출장에 할애해야 하고, 야근이 많아서 정시 출퇴근은 남의 나라 이야기입니다. 평범한 직장인들의 평범한 일상과는 동떨어진 업무라고 생각하는 게 좋습니다. 일에 대한 자부심과 책임감, 그리고 체력이 뒷받침되지 않으면 업무를 오래 하기가 어렵습니다. 처음에는 디자이너라는 자부심이 있고, 재미도 있겠죠. 하지만 고된 업무가 다년간 이어지면 열정도 체력도 멘탈도 바닥을 드러낼 겁니다. 보기보다 강한 체력과 멘탈이 요구되는 일이에요.

비전은 밝다고 할 수 있습니다. 국내 골프 인구 증가와 스크린 골프 활성화로 골프웨어 수요는 꾸준히 늘고 있습니다. 요즘은 파크골프를 즐기는 사람도 골프웨어를 멋스럽게 차려입고 필드에 나갑니다. 아웃도어 의류 대신 골프웨어를 입고 등산하는 사람도 많아요. 골프는 하지 않지만, 일상에서 골프웨어를 즐겨 입는 사람도 있습니다. 최근에는 내수뿐만 아니라 수출도 주목받고 있습니다. 케이 콘텐츠가 전 세계적으로 사랑받는 요즘이야말로 의류 수출의 호기가 아닐까 싶습니다.

그렇다고 의욕만 앞세우진 마세요. 의욕만으로 할 수 있는 건 아무것도 없습니다. 기본적으로 패션에 대한 감각과 프로 근성을 겸비해야 합니다. 색채감이 좋아야 하고, 소비자가 원하는 제품을 적기에 공급할 수 있는 발 빠른 시장조사 능력도 필요합니다. 공부해야 할 것도 갖춰야 할 자질도 참 많지요.

무엇보다 골프의류이다 보니 기능성 소재와 골프 스윙에 대한 지식이 필요합니다. 이건희 회장 이야기를 잠깐 하겠습니다. 1990년대 중반 제일모직에서 아스트라라는 골프의류 브랜드를 만들었습니다. 이건희 회장은 제품 품평회에서 "일류 소재로 삼류 제품을 만들었다. 이렇게 하려면 사업 접어라"라면서 쓴소리를 내뱉었습니다. 골프라는 특수성(기능성 소재와 골프 스윙)을 전혀 고려하지 않은 디자인이 마음에 들지 않았던 겁니다. 이건희 회장은 디자이너 20여 명에게 곧장 골프장에 나가게 했고, 보름 동안 골프를 쳤다는 일화가 있습니다. 골프웨어에 있어서 기능성과 특수성이 얼마나 중요한지를 보여주는 일화입니다.

계속되는 야근과 시장조사로 인한 육체·정신적 피로는 극복해야 할 과제입니다. 디자이너 10명 중 7~8명은 여성입니다. 강도 높은 업무로 인해 피로·스트레스가 쌓이지 않도록 자기관리를 잘 해야 합니다. 또 디자인이 산으로 가지 않으려면 생산, 영업, MD 같은 다른 파트와의 소통에도 주의를 기울여야 합니다.

연봉은 경력에 따라 큰 차이가 있습니다. 신입은 다른 직업과 비교해서 대우가 좋다고 할 수는 없습니다. 하지만 8~10년 차 팀장급부터는 대우가 크게 달라집니다. 10년 이상 경력의 실장급은 1억 원대 연봉자가 많습니다. 상무급인 크리에이티브 디렉터의 몸값은 수억 원이라고 합니다.

문제는 장기근속이 쉽지 않다는 겁니다. 신입 디자이너 10명 중 팀장 이상으로 승진하는 인원은 2명 정도에 불과합니다. 여성이 많고 업무가 고되다 보니 중도 이탈이나 경력 단절이 많은 듯합니다.

골프웨어 브랜드 간 수평 이직 외에는 회사를 옮기기가 어렵다는 점도 충분히 고려해야 합니다. 골프웨어 디자이너는 기능성 소재, 활동의 최적화가 가장 중요하기 때문에 골프·스포츠, 아웃도어 브랜드로의 이직은 수월하지만, 남성·여성복 업계에서는 아예 경력으로도 인정해주지 않습니다.

더 알아보기

장점	골프 패션과 트렌드를 만들어 가는 자긍심, 의류 디자이너라는 자부심, 장기근속 시 높은 연봉
단점	야근과 출장의 연속, 장기근속 쉽지 않음, 골프·스포츠·아웃도어 브랜드 외에는 이직 어려움
추천 전공	의류학, 의상학, 패션디자인학
추천 자격(증)	불필요
추천 인재	패션 관련 공모전 수상 경력자, 골프·스포츠의류에 뜻이 있는 사람, 골프 패션에 관심이 있는 사람
이력서 내보기	골프의류 브랜드 회사, 스포츠의류 브랜드 회사, 아웃도어 의류 브랜드 회사

골프장 경기팀

골프장 컨트롤 타워

. . .

골프장에서 팀을 배치하거나 원활한 경기 진행을 위해 일하는 사람들입니다. 골프장 예약팀에서 예약을 받으면 예약자들을 조인하거나 팀을 배치해서 경기가 매끄럽게 진행되도록 준비하는 것이 경기팀의 주요 업무입니다. 경기 진행이 순조롭지 않을 때는 경기팀에서 나서서 문제를 해결하거나 수습합니다. 캐디 교육도 경기팀의 몫입니다. 신입 캐디들이 필드에 처음 나가기 전에는 인성교육이나 실무에 필요한 교육을 준비합니다. 골프장의 컨트롤 타워라고 할 수 있습니다.

골프장 경기팀은 많은 사람이 부러워하는 부서입니다. 골프장에서 일하는 것 자체를 부러워하는 사람도 있는데, 특히나 경기팀은 골프장의 핵심 부서인 데다 그 어렵다는 골프장 부킹과 팀 배치 권한이 있어서 많은 사람의 부러움을 사고 있는 것 같습니다. 골프장의 실세 혹은 막강한 권력자 같은 인식이 있는 것도 사실입니다.

실제는 어떨까요? 골프장마다 업무 환경이 다르고, 사람마다 느끼는 업무 만족도도 판이할 수 있겠으나, 일반 사람들의 골프장 경

골프취업학개론

기팀에 대한 선입견이 전혀 없지는 않은 것 같습니다. 표면적으로 드러나는 업무 특성만 보면 대단히 매력적인 건 틀림없습니다. 하지만 조금만 깊이 들어가서 현실을 들여다보면 말이 달라집니다. 장점보다 많은 단점과 부딪히면서 온갖 스트레스와 싸워야 하는 포지션이 골프장 경기팀입니다.

첫 번째는 업무량이 많고 늘 고객들 항의에 시달립니다. 출근도 빨라서 첫 티오프가 새벽 5시라면 4시까지 출근해야 합니다. 새벽 출근이 일상인 업무이다 보니 아침잠이 많은 사람에겐 어려운 일이겠죠.

물론 출근이 이른 만큼 퇴근도 빠릅니다. 오후 시간에는 자기계발을 하거나 다른 업무도 볼 수 있어서 오후 시간을 활용하기에 좋은 직업이죠. 골프장에 따라서는 오전 9시에 출근해서 마감 시간까지 근무하기도 합니다. 나이트 시설이 있는 골프장은 야간 라운드 예약도 받아야 하니 근무 시간이 조정될 수도 있겠습니다.

근무 시간은 눈코 뜰 새 없이 바쁩니다. 팀이 밀리거나 크고 작은 사고가 발생했을 때 전면에 나서서 해결사 역할을 하는 건 늘 캐디 마스터와 경기팀입니다. 고객 항의가 끊이지 않아서 스트레스의 연속이죠. 내장객들의 아주 사소한 불만부터 카트 사고나 부상자 발생처럼 큰 사고 발생 시에도 경기팀이 나서서 일을 수습해야 합니다.

두 번째는 막중한 업무에 비하면 연봉이 많지 않다는 점입니다. 골프장에 따라서 처우가 다르겠지만, 대기업 계열사 골프장이 아

기업	골프장
삼성	안양, 동래 · 안성 · 가평베네스트, 글렌로스, 레이크사이드
SK	SK핀크스
현대자동차	해비치 서울 · 제주
LG	곤지암
롯데	스카이힐제주 · 김해 · 부여, 베어즈베스트청라
포스코	승주, 잭니클라우스, 제이퍼블릭
한화	제이드팰리스, 플라자용인 · 설악 · 제주, 오션팰리스
GS	엘리시안 강촌 · 제주, 남서울, 샌드파인
신세계	자유, 트리니티, 영랑호
CJ	클럽나인브릿지, 해슬리
카카오	세라지오
두산	라데나
DL	골프존카운티 오라
부영	제주 · 순천 부영, 무주덕유산, 오추리조트, 마에스트로, 더클래식
중흥건설	골드레이크
미래에셋	세이지우드 홍천 · 여수경도
DHC	오크밸리 · 힐스 · 크릭, 성문안
효성	웰링턴
호반건설	서서울, H1, 와이켈레
SM	애플밸리, 옥스필드, 동강시스타
KCC	금강
DB	레인보우힐스
태영	블루원 용인 · 상주, 디아너스, 루나엑스
코오롱	우정힐스, 마우나오션, 코오롱가든, 라비에벨
태광	태광, 휘슬링락
금호석유화학	아시아나
한라	세인트포
동국제강	페럼

대기업에서 운영하는 국내 주요 골프장.

니라면 대체로 연봉이 높은 수준은 아닙니다. 그 때문인지 일부 골프장 경기팀 직원은 부킹 권한을 악용해서 비리를 저지르거나 특정인과의 유착이 발각되기도 합니다. 일부 기업이나 고위직 공무원으로부터 부정한 청탁을 받으면 유혹에 빠질 수도 있으니 정신 바짝 차려야 합니다. 골프장에서는 이런 불미스러운 사건을 방지하기 위해 정기적으로 부서 로테이션을 하기도 합니다. 고인 물은 썩기 마련이니까요.

세 번째는 출퇴근이나 주거 환경이 불편할 수 있습니다. 대부분 골프장이 도심에서 멀리 떨어져 있어서 교통이 불편합니다. 그래서 골프장마다 직원들 출퇴근과 관련한 규정이 있습니다. 서울 근거리 골프장은 대부분 대중교통이나 자차 출퇴근을 원칙으로 합니다. 하지만 도심에서 멀리 떨어져 있고 대중교통이 닿지 않는 골프장은 직원들에게 사옥이나 기숙사를 제공합니다. 그렇지 않은 골프장은 각자 알아서 골프장 주변에 방을 구해야 합니다. 사옥이나 기숙사가 있더라도 여러 사람이 같이 쓰기 때문에 편하지는 않을 겁니다. 기혼자는 사옥·기숙사 유무와 상관없이 가족이 함께 살 집을 장만해야겠지요.

골프장 경기팀의 조건

• • •

골프장 경기팀에 입사하려면 어떻게 해야 할까요? 특별한 자격이 요구되는 건 아닙니다. 대학에서 무엇을 전공하든 상관없습니다. 어떤 누구라도 도전할 수 있는 일입니다. 단, 프로골퍼나 연습생 출신은 가산점을 받을 수 있습니다. 골프장 운영 시스템을 잘 알고 있어서 별도의 교육 없이 즉시 업무에 투입할 수 있기 때문이죠.

어떻습니까? 여러분이 생각하는 골프장 경기팀의 이상과 현실이 많이 교차하나요? 아마도 이상과 현실에 큰 차이가 있다고 느낀 사람이 많을 것 같습니다. 어설프게 골프가 좋아서 골프장에서 근무하겠다는 생각으로 입사하면 후회할 가능성이 큽니다. 골프를 좋아하고 골프와 관련한 일을 계속해서 오랫동안 하고 싶은 사람이나 골프장 업무를 제대로 배우고자 하는 욕심이 있는 사람에게만 추천합니다.

더 알아보기

장점	골프장 팀 배치 권한, 여러 사람이 부러워하는 자리
단점	고객 항의로 인한 스트레스, 이른 새벽 출근, 출퇴근 및 주거 불편(서울 외곽이나 지방에서 근무), 고된 업무에 비해 낮은 연봉, 골프장에 따라서는 부서 로테이션
추천 전공	무관
추천 자격(증)	불필요
추천 인재	프로골퍼, 연습생 출신, 골프장 업무에 뜻이 있는 사람
이력서 내보기	전국 골프장

골프취업학개론

골프장 부킹 마케터

골프장 연계 상품 기획 · 개발 · 판매

· · ·

골프장 불황이 오히려 기회인 사람들도 있습니다. 골프장 부킹 마케터라고 들어보셨나요? 골프장과 연계한 상품을 기획 · 개발 · 판매하는 사람입니다. 합리적 가격의 골프장 부킹은 기본이고 고객 성향 분석에 따른 맞춤 상품 개발, 골프장과 연계한 다양한 이벤트 기획도 골프장 부킹 마케터의 역할입니다.

과거 골프장 부킹 마케터 업무는 비교적 단순했습니다. 2000년대 초반까지 호황을 누리던 골프장에서는 잔여 타임(코스가 비어 있는 시간)이 거의 없었습니다. 홍보 · 마케팅이 필요 없었던 거죠. 당연히 부킹 마케터의 도움도 필요하지 않았습니다. 그래서 골프장 부킹 마스터는 몇몇 골프장의 잔여 타임을 고객에게 제공하는 업무가 고작이었죠. 가능하면 많은 골프장의 고객 맞춤형 상품을 제공해 수익을 내야 하는 부킹 마케터로서는 골프장 관계자를 설득하기가 쉽지 않았습니다.

그러나 지금은 세상이 완전히 변했습니다. 골프장은 늘었고, 골프장 간 내장객 유치 경쟁은 치열해졌습니다. 대중화는 지금도 진행 중입니다. 결국, 골프장도 홍보 · 마케팅의 필요성을 느끼면서 태세 전환을 합니다. 수도권 일부 골프장을 제외한 대부분 골프장에서 부킹 마스터와 조인을 원하거나 제휴를 맺고 있습니다. 2000년대 중반 이후 골프장 건설이 쇄도하면서 골프장마다 잔여 타임이 늘어난 것이 결정타였습니다. 내장객 유치 경쟁에 위기감을 느낀 대부분 골프장이 코스 가동률(잔여 시간 없이 돌아가는 비율)을 높이기 위해 팔을 걷어붙이기 시작한 겁니다.

요즘은 골프장이 더 적극적입니다. 단순히 잔여 타임을 제공하는 데 그치지 않고 고객 맞춤형 상품을 원하고 있어요. 그로 인해 골프장 부킹 마케터의 업무도 복잡 · 다양해졌습니다. 단순히 골프장과 골퍼를 이어주는 매니저 역할을 넘어서 소비자들이 원하는 상품을 새롭게 기획하거나 개발하게 되었습니다.

골프장 부킹 서비스 · 아이디어 경쟁도 치열해졌습니다. 골프장 부킹 업체가 늘어나면서 유사 상품이 쏟아져나오고 있습니다. 결국, 골프장은 경쟁력 있는 상품을 내세운 부킹 마케터들의 격전장이 되었습니다.

골프장 부킹 마스터의 조건

· · ·

골프장 부킹 마케터에게 별도의 자격은 없습니다. 누구나 도전할 수 있는 일입니다. 대학에서 무엇을 전공하든 상관없지만, 경영학이나 스포츠(골프)경영학을 공부한 사람이 조금이라도 유리합니

골프취업학개론

다. 입사는 물론이고 업무를 익히고 추진하기에도 좋습니다. 물론 그보다 중요한 건 실전 경험입니다. 다양한 경험과 지식과 노하우를 쌓아가면서 경쟁력을 키워야 합니다. 그래야 수많은 골프장 부킹 마케터와의 경쟁에서 살아남을 수 있습니다.

업무 추진력과 실행력도 중요합니다. 단순히 골프장을 많이 아는 것만으로는 업무 효율성이 오르지 않습니다. 남들보다 좋은 상품을 개발하는 기획력과 해당 상품을 판매·관리하는 적극성·성실성, 계획한 일을 발 빠르게 실천해내는 추진력이 뒷받침해야 유능한 골프장 부킹 마스터라 할 수 있습니다.

비전은 나쁘지 않습니다. 부킹만 생각하면 AI에게 일거리를 빼앗길 가능성이 크지만, 앞에서 설명했듯이 골프장 부킹 마스터라는 게 부킹이 전부는 아닙니다. 좋은 상품을 개발하면서 고객 신뢰도를 유지해야 꾸준한 실적을 올릴 수 있는 직업입니다. 골프장 부킹 마스터가 어떻게 이끌어가냐에 따라서 국내 골프장 부킹 문화가 달라집니다. 여러분의 미래도 달라질 겁니다.

주의할 점은 고객 신뢰를 잃으면 오래갈 수 없습니다. 골프업계는 좁습니다. 그 손님이 그 손님입니다. 인간관계 신뢰를 잃으면 버티기 힘든 업계이지요. 어떤 상황이라도 고객들로부터 신뢰를 잃지 않도록 정직하고 정성껏 일해야 한다는 점 잊어선 안 됩니다.

체력관리는 필수입니다. 계속해서 새로운 상품을 개발해야 하는 만큼 정해진 시간 안에 업무를 처리하지 못하는 경우가 많습니다. 일이라는 게 캐도 캐도 끝도 없이 나오니까요. 잘하려고 들면 한도 끝도 없습니다. 긴 업무시간과 잦은 야근으로 인해 체력과 면역력이 떨어지지 않도록 주의해야 합니다.

골프장 부킹 마스터는 제법 매력적인 직업입니다. 골프장을 잘 알고 부킹을 잘한다는 건 대단한 경쟁력입니다. 유능한 부킹 마케터가 된다면 부킹 전문기업뿐만 아니라 대기업이나 금융사 골프 마케터로의 이직도 가능합니다. 현재 맡은 업무가 힘들고 처우가 마음에 들지 않더라도 비관적으로만 생각해선 안 되는 이유입니다.

더 알아보기

장점	대기업이나 금융사 마케터로 이직 가능, 경력 쌓일수록 높은 대우, 전망 밝음
단점	비교적 열악한 업무 환경, 잦은 야근
추천 전공	경영학, 스포츠(골프)경영학 전공자에 유리
추천 자격(증)	불필요
추천 인재	골프장 업무를 잘 알거나 좋아하는 사람, 골프장 업무에 목표가 있는 사람, 상품 개발 및 기획력이 좋은 사람
이력서 내보기	골프장 부킹 전문회사

골프취업학개론

골프장 컨설턴트① 골프장 M&A 전문가

위기의 골프장 안정·정상화

· · ·

골프 지식과 정보만으로 고수익을 올리는 사람들이 있습니다. 골프장 컨설턴트입니다. 골프장 매도자와 매수자를 연결하는 골프장 M&A merger & acquisition(기업의 인수와 합병)와 골프장 경영·관리 위탁 운영이 대표적인 업무입니다. 고도의 전문지식과 정보를 요구하는 일이기 때문에 사회 초년생이 지금 당장 도전하기에는 어려운 직업입니다.

골프장 컨설턴트라고 해서 두 업무를 다 잘할 수는 없습니다. 각각의 전문 분야가 있어서 한 가지 업무에 집중하는 것이 일반적입니다.

그럼 한 가지씩 알아봅시다. 먼저 골프장 M&A 전문가는 골프장을 안정·정상화하는 역할을 합니다. 골프장 M&A 시장이 형성된 건 2000년 후반입니다. 골프장 회원권 시세 하락이 이어지자 골프장 M&A 시장이 꿈틀대기 시작했습니다. 골프장이 어려울수록 매물로 나오는 골프장이 늘어날 테니까요.

단순히 골프장의 매도자와 매수자를 연결하는 역할만 해서는 안 됩니다. 매출·영업 현황을 있는 그대로 분석해서 가격·콘셉트에 이견이 없도록 하는 것이 중요합니다. 고도의 골프장·경제 지식과 전문성이 필요한 이유가 이 때문입니다.

보안유지는 필수입니다. 매물로 나온 골프장이 대부분 회원제다 보니 내부 정보나 기밀이 밖으로 새어나가면 곤란합니다. 예를 들어서 A 골프장이 M&A 시장에 나왔다는 소문이 돌면 회원권 가치 하락은 시간문제입니다. 따라서 모든 거래는 은밀하게 이루어져야 하지요. 거래 전에는 골프장과 보안유지 각서를 쓰기도 합니다.

골프장 M&A 업무에서 가장 중요한 건 신뢰와 공정성입니다. 가치 있는 골프장에 대해서는 충분히 가치 부여를 하되 사실을 근거로 있는 그대로 평가해야 합니다. 가치 부여가 덜하거나 더해서도 곤란합니다. 만약 매도자와 매수자 사이에서 각기 다른 분석을 제시하거나 시시때때로 말이 달라진다면 법정에 서는 일까지 생길 수 있습니다. 엄청난 불이익을 감수해야 합니다.

골프장 M&A가 성사될 경우 1% 이하의 컨설팅 용역수수료를 받습니다. 일반적으로 회원제 골프장의 M&A가 성사되면 1억 원 이상의 수수료가 들어옵니다. 동종 업계에서 이만한 고수익은 흔치 않은 일입니다.

골프장 M&A 시장 전망은 밝습니다. 전국에 500개가 넘는 골프장이 있고, 경영 악화와 시세 하락이 이어지고 있는 골프장도 많습니다. 앞서 설명했듯이 골프장 경기가 좋지 않을수록 골프장 M&A

시장 전망은 밝아집니다. 더구나 국내 골프장 컨설턴트는 많지 않아서 업무 경쟁이 덜 치열한 편이지요.

요즘은 해외 골프장 매물을 찾는 수요도 늘고 있습니다. 미국과 일본은 물론이고 중국과 동남아 골프장 수요도 늘어나는 추세입니다. 국내 골프장과 비교하면 상대적으로 저렴한 가격 때문입니다. 골프장 컨설턴트 업무 영역은 갈수록 넓어지고 있습니다. 국내 골프장뿐만 아니라 세계 시장을 무대로 도전해도 매력적인 직업입니다.

더 알아보기

장점	나이에 상관없는 평생직업, 거래 성사되면 고수익, 업계 경쟁 덜 치열한 편
단점	거래가 많지 않아 안정적 수입 보장 안 됨
추천 전공	경영학, 법학, 골프경영학 전공자에 유리
추천 자격(증)	불필요
추천 인재	골프장 경영ㆍ법 지식 해박한 사람, 골프장 근무 경험자, 골프장 컨설팅 업무 배운 뒤 창업하려는 사람
이력서 내보기	골프장 컨설팅 회사

골프장 컨설턴트② 골프장 위탁 경영 전문가

골프장 운영 노하우만으로 고수익 창출

・ ・ ・

골프장 경영을 대신해주는 사람입니다. 요즘은 골프장 소유권자나 기업이 골프장 경영 노하우와 경험이 없어서 전문가에게 경영과 운영을 맡기는 일이 적지 않습니다.

골프장을 운영하는 회사(개인)가 골프장 컨설팅 회사에 운영·관리를 의뢰하는 이유는 크게 두 가지입니다. 첫 번째는 목표 매출을 달성할 자신이 없거나 여러 이유로 매출이 나지 않기 때문입니다. 두 번째는 골프장 운영 경험과 지식·노하우가 부족해서입니다.

골프장 운영 경험이 없는 회사가 처음부터 목표한 매출을 달성하기는 어렵지요. 수많은 인력과 장비, 시설을 관리하는 일이 무척이나 까다롭고, 분야별 전문가 영입과 관리도 어렵습니다. 무엇보다 시장 구조와 섭리를 제대로 이해하지 못해서 실패하는 사례가 많습니다. 그러나 일정한 운영비를 주고 골프장 위탁 경영 전문가에게 맡기면 많은 시간과 노동력을 아낄 수 있습니다. 잘하면 목표 매출을 조기에 달성할 수도 있겠지요.

골프장 위탁 운영 시장은 갈수록 커질 전망입니다. 전국에 500

개가 넘는 골프장이 운영되고 있지만, 흑자 경영은 쉽지 않습니다. 더구나 골프장 운영·관리에는 고도의 전문성과 노하우가 요구됩니다. 골프장 소유주 중에도 그것을 인지하고 있는 사람이 많아서 시장 전망은 나쁘지 않습니다.

골프장 컨설팅 업무는 점점 더 전문화되고 있습니다. 과거에는 골프장 코스관리나 식음 서비스만 전문업체에 위탁하는 회사가 많았으나 요즘은 골프장 운영 전체를 맡기는 추세입니다. 골프연습장도 마찬가지입니다. 한 회사가 여러 골프연습장을 위탁하면서 체인처럼 운영하는 시설이 늘고 있습니다. 한 명의 경영 전문가가 여러 골프연습장의 경영을 관리하는 시스템입니다. 시스템만 그대로 끼워 넣으면 업무는 반자동으로 돌아갑니다.

골프장 컨설턴트의 조건

· · ·

문제는 지적 재산권에 대한 인식입니다. 우리나라에선 아직도 지적 재산권을 사고파는 일에 익숙하지 않습니다. 지식이나 정보, 경험, 노하우는 눈에 보이지 않는 무형의 자산이다 보니 돈을 주고 사기를 꺼립니다. 골프장 경영자들을 상대로 열심히 설명하고 설득해도 좀처럼 계약으로 이어지지 않는 이유입니다.

골프장 컨설턴트는 단기간에 쉽게 할 수 있는 직업이 아닙니다. 골프장, 경영과 관련한 고도의 전문성이 필요하기 때문이지요. 골프장에서의 근무 경험은 필수입니다. 골프장 근무 경험이 없이 골

과거에는 골프장 코스관리만 전문업체에 위탁하는 회사가 많았다면 요즘은 골프장 운영 전체를 맡기는 추세입니다.

프장 경영과 실무를 알 수는 없으니까요. 골프장 실무 경험이 없는 사람에게 일을 맡길 골프장도 없을 겁니다.

만약 골프장 컨설턴트에 관심이 있다면 골프장 업무부터 익혀야 합니다. 골프장 컨설팅 업체에서 일해보는 것도 좋은 경험이 될 겁니다. 단, 국내 골프장 컨설팅 업체 대부분은 안정된 수익이 보장되지 않습니다. 그러니 취업해서 오랫동안 안정적으로 돈을 번다는 생각보다는 골프장 컨설팅 업무를 익힌 뒤 창업한다는 계획으로 일하는 것이 좋습니다.

골프장·경영 지식은 골프장 컨설턴트의 경쟁력이자 재산입니다. 막대한 자본 투자보다 지식을 팔아서 수익을 올리는 일이니 창업을 하더라도 금전적 압박감에서는 비교적 자유로울 수 있습니다. 지적·인적 네트워크만 갖췄다면 누구나 나이에 상관없이 도전해볼 만한 일입니다.

하지만 골프장 컨설턴트로서 요구되는 지적 능력을 갖추기 위

골프취업학개론

해서는 짬이 날 때마다 공부에 집중해서 실력을 쌓아야 합니다. 골프장 경영, 코스 관리, 고객 서비스, 홍보·마케팅, 골프장 회원권 거래 등 공부해야 할 것도 많아서 업무 이외의 대부분은 책을 읽으면서 학습하는 시간을 가져야 합니다.

그렇다고 학습에만 매몰되어서도 안 됩니다. 골프장 컨설턴트에게 학습 못지않게 중요한 것이 인적 네트워크입니다. 가능하면 많은 사람과 만나 친분을 쌓으면서 여러분이 가진 독보적인 지적 자산을 홍보해야 합니다.

더 알아보기

장점	나이에 상관없는 평상직업, 거래 성사되면 안정된 수익, 업계 경쟁 덜 치열한 편
단점	거래가 많지 않아 안정적 수입 보장 안 됨
추천 전공	경영학, 법학, 골프경영학 전공자에 유리
추천 자격(증)	불필요
추천 인재	골프장 경영·법 지식이 해박한 사람, 골프장 근무 경험자, 골프장 컨설팅 업무 배운 뒤 창업하려는 사람
이력서 내보기	골프장 컨설팅 회사

골프장 회원권 딜러

VIP 상대 고수익 가능한 영업직

· · ·

골프장 회원권 중계자입니다. 골프장 회원권 매도자와 매수자를 이어주는 역할을 하죠. 2000년 이후 국내 골프장 건설 붐이 일고 골프장 회원권 시세 상승이 이어지면서 골프장 회원권 딜러로서 큰돈을 벌어들인 사람이 많습니다. 지금은 거품이 빠져나가고 시세가 안정되면서 골프회원권거래 회사들의 화려했던 과거는 역사가 되었습니다. 어떻게 성과를 올리냐에 따라 달라지겠지만, 과거와 같은 골프회원권거래소 전성시대가 다시 오기는 어려울 수도 있습니다.

골프장 회원권 딜러들의 하루 업무는 전화통화로 시작해서 전화통화로 끝나는 날이 많습니다. 온종일 전화기에 매달려서 수십 통의 전화 상담을 해야 합니다. 텔레마케터도 아니고 전화 영업이라고 하니 이상하게 들릴 수도 있지만, 대부분의 회원권 딜러들은 전화 상담을 통해서 고객과의 친밀도를 높여갑니다.

왜 이렇게 전화 상담이 많을까요? 큰돈이 오가기 때문이죠. 생각해보세요. 큰돈 거래를 해야 하는데 처음부터 대면 상담을 허락

골프취업학개론

하는 고객이 많을까요? 회원 한 사람과 얼굴을 맞대고 이야기하기까지는 적잖은 정성과 시간을 쏟아야 합니다. 시간은 금이잖아요. 골프장 회원권 거래자 중에 시간을 허투루 쓰는 사람은 거의 못 본 것 같습니다. 전화통화를 통해서 충분히 교감을 쌓은 뒤에 신뢰감이 생기면 대면 상담으로 이어지는 것이 일반적입니다. 전화 상담으로 간을 본다고나 할까. 여러분이 골프장 회원권 매수자 또는 매도자라고 생각해보시면 답이 쉽게 나올 겁니다.

당연히 깔끔한 전화통화 매너와 숙달되고 세련된 어조가 중요하겠죠. 또 한 가지는 회원권거래소나 딜러마다 생각이 다르겠지만, 전화벨이 두 번 울리기 전에 반드시 수화기를 들어야 한다는 사람도 있습니다. 전화벨이 한 번씩 울릴 때마다 회사나 딜러에 대한 신뢰도가 한 단계씩 떨어진다는 겁니다. 세 번 이상 전화벨이 울렸는데도 전화를 받지 않으면 최악입니다.

회원권 딜러의 조건

· · ·

전화 상담이 많은 일인 만큼 해박한 골프 지식과 정보를 갖춰야 하지만 골프장 회원권 딜러가 되는 과정은 의외로 간단합니다. 학력 제한도, 필요한 자격도 없습니다. 사회 초년생이라도 스펙이나 자격 문제로 망설일 필요가 없습니다. 여러분도 지금 당장 시작할 수 있어요. 심지어 많은 돈을 벌 수도 있죠. 구미가 당기지 않나요?

그런데 몇 가지 알아둘 점이 있습니다. 골프회원권거래는 영업입니다. 제약사나 보험사 같은 영업직과 크게 다르지 않아요. 타사에서 영업을 잘했던 사람들은 골프회원권으로 종목을 바꿔도 영업을 잘하더군요. 내 주변 회원권 딜러들을 보더라도 타사 영업 경험이 없는 신입보다 타사에서 여러 영업 경험이 있는 사람들이 실적도 좋았습니다. 그래서 골프회원권거래소에서는 인재를 영입할 때 타사에서의 영업 경력이나 실적을 중요한 참고자료로 봅니다. 아무래도 사람을 상대하는 업무이니 보험이든 제약사 영업이든 골프회원권거래든 크게 다르지 않다는 것이죠.

물론 예외도 있습니다. 골프회원권거래와 타사 영업의 다른 점이 무엇일까요? 골프를 매개로 한다는 것이죠. 다른 영업은 다소 부진했더라도 골프를 좋아하고 골프 지식과 정보가 풍부한 사람은 골프회원권 딜러로서 얼마든지 인생 역전할 수 있습니다. 실제로 그런 딜러를 여럿 보았습니다.

무엇보다 중요한 건 고객으로부터 신뢰를 얻는 일입니다. 딜러에 대한 신뢰가 쌓이면 업무 전체를 믿고 맡기는 사람이 많습니다. 골프회원권은 상황에 따라 시세가 변화합니다. 큰돈을 거래하지만, 원금이 보장되지 않습니다. 언제 어떻게 거래하냐에 따라서 이익을 볼 수도 있고 손해를 볼 수도 있습니다. 그러니 시세를 잘 알고 유능한 딜러에게 자문을 얻거나 의존할 수밖에 없습니다.

그럼 유능한 딜러가 되기 위해서는 어떻게 해야 할까요? 우선 사회 초년생 골프회원권 딜러는 숙지해야 할 것이 많습니다. 골프장마다 상품이 다양할 뿐만 아니라 상품마다 혜택도 다릅니다. 마케팅 방법도 천차만별입니다. 유능한 딜러는 이런 정보를 전부 숙지해서 고객과의 상담이나 마케팅으로 활용할 수 있어야 합니다. 짬이 날 때마다 골프와 관련해서 지식과 정보를 쌓아야 하고, 독서를 통해서 여러 분야 상식도 넓혀야 합니다.

인맥 관리도 빼놓을 수 없습니다. 특정 다수를 상대하는 영업이기 때문이죠. 이번 고객은 다음에도 내 고객이 됩니다. 물론 그냥 되는 건 아닙니다. 기존 고객을 다시 내 고객으로 만들기 위해서는 남다른 정성과 노력을 쏟아야 합니다. 그 정성과 노력이 꾸준한 매출로 나타납니다.

문제는 고된 업무와 영업 실적입니다. 온종일 앉아서 전화 상담만 하니 업무가 편할까요? 그렇지는 않아요. 세상에 쉬운 일은 없습니다. 사회 초년생 골프회원권 딜러 상당수는 고된 업무와 영업 실적 부진으로 6개월~1년 사이에 포기하고 다른 일을 찾아가더군요. 고수익을 노리고 어설픈 마음가짐으로 도전했다간 실패를 맛보기 일쑤입니다.

숱한 어려움을 이겨내고 골프회원권 딜러로서 골프 시장에 뿌리를 내리면 좋은 점이 많습니다. 나이 들어서도 얼마든지 할 수 있는 평생직업이기 때문이죠. 월수입은 실적에 따라 차이가 클 수 있지만, 고정 고객이 늘어서 어느 정도 자리를 잡으면 다른 직장 동년배들이 부러워할 만한 수익을 올릴 수도 있습니다.

골프회원권 딜러의 월급은 기본급에 성과급(%)이 더해집니다. 기본급과 성과급 비율은 회사마다 기준이 다릅니다. 따라서 회원권 딜러들의 월수입은 최저연봉부터 1억 원 이상의 고수익자까지 다양합니다.

골프장 시세가 하향 안정되면서 과거처럼 고수익을 올리기가 어려워진 건 틀림없는 사실입니다. 그러나 골프장이 존재하는 한 골프장 회원권거래는 사라지지 않습니다. 시장 흐름을 잘 읽고 인맥 관리를 충실히 한다면 월급쟁이는 상상하기 어려운 고수익도 충분히 가능한 직업입니다.

더 알아보기

장점	비교적 입사 수월, 노력한 만큼 고수익, 나이 들어서도 가능한 업무
단점	고된 업무, 영업 실적 부진 땐 혹독한 스트레스, 자리 잡기 쉽지 않음
추천 전공	무관
추천 자격(증)	불필요
추천 인재	골프장 지식이 풍부한 사람, 타사 영업 경력이 있는 사람, 영업력이 있고 대인관계가 원만한 사람, 정직하고 성실한 사람, 분석력이 좋고 믿음이 가는 사람, 골프와 돈에 욕심이 있는 사람, VIP 상대 영업 경험이 있거나 관심이 있는 사람
이력서 내보기	골프회원권거래소, 골프장 회원권 분양사

골프 전문기자

골프 사건 · 사고 현상 기록자

· · ·

골프를 전문으로 취재하고 보도하는 기자입니다. 스포츠기자는 잘 아시죠? 스포츠만 전문으로 취재 · 보도하는 기자인데, 골프 전문기자는 말 그대로 골프만 전문으로 취재하고 보도합니다.

골프 전문기자가 되는 길은 매우 좁습니다. 언론사에서 진행하는 공채시험에 합격해야 하고, 일정 기간 인턴 과정을 거쳐도 소수만 정식 기자로 채용됩니다.

골프 전문기자를 지원하는 사람은 대학에서 방송 · 통신, 언론, 미디어, 국문학 전공자가 대부분입니다. 다음으론 외국어를 전공한 사람이 많습니다. 소수이지만 이공계나 예체능계를 전공한 사람도 있지요. 신문 · 방송 · 통신 관련 실무 경험이나 대학 신문 또는 언론사 인턴 기자로서 작성한 기명 기사가 있다면 지원한 회사로부터 가산점을 받을 수도 있습니다.

높은 경쟁률을 뚫고 언론사 기자로 입사했다고 해서 곧바로 골프 전문기자가 되는 건 아닙니다. 그럴 가능성은 매우 희박합니다. 골프 전문기자가 많이 활동하고 있는 신문사의 경우는 일정 기간마다 부서가 바뀝니다. 한 부서에 적응할 만하면 다른 부서로 발령이 납니다. 예를 들어서 사회부에서 정치부, 정치부에서 산업부, 산업부에서 국제부로 옮겨가며 각각 6개월~1년 이상 업무를 익히는 겁니다. 모든 부서를 한 번씩 경험하면서 신문사 기자로서 필요한 지식과 경험을 쌓은 뒤에야 희망하는 부서로 갈 기회가 주어집니다. 기자로서 기본적인 소양을 갖췄다고 회사가 판단하고, 회사에 골프 전문기자가 필요한 시점이라면 임명할 수도 있는 겁니다. 그러니 골프 전문기자가 되는 길은 멀고 험하고 좁습니다.

골프 전문기자가 신문사나 방송사에만 있을까요? 그건 아닙니다. 이해를 돕기 위해 내 이야기를 들려주는 게 좋을 것 같습니다. 나는 스포츠기자가 되고 싶어서 여러 신문사에 이력서를 넣어봤는데, 단 한 차례도 면접을 보지 못했습니다. 여러 이유가 있었겠지만, 대학에서 체육학을 전공해서 더 어렵지 않았나 하는 생각이 듭니다.

다른 방법을 알아보니 신문사가 아니라도 스포츠기자가 되는 길은 있었습니다. 월간지나 주간지 같은 전문 매체에서도 스포츠기자를 뽑는다는 걸 알게 된 것이죠. 전문지는 일간지나 경제지와 비교해서 입사 과정과 절차가 복잡하지 않습니다.

골프전문지는 한때 30개가 넘는 시절도 있었습니다. 생존경쟁이 치열했죠. 매체마다 2~3명, 많게는 5~6명의 골프 전문기자가 근무했는데, 대부분 업무 환경이 좋지는 않았으나 다른 매체로의 이직이 비교적 수월하다는 장점이 있었습니다. 나는 전문지 골프

프로골프 대회장 프레스룸. TV 모니터와 스코어보드를 보면서 기사를 작성합니다.

전문기자 경험을 살려서 경제지 골프 전문기자 겸 문화부 차장으로 이직할 수 있었습니다.

지금 당장 내가 원하는 매체가 아니라고 해서 실망할 필요는 없습니다. 경력을 쌓다 보면 누구에게나 기회가 옵니다. 골프 전문기자들은 취재 현장에서 자주 만나 긴밀하게 소통합니다. 어떤 매체의 누가 기사를 잘 쓰고, 일을 잘하는지 어렵지 않게 파악할 수 있지요. 일을 잘하는 사람은 누구라도 함께 일하고 싶은 마음이 듭니다. 실제로 전문지 또는 인터넷 매체에서 신문사나 방송사 골프 전문기자로 이직한 사례가 많습니다.

골프 전문기자의 조건

• • •

골프 전문기자에 대한 지나친 로망은 금물입니다. 회사마다 골프 전문기자에게 요구하는 조건이 다릅니다. 예를 들어서 골프와 관련한 좋은 글만을 요구하는 회사가 있는 반면에 골프장 부킹이나 회사 매출과 관련해서 기대하는 회사도 많습니다. 상당수 신문사에서는 기사+매출을 요구하고 있는 것으로 압니다. 요즘은 신문사도 매출에 어려움을 겪고 있어서 골프를 소재로 기업 행사·이벤트를 기획하면서 수익을 올릴 수 있는 기자를 선호합니다. 노골적으로 광고 영업에 뛰어드는 기자도 많아요. 직급이 올라갈수록 매출에 대한 압박이 심해지는 것도 사실입니다. 오랫동안 골프 전문기자 생활을 하려면 매출 기여는 피할 수 없을 겁니다.

그렇다고 해도 기자로서 가장 중요한 자질은 취재 능력과 기사 작성입니다. 골프 전문기자도 똑같은 기자니까요. 기자라면 당연히 좋은 기사가 담보되어야 하겠죠. 대외적으로 기자의 능력과 소양을 드러낼 수 있는 건 기사밖에 없습니다. 좋은 기사 하나로 기자와 해당 미디어의 인식이 달라집니다. 더 좋은 매체로 이직하기 위한 가장 좋은 구직 활동도 좋은 기사를 쓰는 겁니다. 기사 하나로 여러분의 운명이 바뀌기도 합니다.

다음으로 필요한 자질은 비즈니스 마인드입니다. 앞서 설명했듯이 골프 전문기자에게 기사만 요구하는 회사는 거의 없습니다. 글은 잘 쓰지만, 비즈니스 역량이 부족하다면 골프 전문기자로서 낙제점이라고 할 수 있습니다. 회사는 골프 전문기자의 능력을 매출과 대외 영향력으로 판단할 겁니다.

다른 신문사로의 이직이나 업종 전환은 비교적 수월한 편입니다. 큰 장점이지요. 글쓰기 실력이 탄탄하고 업계 관계자들과의 관계가 원만하다면 이직이 안 될 이유는 없습니다.

무엇보다 사회적으로 인정을 받는 직업입니다. 누군가에게 자존심을 굽혀가며 아쉬운 소리를 해야 할 일도 없습니다. 굳이 갑을 관계를 따지자면 기자는 늘 갑입니다. 기자 생활을 하다 보면 못 만나는 사람도, 못 가는 곳도 없다는 것을 알게 될 겁니다.

회사 내 처우도 괜찮은 편입니다. 연차가 싸일수록 처우는 더 좋아집니다. 출장이 많고 기사 마감에 시달린다는 단점이 있으나 그에 대한 보상과 자부심이 더 많은 직업입니다.

더 알아보기

장점	사회적으로 인정받는 직업, 기자라는 자부심
단점	마감으로 인한 스트레스, 회사 매출에 대한 부담
추천 전공	신문방송학, 언론학, 미디어학, 국문학, 외국어 계열 전공자에 유리
추천 자격(증)	불필요
추천 인재	스포츠 · 골프 전문기자가 되고 싶은 사람, 스포츠 · 골프와 글쓰기를 좋아하는 사람, 글을 잘 쓰고 비즈니스 마인드가 있는 사람
이력서 내보기	방송사, 신문사, 골프전문 매체, 인터넷 매체

골프 전문 사진기자

골프 현장 언제 어디서나 '찰칵'
· · ·

골프 사진을 전문으로 찍는 사람입니다. 주로 전문지와 인터넷 매체에서 활동합니다. 일간지나 경제지 사진기자는 골프 전문이 없습니다. 여러 부서 취재 현장을 다녀야 해서 골프 사진만 찍을 수는 없지요. 체육부에 사진기자가 따로 있어도 여러 스포츠 종목을 전부 취재해야 하니 골프 전문이라고 할 수는 없습니다.

골프 전문 사진기자의 취재 현장은 골프대회장이 상당 부분을 차지합니다. 커다란 망원렌즈를 장착하고 코스를 걸으며 선수들의 플레이 사진을 찍습니다. 과거에는 대회장에서 미디어용 카드가 제공됐는데, 지금은 미디어용 카드가 없어지는 추세입니다. 갤러리 안전과 관전 편의를 위해서라는 게 주최 측의 설명입니다.

골프는 다른 종목과 달리 사진 촬영 시 주의할 점이 많습니다. 베테랑 사진기자라도 골프에 대한 기본 지식 없이 골프대회장에 뛰어들면 곤란한 일을 겪을 수 있습니다. 항상 정숙을 유지해야 하고, 선수들의 플레이와 갤러리 관전에 방해가 되지 않도록 포토라인(存)을 철저하게 지켜야 합니다. 안전사고 방지를 위해 공에서 시

골프취업학개론

선을 떼어선 안 됩니다. 다른 매체 사진기자들과 소통하면서 엠바고(일정 시간까지 보도 금지)를 지키는 것도 중요합니다. 무엇보다 임팩트 이전에는 셔터를 누르지 않도록 주의하세요. 어드레스 때 셔터를 눌러서 선수 또는 선수 부모와 크고 작은 마찰을 빚는 사건이 심심찮게 발생합니다.

소속된 매체 성격에 따라 다르겠지만, 업무는 비교적 자유로운 편입니다. 근무 시간 대부분은 취재 현장으로 나갑니다. 회사 또는 취재기자의 일정에 맞춰 함께 취재를 나가기도 하고 단독으로 일정을 잡고 움직이기도 합니다.

골프 전문 사진기자가 되려면 대학에서 사진을 전공하는 것이 좋습니다. 사진을 전공하지 않아도 사진기자가 될 수는 있지만, 카메라에 대한 전문적인 지식과 노하우를 익히고, 다양한 현장 경험과 인적 네트워크를 쌓기 위해서라도 사진을 전공하는 것이 유리합니다.

다음으로 중요한 건 현장 경험과 포트폴리오입니다. 사진 관련 입상 경력이 있다면 가산점을 받을 수 있습니다. 골프나 스포츠 관련 사진이 아니라도 상관없지만, 사진 촬영 실무 경험은 많을수록 좋습니다. 대학 신문이나 신문사 인턴 기자로 활동하면서 찍은 사진과 기명 사진 기사가 있다면 더 유리합니다.

여러분이 보유한 카메라 기종과 장비도 중요합니다. 회사는 사진기자가 보유한 카메라 기종과 장비로 업무 능력을 가늠하기도 합니다. 골프 사진을 찍을 준비가 되었는지 아닌지도 카메라 기종

박태성 골프 전문 사진기자. 국내 골프계를 대표하는 베테랑 사진기자입니다.

과 장비로 파악할 수 있습니다.

업무적 특성은 출장이 많고 운전하며 이동하는 시간이 길다는 점입니다. 대회장 취재를 나가 첫 팀을 촬영해야 한다면 이른 새벽부터 부지런히 움직여야 합니다. 그날 찍은 수많은 사진은 그날 밤늦게라도 보정·정리해야 해서 포토샵이 능숙하고 손이 빨라야 합니다. 출장이 잦고 야근할 일이 많아서 체력관리도 유의해야 합니다. 회사에서는 승진이 쉽지 않다는 점도 인지해두기 바랍니다.

같은 기자라도 글에 대한 스트레스는 없습니다. 기사 대부분은 사진에 간단한 캡션을 다는 것이 고작이어서 글쓰기에 대한 부담은 갖지 않아도 됩니다.

투잡이 쉽다는 점도 큰 장점입니다. 골프대회 프로암이나 골프 관련 행사장에서 투잡을 하며 수익을 올리는 사람도 있습니다. 회사를 그만두더라도 자신이 가진 장비를 활용하면 프리랜서나 개인사업자로서 얼마든지 수익을 낼 수 있습니다. 의지만 있다면 제법 오랫동안 활동할 수 있는 직업입니다.

더 알아보기

장점	비교적 자유로운 업무, 글쓰기와 마감으로 인한 스트레스 없음, 회사 매출에 대한 스트레스 없음, 의지와 체력만 된다면 평생직업
단점	출장이 많고 대부분 야외에서 하는 고된 작업, 회사 내 승진 쉽지 않음, 골프 전문기자와 보이지 않은 차별, 카메라 장비 자비로 구매
추천 전공	사진 관련 전공자에 유리
추천 자격(증)	불필요
추천 인재	골프 사진 찍는 걸 좋아하는 사람, 업무와 인적 네트워크를 넓혀서 개인사업을 하고 싶은 사람, 포토샵을 능숙하게 다루는 사람, 영상 촬영 및 편집이 가능한 사람
이력서 내보기	골프전문 매체, 인터넷 매체, 프리랜서

골프투어 전문 컨설턴트

추운 겨울이 오히려 성수기

．．．

쉽게 설명하면 골프투어 전문여행사 업무입니다. 골프투어 전
문여행사는 국내외 골프 여행상품을 전문으로 취급하는 여행사입
니다. 골프와 여행이 접목된 일이지만, 실상은 여행업입니다. 골프
직업을 다루는데 여행업인 골프투어 전문 컨설턴트를 소개하는 이
유는 핵심 소재가 골프인 데다 골프가 차지하는 비중이 크기 때문
입니다. 게다가 여러분도 지금 당장 쉽게 도전할 수 있습니다. 자
격증이 필요한 일도 아니어서 골프를 좋아하고, 골프와 여행 업무
기본만 익혀도 도전해볼 만한 직업입니다.

골프투어 전문 컨설턴트는 골프투어 전문여행사나 일반 여행사
골프팀에서 상품기획·개발을 전담합니다. 여행상품 판매만을 전
담하는 일반 여행사 업무와 달리 현지 골프장·호텔·가이드 등과
직접 계약해서 하나의 여행상품을 완성해야 합니다. 여행업으로
치면 상품을 개발하는 랜드사와 상품을 파는 여행사가 한 몸이 된
셈이죠. 골프투어 전문 컨설턴트는 이 모든 업무의 메커니즘을 정
확하게 이해하고 있어야 합니다.

골프투어 전문여행사는 가을부터 겨울이 대목입니다. 국내 골프 비수기인 12월부터 다음 해 2월까지 여행 문의가 집중됩니다. 연 매출 70% 이상이 이 시기에 발생한다고 해요. 봄·여름은 비수기여서 새로운 상품을 준비하는 기간으로 보면 됩니다. 국내 골프 업계 시즌과는 거의 반대죠.

성수기 업무는 대부분 전화 상담입니다. 온종일 전화 상담의 연속이지만 피로를 느낄 틈이 없습니다. 전화 상담이 끝나면 또 다른 전화 상담이 이어집니다. 점심시간에도 골프투어 상품 문의 전화가 끊이지 않기 때문에 외출할 땐 사무실 전화를 착신 전환하거나 사무실에서 점심을 해결하면서 업무를 보는 사람도 있습니다. 한 팀(4명)이라도 더 받아서 수익을 올리려면 어쩔 수 없습니다.

비수기에는 출장이 많습니다. 상품을 기획하는 데 있어서 현지 답습은 필수니까요. 그만큼 가정에 소홀할 수 있지만, 마음만 먹으면 전 세계 골프장을 두루 라운드할 수 있어서 골프와 여행을 좋아하는 사람에게는 매력적인 직업입니다.

골프투어 전문 컨설턴트가 되기 위해선 골프·여행 관련 풍부한 지식과 능숙한 외국어 실력이 요구됩니다. 항공권·해외 골프장 같은 지식과 정보는 많을수록 좋습니다. 여행사 근무 경험이 있다면 더 유리합니다.

골프투어 전문여행사에서 2~3년 이상 경험을 쌓으면 대형 여행사 골프팀 팀장으로 영입되기도 합니다. 개인사업자를 내고 골프투어 전문 컨설턴트로서 독자적으로 상품을 개발·기획·판매하면 비교적 높은 수익을 올릴 수도 있습니다. 전체 매출의 5~12%가 실수익입니다. 예를 들어 80만 원대의 동남아 골프투어 상품을 200명에게 팔았다면 실수익은 1,200만~1,600만 원이 됩니다. 혼자서 하는 비즈니스로서는 나쁘지 않습니다.

단점은 직원으로 근무할 경우 연봉이 적다는 점과 열악한 근무 환경입니다. 근무 환경은 회사마다 달라서 일반화할 수는 없지만, 상당수 회사가 대졸자 최저연봉 수준입니다. 회사에 따라서는 성과급으로 계약하기도 합니다. 업무의 메커니즘만 익히고 창업하는 사람이 많은 이유가 그것입니다.

유능한 골프투어 전문 컨설턴트가 되기 위해서는 탁월하고 친절한 상담 기술을 익혀야 합니다. 여행은 무형의 상품입니다. 눈에 보이지 않습니다. 눈에 보이지 않는 상품을 팔아야 하니 그림을 그리듯이 자세히 설명하는 상담 기술이 필요한 것이죠.

골프투어 여행객은 일반 패키지 여행객과 달리 깐깐하다는 의견이 많습니다. 골프를 하는 특정 다수의 상품인 데다 요금이 비싼 편이기 때문입니다. 골프를 하는 사람들의 권위의식으로 인한 마찰도 전혀 없다고 볼 수는 없을 듯합니다. 여행상품에 대한 확신이 없다면 대응 자체가 어렵습니다.

주의할 점은 무엇이 있을까요? 현지 골프장과 직접 계약 후에야 상품 기획과 홍보를 진행할 수 있어서 많은 상품을 개발하기는 어렵습니다. 따라서 전염병·홍수·지진 같은 비상사태 발생 시 개점휴업이 될 우려도 있습니다. 그것을 대비해서 한두 가지 상품에

해마다 한국인이 즐겨 찾는 필리핀 마닐라 인근의 한 골프장.

만 의존하지 말고 가능하다면 다양한 상품을 준비해두는 것이 좋습니다.

국내 골프업계는 코로나19 확산에도 유례가 없는 호황을 누렸습니다. 그런데 골프투어 전문여행사들은 코로나19 확산으로 개점휴업할 수밖에 없었죠. 해외로 나갈 수가 없어서 3년가량 고통스러운 시간을 보내야 했습니다. 국내 골프 여행상품으로 명맥만 유지한 회사도 있고, 일반 패키지여행으로 전환한 회사도 있습니다. 아예 업종을 바꾼 회사도 적지 않았습니다. 제2, 3의 코로나 사태가 벌어지지 않는다는 보장도 없습니다. 그러면 코로나19가 유행했을 때처럼 해외여행을 할 수 없게 됩니다.

그렇다고 국내 골프투어 전문여행사 전망이 어둡다고 할 수는 없습니다. 바라보는 시각에 따라 평가가 달라지겠지만, 국내 골프 환경을 고려하면 긍정적인 면이 많습니다. 겨울이 춥고 길다는 점과 국내 골프장 수 부족으로 해외골프 여행객이 줄지 않고 있다고 앞선 강의에서 말씀드렸습니다. 골프와 여행 지식·노하우, 그리고 관련 데이터베이스만 잘 갖춘다면 나이 들어서도 얼마든지 할 수 있다는 점도 큰 장점입니다. 골프와 여행을 좋아하는 사람에게는 매력이 많은 직업입니다.

더 알아보기

장점	일하면서 골프와 여행 즐기는 여유, 마음만 먹으면 전 세계 골프장 라운드, 나이와 상관없이 평생직업, 개인 사업 도전 수월
단점	적은 연봉, 성수기 짧아 안정된 수입 보장 안 됨, 전염병 유행 시 개점휴업
추천 전공	무관하지만, 관광 관련 전공자가 많음
추천 자격(증)	불필요
추천 인재	골프와 여행을 좋아하는 사람, 업무를 익힌 뒤 창업하려는 사람, 외국어나 외국 사회·문화에 해박한 사람, 골프를 좋아하고 외국 생활 경험이 있는 사람
이력서 내보기	여행사, 랜드사, 골프투어 전문여행사

골프 트레이너

골프선수 경기력 숨은 조력자

. . .

골프 경기력 향상을 돕는 사람입니다. 웨이트트레이닝이나 스트레칭, 요가, 필라테스, 또는 각종 도구를 활용한 트레이닝으로 골프에 필요한 근력과 유연성 같은 운동능력을 키워주는 역할을 합니다. 스윙 교정이 목적인 레슨프로와 달리 골프 경기력과 운동능력 향상을 위한 전반적인 트레이닝을 진행합니다.

골프 트레이너가 주목받기 시작한 건 2010년 이후입니다. LPGA 투어에서 한국 선수들이 맹위를 떨치는 상황에서도 국내에는 골프 트레이닝 전문가가 많지 않았습니다. 골프선수가 근육을 발달시키면 스윙이 부자연스러워지거나 오히려 망가질 수 있다는 인식이 자리 잡고 있었기 때문입니다. 불어난 근육이 볼 스트라이킹 능력을 떨어뜨린다는 것입니다.

사실일까요? 전혀 근거 없는 주장입니다. PGA 투어 선수들은 우리보다 일찍 근력 트레이닝을 시작했는데, 경기력은 월등히 앞서 있습니다. 비거리는 물론이고 쇼트 게임도 우리보다 훨씬 뛰어납니다.

요즘은 우리나라 골프계도 인식이 180도 바뀌었습니다. 오히려 적극적인 트레이닝을 권장합니다. 골프선수라도 트레이닝을 통해 기초체력을 기르지 않으면 비거리 향상은 물론이고 안정된 스윙을 하기 어렵다는 주장이 대세입니다. 시즌 중 부상을 방지하고 꾸준한 경기력을 유지하기 위해서라도 트레이닝으로 기초체력을 다져야 합니다.

국내 골프계에 무슨 일이 있었기에 사람들 인식이 이렇듯 달라진 걸까요? 세계적인 추세를 따라야 한다는 주장이 힘을 얻은 겁니다. 전문가들도 골프선수의 근력 운동 필요성에 한목소리를 내기 시작했습니다. 과거에는 미국 골프선수들도 트레이닝을 멀리했습니다. 근력 트레이닝의 중요성을 인지하기 시작한 것은 그리 오래지 않습니다. 결국, 우리는 현대 골프 트렌드를 따라가지 못하고 과거의 낡은 이론과 자료에만 집착해온 것이죠. 전문지식을 갖춘 골프 트레이너 자체가 없었으니까요.

잘 아시다시피 골프선수에게만 트레이너가 있는 건 아닙니다. 어떤 운동이든 전문 트레이너가 있어서 종목마다 특성에 맞는 운동 프로그램을 제공합니다. 그런데 골프 트레이닝은 조금 특별한 면이 있지요. 아무리 트레이닝이 강조되는 요즘이라도 골프 스윙이라는 특수성을 고려하지 않는 트레이닝은 선수들의 스윙과 경기력을 망칠 수 있습니다. 골프 스윙과 플레이의 메커니즘을 정확하게 이해하지 못했다면 골프선수 트레이너를 해선 안 됩니다.

골프선수 트레이너는 비교적 전망이 밝은 직업입니다. 야구나 축구 같은 단체종목은 구단별로 소수의 트레이너만 활동할 수 있어서 일할 기회를 잡기가 대단히 어렵습니다. 반면에 골프는 개인 운동이기 때문에 선수마다 개별 트레이너를 고용합니다. 국내 정규 투어에서 뛰는 대부분의 남녀 선수는 개인 트레이너를 고용하고 있습니다.

프로골프선수가 아니라도 골프선수를 꿈꾸는 학생 골퍼, 일반 아마추어 골퍼도 트레이닝과 트레이너의 필요성을 느끼고 있습니다. 그만큼 골프 트레이너의 활동 폭이 넓어지고 있다는 것을 의미합니다.

골프 트레이너의 조건

· · ·

골프 트레이너의 국가공인 자격증은 없습니다. 일정 기간 트레이닝 이론과 실기를 학습하고 경험한 사람이라면 누구나 트레이너가 될 수 있습니다. 각 골프 브랜드의 골프 트레이너 양성 프로그램들을 수료한 뒤 골프 트레이너로 데뷔하는 사람도 있지요. 나는 일본의 한 트레이닝 단체에서 교육을 받고 국내 프로골프선수 트레이너 겸 골프 트레이너 양성 사업을 한 적이 있습니다.

이렇듯 스포츠 트레이너 진입 장벽이 낮다 보니 스포츠 트레이너에 대한 불신이 커지고 있는 요즘이지만, 골프 트레이너로서 자리를 잡기는 생각처럼 쉽지가 않습니다. 누군가의 소개나 권유로 특정 선수를 맡게 되는 일이 대부분이어서 경력이 오래지 않고 인적 네트워크가 갖춰지지 않은 젊은 트레이너는 소외감만 느끼다 좌절할 가능성이 큽니다.

하지만 특정 골프선수 트레이너로서 활동을 시작하면 입지를 다지기가 훨씬 수월해집니다. 잘하든 못하든 선수들 사이에서 쉽게 입소문이 납니다. 만약 여러분이 유명선수 트레이너를 맡는다면 업계에서 더 인정받을 수 있습니다. 여러분이 지도한 선수가 우승이라도 하면 여러분의 가치와 인지도는 더 올라갈 겁니다. 여러 선수로부터 다양한 제안이 들어올 수도 있습니다.

그렇다면 훌륭한 골프 트레이너가 되기 위해서는 어떤 준비를 해야 할까요? 아무래도 스포츠를 전공한 사람이 유리하겠죠. 여러 운동 이론과 실기를 경험한 사람이 다른 과목을 전공한 사람보다 진보되고 체계적인 운동 프로그램을 제공할 것이라는 기대감이 있어서 선수와 선수 부모들 사이에서도 신뢰도가 높습니다.

골프 트레이너로서 중요한 건 신뢰입니다. 트레이너에 대한 믿음이 없다면 몸이 재산인 운동선수가 자기 몸을 맡길 리 없을 테니까요. 좋은 골프 트레이너란 훌륭한 선수를 많이 배출한 사람도, 골프나 트레이닝 지식이 풍부한 사람도 아닙니다. 선수와 원만하게 소통하면서 믿음이 가는 프로그램을 만들어 제공하는 트레이너야말로 좋은 트레이너라고 할 수 있습니다. 아무리 화려한 이력을 지녔다고 해도 선수와 소통하지 않아 신뢰를 잃어버린다면 절대로 오래 가지 않을 겁니다.

주의할 점도 많습니다. 선수마다 운동 강도 · 방법을 달리해야

골프취업학개론

합니다. 트레이너로서 기본 중의 기본이지만, 기본을 망각한 트레이너가 의외로 많습니다. 특히 골프선수는 다른 종목과 달리 선수들의 기초체력 편차가 심합니다. 제법 우수한 체력을 가진 선수가 있는 반면에 운동선수라는 게 믿기지 않을 만큼 저질 체력을 가진 선수도 있습니다. 상위권 선수라고 해서 건강과 기초체력 테스트 없이 트레이닝을 진행하면 낭패를 볼 수 있습니다. 비슷한 체격의 선수라도 자세히 들여다보면 같은 특성을 가진 선수는 아무도 없습니다. 악력 차이가 심하거나 하체 근력 차이가 클 수도 있습니다. 좋은 트레이너라면 선수마다 부족한 운동능력과 체력을 파악해서 적절하게 발달시킬 수 있어야 합니다.

더 알아보기

장점	비교적 자유로운 업무, 골프선수 트레이너라는 자부심
단점	치열한 경쟁, 자리 잡기가 쉽지 않음
추천 전공	스포츠 · 골프 전공자에 유리
추천 자격(증)	트레이너 관련 수료증 · 자격증
추천 인재	스포츠 트레이너로서 뜻이 있는 사람, 골프선수 출신, 운동선수 출신
이력서 내보기	피트니스센터 또는 프리랜서

골프 해설위원

수많은 덕목 · 자질 요구되는 골프 전문가

· · ·

골프 경기를 쉽게 이해할 수 있도록 해설하는 사람입니다. 좀 더 구체적으로 설명하면 TV · 라디오 같은 대중매체를 통해서 골프 경기를 진행하는 캐스터와 함께 준비한 자료 또는 데이터를 소개하거나 실시간 변화하는 경기 상황을 쉽고 빠르게 설명해야 하는 직업입니다. 이렇게까지 자세하게 설명하지 않아도 여러분이 잘 아실 겁니다. 스포츠를 좋아하는 젊은이라면 스포츠 해설위원을 꿈꾸는 사람이 많을 테니까요. 좋아하는 스포츠를 업으로 삼으면서 스마트한 이미지와 인지도를 쌓을 수 있으니 멋진 직업처럼 보입니다.

과거에는 스포츠 해설위원 하면 나이가 지긋한 분이 많았는데 요즘은 스포츠 해설위원 나이도 젊어지고 있는 것 같습니다. 스포츠 해설위원을 꿈꾸는 취준생들은 "나도 할 수 있어"라는 생각을 가질 만합니다.

골프 해설은 많은 스포츠 종목 중에서도 특색이 뚜렷한 편입니다. 경기 자체가 빠르고 다이내믹하게 진행되지는 않지만, 전체적인 경기 흐름을 읽는 눈과 스윙분석, 심리·데이터 분석 능력까지 갖추고 있어야 합니다. TV는 여러 팀을 카메라에 담기 때문에 여러 선수, 여러 팀의 상황과 분위기, 경기력을 파악하고 있어야 하죠. 경기 전에 선수들과 사전 인터뷰를 해서 정보를 파악하는 해설위원이 많습니다.

대중을 상대로 하는 만큼 갖추어야 할 덕목도 대단히 많습니다. 골프에 대한 풍부한 경험과 지식은 기본이고, 용모가 단정하되 개성이 있어야 하며, 발음이 정확하고 언어 전달력이 좋아야 합니다. 항상 겸손해 보여야 하고, 어떤 상황이라도 자제력을 잃지 않고 냉철하게 상황을 분석·해설할 수 있어야 합니다. 흥분하거나 앞서 가거나 도가 지나친 언사는 문제를 낳을 수 있으니 주의해야 하죠. 군더더기 없는 언어 구사력, 경기 흐름과 상황을 완전히 장악하고 꿰뚫어 보는 통찰력, 전문지식과 정보를 충분히 갖춰 캐스터 질문이나 경기 중 돌발상황에 빠르고 정확하게 대처하는 순발력, 경기 흐름의 핵심을 집어내는 분석력과 판단력, 특정 선수나 팀에 기울지 않는 공정성, 철저한 자기관리와 성실성도 골프 해설위원에게 요구되는 덕목입니다.

예를 들어서 자신이 가르치는 선수를 각별하게 칭찬하거나 눈여겨봐달라는 식으로 이야기하면 공정성에 어긋난 해설입니다. 자신과 친분이 있는 기업이나 기업인의 골프 마케팅 전략·경영 철학에 남다른 의미를 부여하는 것도 마찬가지겠죠.

골프 해설위원에게 이 많은 덕목과 자질을 요구하는 데는 그만한 이유가 있습니다. 시청자 신뢰도와 직결되기 때문입니다. 신뢰도와 시청률은 매우 긴밀한 관계가 있습니다. 신뢰도가 떨어지면 시청률은 동반 하락합니다. 한 번 땅에 떨어진 시청자 신뢰도는 끌어올리기가 어렵다는 걸 명심해야 합니다.

해설자의 능력은 곧 시청률입니다. 따라서 대중으로부터 평가받는 혹독한 직업이기도 하지요. 그렇다고 특별한 자격이 필요하지는 않습니다. 요즘 골프 해설위원 대부분은 프로골퍼의 영역이 되어버렸습니다. 모든 방송국 골프 해설위원 자리는 프로골퍼들이 점령하다시피 하고 있지요. 실력과 입담을 갖춘 젊은 인재가 대거 등장하고 있는 요즘입니다. 그들에게도 기회가 주어졌으면 하는 바람입니다.

방송사에서 스타 선수 출신을 선호하는 이유는 뭐라고 생각하세요? 그 역시 시청률 때문입니다. 스타 선수는 인지도가 높은 만큼 홍보가 쉽습니다. 시청자 반응도 즉각적으로 나타나죠. 잘하든 못하든 화제가 됩니다. 반면에 이름이 덜 알려진 선수는 어떻습니까? 아무리 해설을 잘해도 시청자의 주목을 받기가 쉽지 않습니다. 시청자 반응도 늦게 올라옵니다. 그마저도 불확실합니다. 가장 무서운 건 시청자의 무관심입니다. 결국, 장기간 투자하고 기다릴 여유가 없는 방송사로선 스타 선수 출신에게 의존할 수밖에 없는 처지인 거죠.

골프 해설은 프로골퍼들의 전유물이 아닙니다. 프로골퍼가 아니라도 누구나 해설위원을 할 수 있습니다. 크게 분류하면 세 가지 타입입니다. 필드 경험이 많고 스윙을 잘 보는 프로골퍼와 운동심리나 역학 분석이 탁월한 대학교수, 데이터 분석이 뛰어난 골프 전문기자나 칼럼니스트입니다. 프로골퍼만큼 실전 경험을 많이 쌓고, 대학교수만큼 이론적으로 많이 연구하며, 골프 전문기자나 칼럼니스트만큼 데이터를 논리적으로 철저하게 분석한다면 완벽한 해설이 나올 겁니다. 당연히 그런 사람은 단 한 명도 없습니다.

한 가지 유념해야 할 것이 있습니다. 명성만큼 수입이 보장되지 않는다는 점입니다. 유명 해설위원은 방송국과 1년 이상 장기 계약도 하지만, 대부분은 프로그램 편당 방송료를 받습니다. 다른 일과 병행하면서 투잡처럼 해야 하는 직업입니다.

더 알아보기

장점	좋은 이미지와 인지도 상승
단점	명성만큼 보장되지 않는 수입, 많은 시간 방송에 할애, 시청자에게 평가받는 혹독함
추천 전공	무관
추천 자격(증)	불필요
추천 인재	골프 전공자, 프로골퍼, 골프선수 출신 지도자, 대학교수, 골프 전문기자, 골프칼럼니스트, 골프 해설에 꿈이 있는 사람
이력서 내보기	프리랜서

골프 UX디자이너

기술만 익히면 고수익 창업 아이템

· · ·

사용자 경험User Experience 디자인이라고도 합니다. 포털사이트에서 메인 로고를 누르면 바탕화면이 나오듯이 버튼이나 바, 라인, 로고, 글자체(색) 따위를 편리하게 디자인하는 일입니다. 골프 UX디자이너는 골프 관련 웹사이트나 스크린골프에 UX디자인을 접목해서 쉽고 재미있게 즐길 수 있도록 하는 것이 주요 업무죠. 스크린골프가 대중화되면서 UX디자이너의 업무 영토도 넓어졌다고 할 수 있습니다.

과거 골프업계에서 디자인은 중요한 키워드가 아니었습니다. 그러나 골프의 대중적 인기가 올라가고 골프 마케팅이 본격화되면서 디자인에 대한 관심도와 중요성이 강조되기 시작했습니다. 지금은 모든 스크린골프에 UX디자인이 적용되고 있습니다.

UX디자이너가 되기 위해서는 대학에서 시각디자인학, 멀티미디어학, UX디자인학(대학원) 같은 디자인 관련 학문을 전공하고 포토샵, 일러스트, 비주얼 표현을 위한 툴 사용 관련 기술을 1년~1년 6개월가량 습득해야 합니다. 별도의 자격증은 필요하지 않습니다.

아무래도 디자이너이다 보니 면접 시 제출하는 포트폴리오는 취업에 결정적인 영향을 미칩니다. 포트폴리오 작성은 곧 능력으로 평가받는 만큼 꼼꼼하게 준비해야 합니다. 외국어는 외국 자료 취합 시 도움이 되지만 필수는 아닙니다.

별도의 자격증을 요구하는 업무는 아니어서 UX디자인에 관심이 있는 사람이라면 누구나 도전할 수 있습니다. 타고난 디자인 감각이 있다면 좋겠지만, 타고난 감각이 없다고 해서 문제 될 건 전혀 없습니다. 대부분 노력으로도 극복할 수 있기 때문이죠. 어떤 분야든 성실한 사람은 금방 따라잡습니다.

특히 UX디자이너 업무는 '재능 20=노력 80'이라고 말하는 사람이 많습니다. 태어날 때부터 UX디자이너 능력을 갖춘 사람은 없습니다. 관심과 호기심만 있으면 됩니다. 관심과 호기심이 디자이너의 업무 능력을 성장시킨다고 해도 과언이 아니에요. 단순한 버튼 하나라도 관심과 호기심을 갖는 순간 창조가 시작되는 것이죠.

회사에서는 타고난 디자인 감각보다 소통을 잘하는 사람에게 더 높은 점수를 줍니다. 타인의 의견에 관심을 가져야만 디자인 완성도를 높일 수 있습니다. 버튼 하나라도 왜 필요하고, 왜 그렇게 해야 하는지 적극적이고 구체적인 소통이 이루어지지 않으면 디자인 완성도는 떨어질 수밖에 없습니다.

취업에 성공했다고 해서 곧바로 자신이 가진 능력을 발휘할 수 있는 건 아닙니다. 업무 실행을 위한 기본적인 능력을 갖춘 사람이라도 취업 후 3년 이전에는 능력 발휘가 쉽지 않은 직업입니다. 따라서 최소 3년 이상은 경험을 쌓아야만 이직하더라도 경력으로 인정받을 수 있습니다.

직장에서 UX디자이너는 연구원으로 불립니다. 팀장급은 선임연구원이라고 하죠. 직장 내 처우는 회사마다 다르지만, 일반적으로 입사 초기 연봉이 많지는 않습니다. 하지만 3~4년 차만 되어도 다른 직군에서 일하는 동년배들 연봉보다 높게 책정될 가능성이 큽니다. 당연히 연차가 높을수록 연봉은 상향 조정되겠죠.

UX디자이너는 기술이 재산입니다. 오로지 기술력만으로 평생 일거리와 수익이 보장되니까요. 창업 시에는 영업이익도 쏠쏠해서 한 개의 프로젝트를 맡아 디자인하면 1,500만~3,000만 원(3개월 작업 기준)의 수익이 발생합니다. 기술만 있다면 창업 아이템으로는 아주 훌륭하죠. 취업보다 창업을 선호하는 이유가 그것입니다.

물론 힘든 점도 많습니다. 디자인 완성도를 높이기 위한 수정작업이 고생스럽습니다. 야근은 피할 수 없을 겁니다. 그만큼 출퇴근 시간이 불규칙하지요. 출장은 없고 내근이 대부분이어서 여성이 약 70%로 많은 것도 특징입니다. 하지만 기계 조작이 능숙할수록 업무를 익히거나 진행하는 데 유리해서 오히려 남성들에게 적합한 직업이라고 할 수 있습니다. 게다가 골프업계에서는 골프에 대한 이해가 높거나 골프를 잘 치는 사람이 더 좋은 업무 성과를 낼 것이라는 선입견이 있어서 골프를 잘 모르는 여성 디자이너에겐 호락호락하지 않은 시장입니다.

또 한 가지 명심할 점이 있습니다. 디자인은 창조입니다. 지시

받은 대로 디자인하는 것은 디자이너로서 존재 가치가 없습니다. 정답이 없는 업무인 만큼 책에 의존해서도 안 됩니다. 어디까지나 감각이 중요하죠. 감각 역시 관심과 호기심에서 나옵니다. UX디자이너 업무에 도전해보고 싶다면 꼭 명심하세요. 내가 가진 기술만으로 다른 사람 눈치 보지 않고 오랫동안 안정적으로 일할 수 있는 미래지향적인 직업입니다.

더 알아보기

장점	기술만 갖추면 평생직업, 연차 쌓일수록 연봉 수직 상승, 창업 아이템으로 적격
단점	야근 많고 출퇴근 불규칙, 입사 초기 낮은 연봉
추천 전공	시각디자인학, 멀티미디어학, UX디자인학(대학원)
추천 자격(증)	불필요
추천 인재	출장 싫어하고 내근 선호하는 사람, 짧은 직장 생활 후 창업 꿈꾸는 사람, 타고난 디자인 감각이 있는 사람, 디자인 감각이 있고 기계 조작이 능숙한 사람, 관심과 호기심이 많은 디자이너, 골프를 좋아하는 디자이너
이력서 내보기	스크린골프 개발업체, 골프 관련 웹사이트 개발업체

그린키퍼

골프장 잔디 · 코스 관리사

. . .

짙은 어둠이 채 가시지 않은 새벽 골프장에 나가본 적 있습니까? 내장객이 아직 입장하지 않은 새벽 골프장은 평상시 우리가 아는 골프장과 사뭇 다릅니다. 적막한 어둠 속에서 풀벌레 소리만 들립니다. 골프장은 도심에서 벗어난 외곽 지역이나 산자락에 조성되어 있어서 도시의 새벽 풍경과는 완전히 다릅니다. 그야말로 딴 세상 느낌이지요.

새벽 코스를 돌다 보면 거친 기계음이 적막한 어둠을 뚫고 귀를 자극합니다. 그린키퍼(코스관리사)가 하루 사이 덥수룩해진 잔디를 손질하는 소리입니다. 거친 기계음이 지나간 자리는 말끔하고 단정합니다. 잔디는 그린키퍼에 의해 묵은 옷을 벗고 말끔해진 새 얼굴을 드러냅니다. 골프장의 하루는 이렇게 거친 기계음과 함께 기지개를 켜며 아침을 엽니다.

그린키퍼는 골프장 코스 관리를 통해서 플레이어의 유쾌한 라운드를 책임집니다. 그린과 페어웨이 잔디를 시작으로 벙커와 러프까지 골프장 구석구석을 손질하고 다듬고 정리합니다. 골프장 코스에서 이들의 손이 미치지 않는 곳은 거의 없습니다.

골프장 코스 관리는 야외작업으로 시작해서 야외작업으로 끝나는 고된 육체노동입니다. 내장객이 입장하기 전에 모든 준비를 마쳐야 해서 어쩔 수 없이 이른 새벽부터 작업을 시작하죠. 비가 오나 눈이 오나 땡볕이 내리쬐는 날에도 야외작업을 피할 수는 없습니다. 짙은 구릿빛 피부가 그들의 고된 노동을 대변하는 듯합니다.

그린키퍼들의 낯빛은 유난히 검습니다. 자외선차단제를 바르지 않는 사람은 없을 겁니다. 나름대로 열심히 피부 관리를 할 테지만, 땡볕이 워낙 강해서 검게 그을릴 수밖에 없다고 하더군요. 피부가 혹사당하는 일이어서 꺼리는 사람도 많습니다. 그래도 잘 가꿔진 코스를 보면 뿌듯한 마음이라고 해요. 자신이 정성껏 가꾼 코스에서 내장객들이 즐겁고 유쾌하게 라운드하는 모습을 보면 그날 피로가 싹 풀린다고 합니다. 아마도 그것이 그린키퍼의 가장 큰 보람이 아닐까 싶습니다. 비록 고된 작업이지만, 골프장이라는 호화로운 텃밭을 일구며 꿈과 희망과 보람을 키웁니다.

그린키퍼의 조건

. . .

일기예보는 그린키퍼들의 가장 큰 관심사입니다. 눈비라도 내리는 날이면 비상입니다. 내장객이 입장하기 전에 코스를 말끔하게 정비해야 하니 이른 새벽부터 분주하게 움직여야 합니다.

생물을 다루는 일인 만큼 주의점도 많습니다. 원칙을 준수하는 것이 가장 중요합니다. 예를 들어서 잘 알지 못하는 약품은 절대로 손대지 말아야 하고, 퇴비 사용량 준칙을 반드시 지켜야 합니다. 사용량 준칙을 조금이라도 어기면 엄청난 화를 부를 수 있습니다. 잔디가 병들기 시작하면 손도 쓸 수 없어요. 그땐 후회해도 소용없습니다.

야외에서 하는 고된 육체노동이지만, 그린키퍼의 업무 만족도는 비교적 높습니다. 청정 자연 속에서 맑은 공기를 마시며 생활하는 만큼 건강하지 않은 사람이 없습니다. 도심에서의 스트레스는 남의 나라 이야기라고 합니다. 다른 부서처럼 내장객 항의에 시달릴 일도 없어요. 골프장에 따라서 다르겠지만, 마음만 먹으면 공짜 골프도 즐길 수 있다고 합니다. 골프를 좋아하는 사람에게는 지상 낙원이 따로 없죠.

비전은 확실한 청신호입니다. 미국에서는 다수의 코스관리사가 골프장의 중역을 맡고 있습니다. 그만큼 코스가 중요하기 때문이죠. 우리나라도 골프장 경쟁력을 강화하기 위해서는 코스 수준을 높여야 한다는 데에 이견이 없을 겁니다. 그런 인식이 확산한다면 그린키퍼는 우대받는 직업이 되는 겁니다. 당장은 아니라도 그린키퍼가 지금보다 좋은 환경에서 근무할 수 있는 시대는 반드시 올 겁니다.

그린키퍼의 국가공인 자격증은 없습니다. 그러나 한국골프장경영협회에는 골프코스관리사 양성과정이 있어서 1년에 1회 20명까지 선발하고 있습니다. 시험에 합격한 수험생은 골프장 취업이 보장됩니다. 전국 골프장은 최소 1인 이상 한국골프장경영협회의 골프코스관리사 시험 합격자를 채용하도록 하고 있습니다. 다른 직종과 비교하면 연봉이 높은 편은 아니지만, 비교적 자유롭고 스트레스받을 일이 많지 않습니다. 새벽에 일찍 일어나야 한다는 점과 야외에서 몸으로 일해야 한다는 점을 제외하면 장점이 많은 직업입니다.

더 알아보기

장점	사람에 의한 스트레스 거의 없음, 비교적 자유로운 업무, 공짜 라운드 가능
단점	야외에서 하는 고된 육체노동, 이른 새벽 출근, 높지 않은 연봉
추천 전공	무관
추천 자격(증)	한국골프장경영협회 골프코스관리사
추천 인재	골프를 좋아하는 사람, 골프장에서 일해보고 싶은 사람, 도시를 떠나 일하고 싶은 사람, 조경이나 잔디 관리에 관심이 있는 사람, 골프를 좋아하고 새벽 출근이 어렵지 않은 사람
이력서 내보기	전국 골프장

캐디① 골프장 캐디

골퍼 플레이 돕는 전문직

· · ·

캐디는 골퍼들이 플레이하는 데 도움을 주는 사람입니다. 카트 운전을 하면서 골퍼들의 캐디백과 골프채를 운반하거나 챙겨주고, 그린 또는 목표지점까지 거리 계산을 돕습니다. 피해야 할 장애물을 알려주며, 샷 방향을 설정하는 데 조언을 해주기도 하죠. 흙·모래·잔디 같은 이물질이 묻은 골프채나 골프공을 깨끗하게 닦아주기도 합니다. 때로는 골퍼들의 말동무가 되어주기도 해요. 타수를 계산해서 스코어카드를 작성하는 일도 캐디의 몫이 되어버린 요즘입니다. 그 외에도 캐디가 해야 할 일은 무척이나 많습니다. 눈이 네 개, 몸이 두 개라도 바쁠 지경이죠.

골프장에 캐디가 있는 이유는 골퍼들의 안전과 순조로운 경기 진행을 위해서입니다. 물론 거기에는 빠른 경기 진행이라는 골프장의 상술이 전혀 없다고는 할 수 없을 겁니다. 그렇다 해도 이 엄청난 업무를 혼자서 해낸다는 건 참으로 대단한 일입니다.

그럼 캐디 선발 과정부터 알아볼까요? 캐디 지원 방법은 두 가지입니다. 일하고자 하는 골프장에서 캐디 양성 교육을 받고 캐디

골프취업학개론

가 되는 방법과 사설 캐디양성센터에서 교육과정 이수 후 골프장에 들어가는 방법이지요.

양쪽 모두 장단점이 있습니다. 골프장에서 캐디 양성 교육을 받으면 교육비 없이 캐디 업무 방법과 과정을 배울 수 있지만, 교육과정이 길고 고됩니다. 교육 기간은 교육생 숙련도에 따라 달라지는데 최장 6개월까지 할 수 있는 것으로 압니다. 하루 10시간이 넘는 혹독한 교육을 받으면서도 대부분 골프장에서는 교육 수당이 나오지 않습니다. 사실상 수익이 전혀 없는 상태에서 장기간 교육을 받다 보니 경제적 어려움을 호소하는 교육생이 적지 않습니다. 결국, 고된 교육과정을 견디다 못해 중도 포기하는 교육생도 많습니다.

일정 기간 착실하게 교육을 받은 캐디 교육생은 현장 실습을 나갑니다. 실제 내장객과 코스를 돌면서 실무를 익히기 위해서죠. 선배 캐디와 동행해서 현장에서 어떻게 서비스하고, 안내하는지를 배우는 마지막 교육과정입니다. 매일 보는 코스와 지형은 훤히 꿰뚫고 있다고 해도 실전에 투입되면 정신이 하나도 없다고 해요. 챙겨야 할 것이 워낙 많으니 당연하겠지요. 선배 캐디가 따로 챙겨주거나 노하우를 전수해주지는 않을 겁니다. 그럴 여유도 없습니다. 여러분 스스로 배우고 익히는 수밖에요.

반면에 사설 캐디양성센터는 비교적 체계적으로 캐디 교육을 진행하는 것으로 알려졌습니다. 다만, 비싼 수업료를 내야 해서 경제적으로 부담스럽죠. 교육과정을 수료하고 골프장에 배치되더라도 해당 골프장 코스와 업무 시스템을 새로 익혀야 합니다. 이러한 이유로 업무 환경이 열악하고 교육과정이 버거워도 대부분 사람은 골프장 캐디 양성과정을 통해서 캐디가 됩니다.

골프장 캐디 수입 계산하기

• • •

고된 교육과정을 거쳐서 캐디가 되면 얼마나 벌까요? 궁금해하는 사람이 많을 겁니다. 2023년 기준 국내 골프장 캐디피는 14만~15만 원입니다. 한 팀이 한 라운드(18홀) 후 캐디에게 내야 하는 비용이죠. 거기에 캐디팁이라고 해서 팀당 적게는 1만~2만 원, 많게는 6만~8만 원을 받습니다. 업무는 하루 한 번일 수도 있고, 두 번 이상일 수도 있어요. 그렇게 해서 한 달 30회의 업무를 했다고 치면 대략적인 월수입이 나옵니다.

캐디가 고액수입자라고요? 그래서 캐디에 도전해보고 싶은가요? 네, 좋습니다. 어찌 됐든 여러분의 선택입니다만, 도전할 때 도전하더라도 제대로 알고 접근하세요. 앞서 설명했지만, 12월부터 2월은 국내 골프장 비수기입니다. 날씨가 추워지면 전국 대부분 골프장이 휴장에 들어갑니다. 캐디는 의지와 상관없이 일을 못 하게 되죠. 당연히 수입도 없을 겁니다. 시즌 내내 하루도 쉬지 않고 열심히 일해도 연 수입 5,000만 원을 넘기기가 쉽지 않은 이유입니다. 겨울에 다른 일을 하지 않는 이상에는요.

좋은 캐디가 되기 위해서는 갖춰야 할 덕목이 대단히 많습니다. 그중에서도 가장 중요한 건 거리 계산과 퍼팅라인을 읽는 것이지요. 아무리 서비스가 좋고 친절해도 이 두 가지가 제대로 안 되면 그날 라운드는 망칠 가능성이 매우 큽니다. 요즘은 거리측정기가 있어서 캐디에게 거리를 묻지 않는 사람도 많습니다. 숙련된 골퍼라면 퍼팅라인도 스스로 읽습니다. 하지만 그렇지 않은 다수의 골퍼에겐 일일이 거리와 퍼팅라인을 일러줘야 합니다. 만약 제대로 된 정보를 주지 않으면 곤란한 상황이 벌어지겠죠. 누가 뭐래도 캐디에게 가장 중요한 업무 능력입니다.

남성 캐디 지망생이 몰리는 이유

· · ·

예전에는 캐디라고 하면 여성이 대부분이었죠. 여성들의 직업이라고 생각하는 사람도 있을 겁니다. 그런데 캐디는 여성보다 남성에게 유리한 업무입니다. 야외에서 하는 고된 육체노동이다 보니 여성이 하기에는 버겁습니다. 요즘은 남성 캐디가 부쩍 늘었습니다. '캐디=여성업무'라는 오래된 선입견이 무너지고 있다는 증거지요.

골프장 연습생 제도가 사라진 영향도 있습니다. 골프장 연습생이라는 건 프로골퍼 지망생들이 골프장에서 일하면서 개인 연습을 할 수 있도록 하는 제도인데, 근래에는 대부분 골프장에서 연습생 제도를 없앴습니다. 그래서 프로골퍼 지망생들이 연습생을 대신해서 캐디를 하며 개인 연습을 하는 사례가 많아졌습니다. 실제로 캐디 출신으로 프로테스트에 합격한 사람이 꾀나 많습니다.

캐디의 전망은 어떨 것 같습니까? 미래가 쾌청한 직업은 아니라는 것쯤은 다들 아실 겁니다. 캐디 필요성에 대해서 이의를 제기하는 골퍼가 늘고 있고, 사회적인 분위기도 '캐디 불필요' 쪽으로 기울고 있습니다. 캐디 선택제를 도입하는 골프장도 늘고 있지요.

그렇다고 완전히 비관적으로 볼 필요는 없습니다. 골프는 자연주의적인 성향이 강한 스포츠입니다. 대단히 보수적이면서 변화에는 인색합니다. 무엇보다 대다수 골프장이 노캐디 제도에 반대하고 있습니다. 외국 골프장 임원 중에는 캐디 출신이 많습니다. 국내에도 캐디부터 시작해서 골프장 임원으로 승진한 사람이 있습니다. 캐디 업무도 본인이 하기 나름입니다.

더 알아보기

장점	노력 여하에 따라 고수익 가능
단점	야외에서 하는 고된 육체노동, 비정규직
추천 전공	무관
추천 자격(증)	불필요
추천 인재	프로골퍼 지망생, 많은 돈을 벌고 싶은 사람, 캐디나 골프장 업무에 관심 있는 사람
이력서 내보기	전국 골프장

골프취업학개론

캐디② 프로 캐디

프로골프선수 동반 플레이어

. . .

골프선수들의 캐디입니다. 전문 캐디 또는 프로 전문 캐디라고도 하는데, 아주 독특하면서도 흥미로운 직업입니다. 사실상 개인 사업자이지만, 출퇴근 개념이 없고 자유롭게 일하면서 단기간에 큰돈도 벌 수 있기 때문이죠. 평상시에는 그냥 캐디라고 부릅니다.

앞선 강의에서 골프장 캐디에 대해 자세하게 살펴봤습니다. 업무는 크게 다르지 않습니다. 캐디백과 골프채를 운반하거나 챙겨주고, 이물질이 묻은 골프채나 골프공을 깨끗이 닦아주며, 거리 계산과 퍼팅라인 읽는 걸 돕거나 샷 방향 설정을 조언합니다. 때로는 선수들의 말동무가 되어 긴장하거나 멘탈이 흔들리는 것을 잡아주기도 하지요. 기본적인 업무는 거의 똑같습니다.

하지만 하나씩 따져보면 골프장 캐디와는 확연히 다르다는 걸 알 수 있습니다. 골프장 캐디는 소속된 골프장에서만 라운드하지만, 프로 캐디는 소속된 골프장이 없습니다. 전국 또는 전 세계 골프대회장이 활동 무대입니다. 골프장 캐디는 대개 아마추어의 비공인 라운드에서 카트 운전을 하며 이동하지만, 프로 캐디는 거의 프로선수들의 공식 대회에서 백을 어깨에 걸치고 18홀을 걸어서 돕니다. 골프장 캐디보다 훨씬 전문적이면서 체력도 좋아야 합니다.

수익 구조와 방법도 전혀 다릅니다. 골프장 캐디는 한 라운드가 끝나면 네 명의 손님으로부터 14만~15만 원의 캐디피와 약간의 캐디팁을 받는 것이 전부입니다. 프로 캐디는 기본급과 인센티브, 더 나아가서는 기업의 후원 계약금까지 받는 사람도 있습니다.

선수와 프로 캐디는 고용인과 피고용인의 관계입니다. 선수가 프로 캐디를 고용하고 기본급과 인센티브를 챙겨줍니다. 특정 선수의 캐디가 되기 위해서는 선수 또는 선수 부모와 협상 후 계약해야 합니다. 계약서를 쓰지 않고 구두 계약으로 하기도 합니다.

프로 캐디의 기본급은 일반적으로 나흘짜리 대회 기준 120만~150만 원입니다. 프로 캐디의 경력과 명성에 따라서 기본급이 달라지기도 합니다.

대회 성적에 따른 인센티브는 우승 시 선수가 받은 상금의 10%, 10위 안에 들면 7%, 예선을 통과하면 3~5%를 받습니다. 우승 상금 3억 원 대회에서 우승 선수의 캐디를 했다면 3,000만 원의 보너스가 생기는 겁니다. 잘하는 선수의 백을 멜수록 더 많은 돈을 벌 수 있겠죠. 유명선수 캐디는 선수 버금가는 명성도 얻습니다.

예를 들어서 박인비나 고진영의 캐디였다고 하면 그 자체가 평생 스펙이자 이력이 되는 것이죠. 반면에 매 경기 예선 통과도 어려운 선수의 캐디를 하면 기본급 외엔 거의 수입이 없을 겁니다. 부도 명예도 얻지 못합니다. 선수 역시 큰 적자를 보면서 투어를 전전하게 됩니다. 그래서 신인이나 중하위권 선수들은 경비 절감을 위해 프로 캐디와 계약하지 않고 가족이 백을 메는 경우도 많습니다.

프로 캐디의 조건

• • •

그럼 프로 캐디로서 상위권 선수와 계약하기 위해서는 어떻게 해야 할까요? 당연히 좋은 선수 못지않은 좋은 캐디가 되어야 합니다. 좋은 캐디는 어떤 캐디죠? 참 어려운 질문입니다. 여러분은 이 질문에 답하기 어려울 겁니다. 현역 프로 캐디도 풀기 힘든 문제니까요.

너무 어렵게 생각하지는 마세요. 쉽게 생각하면 선수들이 원하는 캐디가 가장 좋은 캐디입니다. 아무리 능력이 출중한 캐디라도 선수들이 꺼린다면 시장에서 높게 평가받지 못할 테니까요. 그럼 좋은 캐디의 조건을 하나씩 따져봅시다.

첫 번째는 선수들의 멘탈을 잡아주는 캐디입니다. 어차피 선수들은 프로골퍼입니다. 대부분 어릴 적부터 10년 이상 공을 쳐서 거리를 계산하고 퍼팅라인을 읽는 데는 경지에 올랐다고 볼 수 있습니다. 어설프게 조언했다가는 오히려 화를 부를 수 있습니다. 그보다 멘탈이 흔들리지 않도록 잡아주는 캐디가 좋습니다. 코스에 나가면 동반 플레이어나 마찬가지입니다. 선수가 기댈 수 있는 유일한 사람이 프로 캐디입니다.

두 번째는 믿음이 가는 캐디입니다. 선수와 캐디는 고용인과 피고용인 관계입니다. 근본적으로는 수직적 인간관계이지만, 실상은 신뢰로 맺어진 수평적 인간관계인 경우가 많습니다. 수평적 인간관계를 지탱하는 신뢰가 무너지면 수직적 인간관계만 남습니다. 선수들이 아무리 젊거나 어려도 고용인이라는 걸 잊지 마세요. 선수는 성적이 나지 않으면 이것저것 변화를 주기 시작합니다. 어떤 선수는 골프채를 바꾸고, 어떤 선수는 스윙을 고쳐봅니다. 또 어떤 선수는 캐디를 교체합니다. 교체 대상이 되는 캐디는 신뢰를 잃은 사람입니다. 아무리 성적이 좋지 않아도 신뢰 관계가 탄탄하면 캐디를 쉽게 바꾸지 못합니다.

세 번째는 여러 분야 해박한 지식을 겸비한 캐디입니다. 선수와 캐디는 경기 중에 상당히 많은 대화를 나눕니다. 골프에서 벗어난 주제가 대부분이죠. 드라마, 영화, 음악, 음식, 여행, 취미, 개인사, 연애·결혼까지 이야깃거리는 수시로 바뀝니다. 수다를 떠는 것이 목적이 아니라 긴장을 풀고 다음 플레이에 더 집중하기 위해 릴렉스하는 것입니다. 캐디가 여러 분야 지식이 풍부하면 선수들은 더 쉽고 편하게 마음을 열어서 대화할 수 있습니다.

네 번째는 프로 캐디로서 기본적인 업무 능력입니다. 어떻게 보면 기장 기본이면서 가장 중요한 조건이라고 할 수 있겠죠. 모든 것을 다 갖춘 캐디라도 캐디로서 능력이 부족하다면 곤란합니다.

골프가 대중화되고 산업이 커지면서 남녀 프로골프 투어도 흥행하고 있습니다. 캐디들의 복지와 환경도 많이 좋아졌지요. 요즘

골프취업학개론

에는 캐디에게 후원하는 기업도 늘었습니다. 캐디들이 대회장에서 쓰는 모자나 골프웨어에 붙은 패치는 전부 광고입니다. 골프 인기와 함께 캐디에 대한 인식과 처우도 달라지고 있습니다.

현실은 여전히 짐꾼

· · ·

하지만 10㎏이 넘는 골프백을 어깨에 메고 코스를 걷는 고된 노동입니다. 야외에서 몸으로 하는 일이니 나이 들어서는 할 수 없습니다. 선수들에게 선택받지 못하면 나이에 상관없이 하고 싶어도 오래 하지 못합니다. 실제로 한 선수와 오랫동안 콤비를 이루는 경우는 프로골프 세계에서 흔치 않습니다. 대부분 선수는 성적이 좋지 않으면 캐디도 교체합니다. 겨울철 비시즌에는 일이 없다는 점도 큰 단점입니다.

업무 자체도 피고용인이다 보니 전문성보다 짐꾼 이미지가 강합니다. 경기 중에 프로 캐디에게 막말하거나 골프채를 던져버리는 선수도 있습니다. 공이 잘 맞지 않는 날에는 가장 가까이에 있는 캐디가 선수들의 스트레스를 다 받아줘야 합니다. 자존심은 버리고 선수와의 사적 감정도 억제해야 합니다. 육체적·정신적으로 고된 노동이지요.

프로 캐디의 복지나 처우도 여전히 미흡합니다. 선수와 동반 플레이어라고 할 수 있지만, 현실은 그렇지가 않습니다. 대회장의 주차장은 물론이고 식당과 클럽하우스에도 들어가지 못하는 경우가 많습니다. 동반 플레이어는 고사하고 외부인 취급을 당하기도 합니다. 경기 후 선수를 기다리면서 마땅히 쉴 곳도 없습니다. 제대로 알고 도전해야 후회하지 않습니다.

더 알아보기

장점	좋은 선수와 만나면 단기간에 큰 수익, 비교적 자유로운 업무, 마케팅만 잘하면 기업 후원도
단점	고된 육체노동, 복지 및 처우 여전히 미흡, 나이 들면 어려운 직업, 선수에게 선택받지 못하면 하고 싶어도 할 수 없음
추천 전공	무관
추천 자격(증)	불필요
추천 인재	골프 전공자, 프로골퍼 지망생, 캐디 업무에 뜻이 있는 사람, 골프선수를 좋아하는 사람, 골프로 많은 돈을 벌고 싶은 사람, 무엇에도 얽매이지 않고 자유롭게 일하고 싶은 사람
이력서 내보기	프리랜서

골프취업학개론

캐디 마스터

경기운영 · 관리 책임자

· · ·

골프장은 조용한 것 같아도 매일 전쟁터입니다. 하루도 조용할 날이 없어요. 코스에선 작은 문제라도 발생하면 고함이 터져 나오죠. "캐디 마스터 어디 있냐", "캐디 마스터 나오라고 해라"라며 목소리를 높입니다.

캐디 마스터는 캐디를 대표해 경기를 운영 · 관리하는 책임자입니다. 캐디 관리원이라고도 합니다. 필드에서 문제가 발생하면 가장 먼저 찾는 사람이 바로 캐디 마스터입니다. 경기 진행상 일어나는 대부분 업무를 총괄하기 때문에 야전사령관이라고 해도 과한 표현은 아닐 것 같습니다. 그만큼 책임감과 스트레스가 많은 직업입니다.

캐디와 캐디 마스터는 비슷해 보이지만, 전혀 다릅니다. 캐디는 비정규직인 데다 겨울철에 골프장이 휴장하면 일을 하고 싶어도 못합니다. 수입도 끊깁니다. 캐디마다 생각이 다르겠지만, 요즘은 수입이 조금 적더라도 안정적인 환경에서 직장 생활을 하려는 사람이 많은 것으로 압니다. 대부분 사람은 나이 들수록 안정을 지향하죠.

골프 전문기자 시절에 골프장을 취재하면서 만난 캐디가 여럿 있습니다. 많은 인터뷰도 해봤지만, 캐디와 캐디 마스터는 표정부터가 달랐습니다. 모든 캐디를 일반화할 수는 없겠으나 캐디 업무에 자긍심을 갖는 사람은 많지 않은 듯합니다. 그에 반해 캐디 마스터는 안정된 자리(정규직)에서 자부심을 느끼면서 일하는 것 같습니다. 어디까지나 개인적인 느낌입니다. 오해 없길 바랍니다.

캐디 마스터가 되는 길

· · ·

캐디 마스터의 주요 업무는 캐디 모집 · 교육 · 관리입니다. 평상시에는 경기가 원활하게 진행되도록 돕고, 고객 서비스 업무도 담당합니다. 필드에서 일어나는 대부분 업무를 총괄하지요. 경기팀 업무를 상당 부분 나눠서 하고 있다고 보면 됩니다. 현장에서는 마스터라고 부릅니다.

캐디 마스터의 책임과 권한은 골프장마다 다릅니다. 업무 영역도 어디부터 어디까지라고 선을 긋기는 어렵습니다. 일반적으로 골프장(소유주)의 운영방침에 따라 캐디 마스터의 업무 범위와 권한 · 책임도 달라집니다.

국내 캐디 마스터는 대부분 캐디 출신입니다. 캐디 마스터의 90% 이상은 캐디 경험자인 걸로 알고 있습니다. 그만큼 캐디로서 경험과 경기운영 노하우가 중요하게 여겨지는 직업입니다. 캐디들을 통솔해야 하는 업무이니 어쩔 수 없다는 생각도 듭니다.

캐디 마스터가 되기 위해서는 캐디 마스터 양성과정을 거쳐야 합니다. 양성과정을 거쳤다고 해서 모두 캐디 마스터가 될 수 있는 건 아닙니다. 캐디 마스터가 되기 위한 최소한의 조건을 갖추는 것이죠.

그럼 어떤 사람이 캐디 마스터로 뽑히는 걸까요? 경력이나 나이·능력 순으로 선발되는 건 아닙니다. 캐디 경력 6개월 만에 캐디 마스터가 되는 사람이 있는 반면에 15년 차 이상이라도 캐디 마스터가 되지 못하는 사람도 많습니다. 어디까지나 골프장(소유주)의 경영 방침에 부합하는 사람이 선택받습니다. 어떤 골프장도 캐디 마스터의 조건이 명확하지 않기 때문에 설명하는 데도 한계가 있을 듯합니다.

여기서 질문 하나만 해보겠습니다. 유능한 캐디 마스터는 어떤 사람이라고 생각하십니까? 답변이 쉽지 않겠죠. 여러 의견이 있을 겁니다. 여러 캐디 마스터의 의견을 취합해보니 리더십과 섬세함이 가장 중요한 덕목으로 손꼽힙니다. 아무래도 캐디들의 리더이자 팀장 역할을 해야 하니 캐디 한 사람 한 사람의 성격을 파악할 만큼 섬세한 사람이 좋은 캐디 마스터라고 이야기하는 것 같습니다.

골프장에서는 사건·사고가 끊임없이 일어납니다. 따라서 각종 사건·사고 대처 능력이 대단히 중요합니다. 캐디 또는 임직원들과의 융화도 중요하지요. 사람 상대가 많은 업무인 만큼 스트레스도 피하기 어렵습니다. 거기에 업무량도 만만치 않아요. 하지만 정규직이어서 비수기에도 안정된 수입이 보장되는 만큼 캐디 사이에서는 부러움의 대상입니다.

캐디보다 적은 수입은 단점입니다. 캐디는 노력 여하에 따라 고소득도 올릴 수 있지만, 캐디 마스터는 평범한 월급쟁이입니다. 캐디 경험자로서 골프장 업무에 관심과 비전이 있는 사람에게 추천하고 싶은 직업입니다.

더 알아보기

장점	정규직으로 캐디보다 안정적
단점	많은 업무량, 많은 스트레스
추천 전공	무관
추천 자격(증)	캐디 마스터 양성과정
추천 인재	캐디 또는 캐디 경험자, 골프장 업무에 관심이 있는 사람, 리더십이 있고 꼼꼼한 사람, 골프를 좋아해서 골프장 일에 도전해보고 싶은 사람
이력서 내보기	전국 골프장

골프취업학개론

프로골퍼① 레슨프로

골프 스윙 전문 코치

. . .

골프 스윙과 기술을 가르치는 사람입니다. 처음 골프에 입문하는 사람부터 톱 레벨의 프로골퍼까지 골프를 하는 이상 레슨프로의 지도력에 기대지 않을 수 없습니다. '골프황제' 타이거 우즈, '골프여제' 박인비에게도 스승이 있었으니까요. 아무리 유명한 선수라도 골프를 그만두지 않는 한 자기 스윙을 봐줄 사람이 필요합니다.

레슨프로라는 과정과 자격이 따로 있는 것은 아닙니다. 이 강의에서는 각 골프 단체의 정회원이든 준회원이든 투어프로로서 대회 출전을 전문으로 하지 않고 누군가에게 골프 스윙을 가르치는 사람을 레슨프로라고 부르겠습니다. 과거 KPGA에는 티칭프로가 있었죠. KLPGA는 지금도 티칭회원이 있습니다만, 그것과 상관없이 골프 레슨을 직업으로 하는 사람들을 전부 레슨프로라고 보면 됩니다.

누군가를 가르쳐야 하는 직업인만큼 레슨프로가 되기는 쉽지 않습니다. 우선 관련 골프 단체의 프로테스트를 통과해야 합니다.

국내에서 가장 공신력 있는 단체는 KPGA와 KLPGA입니다.

프로테스트 합격까지 몇 년이 걸리냐고 묻는 사람이 많습니다. 골프 입문부터 프로테스트 합격까지 기간은 사람마다 달라서 딱히 몇 년이 걸린다고 할 수는 없습니다. 골프에만 전념해서 2~3년 만에 합격하는 사람도 있고, 10년 이상 노력해도 합격하지 못하는 사람도 많습니다. 용인대학교 골프학과 학생들을 대상으로 조사해보니 중학교 1학년 때 시작해서 대학 1~2학년 때 합격했다는 학생이 가장 많더군요. 평균 7년(KPGA나 KLPGA 준회원 기준) 정도 걸리는 셈입니다.

문제는 프로골퍼가 되기까지 많은 돈이 든다는 겁니다. 어떤 직업보다 초기 투자비용이 많이 드는 운동입니다. 프로골퍼가 될 때까지 주 2회씩 라운드하면 매월 300만 원 이상, 1년이면 라운드 비용만 4,000만 원씩 쓴다는 계산이 나옵니다.

프로테스트 준비 기간은 짧을수록 좋지만, 단기간에 쉽게 합격할 수 있는 테스트가 아닙니다. 최대한 운동에만 전념해야 하는데, 막대한 경비가 부담스러운 사람은 운동에만 전념하고 싶어도 그러지 못하는 경우가 많습니다. 운동에 전념하지 못하면 실력 향상도 더딜 테고, 그럴수록 합격 가능성은 더 떨어질 겁니다.

그래서 상당수 사람은 KPGA나 KLPGA 프로테스트를 회피하고 다른 골프 단체의 자격을 취득하기도 합니다. 양대 협회 말고도 프로골퍼 자격증을 주는 단체가 꽤 많습니다. 피지프로골프협회FPGA, 미국골프지도자연맹USGTF, 세계프로골프협회WPGA, 세

골프취업학개론

계프로골프지도자협회WPGTA, 한국골프연맹KGF, 한국티칭프로골프협회KTPGA, 한국프로티칭골프협회KPTGA, 월드US프로골프협회WUSPGA, 한국골프연습장협회KGCA, 한국프로골프지도자협회KPGLA, 국민체육진흥공단(생활체육지도자협회)에서도 골프 지도자 자격증을 줍니다.

장점은 합격 커트라인이 양대 협회보다 낮아서 비교적 단기간에 프로골퍼가 될 수 있다는 점이죠. 공신력은 포기하고 실효성을 선택하는 것인데, 이건 프로테스트를 준비하는 여러분의 선택에 맡기겠습니다.

프로테스트에 합격했다고 칩시다. 이제 여러분은 프로골퍼입니다. 누군가에게 레슨을 하면서 돈도 벌 수 있습니다. 많은 수입이 보장될까요? 그럴 수도 있고 그렇지 않을 수도 있습니다. 그렇지 않은 경우가 많습니다. 이제부터 시작입니다. 요즘은 프로골퍼 세계도 생존경쟁이 치열합니다. 프로골퍼는 갈수록 늘어나고 있으니 경쟁이 치열할 수밖에요. 골프 대중화로 늘어나는 골프 인구보다 레슨프로의 증가세가 더 가파르다는 말까지 나옵니다. 게다가 요즘은 유튜브 같은 동영상을 보면서 레슨을 받지 않고 혼자서 연습하는 사람이 많습니다.

그렇다면 여러분은 어떻게 대처해야 할까요? 실력과 서비스 마인드, 그리고 세일즈 능력까지 갖춰야 합니다. 물론 프로골퍼로서 가장 중요한 건 골프 실력입니다. 회원들과 함께 라운드를 나가더라도 남는 건 결과뿐이니까요. 스윙 자세나 지도력을 떠나 결과가 좋지 않으면 프로골퍼에 대한 믿음이 떨어질 수밖에 없습니다. "나와 비슷한 실력인 프로골퍼에게 굳이 비싼 레슨비를 주면서까지 배워야 하나"라는 생각이 들지 않겠어요?

서비스 정신도 골프 실력 못지않게 중요합니다. 과거와 달리 회원 유치 경쟁이 치열해지면서 회원들에 대한 서비스가 강조되고 있습니다. 프로골퍼는 골프연습장에 소속돼 있더라도 사실상 개인사업자나 마찬가지이기 때문에 나만의 지도 철학과 티칭 노하우, 레슨 방법의 다양성을 끊임없이 연구·개발해야 합니다. 그래야 한 명의 회원이라도 더 유치할 수 있고, 한 명의 회원이라도 더 오랫동안 내 사람으로 만들 수 있는 겁니다.

내가 아는 프로골퍼 L 씨는 레슨이 없더라도 골프연습장에 매일 오전 6시에 출근합니다. "왜 그렇게 일찍 출근하냐?"고 물었더니 두 가지 좋은 점이 있답니다. 오전에 일찍 나가면 누구의 방해도 받지 않고 마음 편하게 개인 연습을 할 수 있어서 좋고, 회원들에게 부지런하고 성실한 모습을 보일 수 있어서 좋다는 겁니다.

레슨프로의 자기 상품화로서 가장 좋은 방법은 대회에 출전해서 좋은 성적을 내는 것입니다. 프로골프 투어 시드(대회 출전권)를 획득하는 것만으로도 레슨비가 높게 책정되니까요. 여러분이 투어에 출전해서 좋은 성적을 낼 수 없다면 좋은 선수라도 길러내야 합니다. 여러분이 가르친 선수가 투어에서 우승이라도 하면 당장이라도 유명 교습가 대열에 합류할 수 있습니다. 그것보다 더 좋은 마케팅은 없겠지요.

골프취업학개론

레슨프로들도 생존경쟁이 치열합니다. 평범한 골프 레슨으로 생존경쟁에서 살아남기는 쉽지 않습니다.

 그밖에도 자기 상품화를 위해 대학원에서 석박사 과정을 수료하거나 골프 최고위 과정을 통해 인맥과 스펙을 쌓는 레슨프로도 많습니다. 요즘에는 유튜브 채널을 개설해서 운영하는 레슨프로도 크게 늘었지요. 흔치는 않지만, 책을 출간해 자신의 이름 석 자와 지적인 이미지를 알리는 레슨프로도 있습니다. 레슨프로 사회가 얼마나 치열한 생존게임인지 아시겠죠?

 골프연습장에서 레슨할 경우 회원과의 친밀도 유지와 자기관리가 매우 중요합니다. 잦은 식사나 술자리를 통해서 허울 없이 지내다 보면 공사 구분이 모호해지면서 어렵게 구축한 이미지도 무너질 수 있으니 주의해야 합니다. 회원과의 친밀도를 유지하되 공사 구분은 확실히 해두는 것이 좋습니다.

레슨프로는 대부분 월급제가 아닙니다. 따라서 자신의 레슨 능력에 따라 수입이 크게 달라질 수 있습니다. 고가의 레슨 프로그램을 만들어 100만 원 이상을 받는 사람도 있습니다. 그렇게 해서 매달 레슨만으로 1,000만 원 이상의 수익을 올리기도 합니다. 프로골퍼 하기 나름입니다.

더 알아보기

장점	은퇴 · 정년 없는 평생직업, 활동 · 노력에 따라 고수익 가능, 셀럽이나 고위직 공무원과도 친분 쌓기 좋음
단점	프로골퍼 희소가치 떨어져 경쟁 치열, 40세 이후 취업 어려움, 프로골퍼 되기까지 금전적 부담
추천 전공	골프 · 체육 전공자에 유리
추천 자격(증)	골프 단체의 프로골퍼 자격증
추천 인재	골프 지도에 관심이 있는 사람, 골프 티칭 전문가가 되고 싶은 사람, 골프로 많은 돈을 벌고 싶은 사람
이력서 내보기	골프연습장, 골프장, 골프숍, 골프아카데미, 스크린골프연습장, 백화점 골프 매장, 골프용품회사 피팅 및 퍼포먼스센터, 학교

골프취업학개론

프로골퍼② 투어프로

필드 위 주연배우

• • •

프로골프대회의 주인공은 뭐니 뭐니 해도 투어프로입니다. 많은 팬을 대회장으로 불러모으고 언론과 기업의 스포트라이트를 받습니다. 대회와 관련한 모든 것이 투어프로를 중심으로 돌아갑니다. 그중에서도 우승자는 가장 많은 주목을 받습니다. 스타 중의 스타가 되는 것이죠. 우승자뿐만 아니라 상위권 선수들은 자부심과 책임감이 막중합니다. 행동 하나, 말 한마디가 화제가 되니 구설수를 조심해야 합니다.

투어프로는 KPGA나 KLPGA 정회원 프로테스트를 통과한 프로골퍼 중 투어 시드가 있는 직업 골프선수를 말합니다. 전국 또는 전 세계를 돌며 각종 프로골프대회에 참가해서 성적에 따른 상금과 포상을 받습니다.

투어프로는 잘만 하면 엄청난 부와 명예가 뒤따르죠. 대회 성적은 나이나 경력과 무관합니다. 신인이라도 단 한 번의 우승으로 수억 원의 상금을 챙길 수 있습니다. 거기에 스폰서로부터 인센티브까지 받으면 돈방석에 앉는 건 시간문제입니다.

좋은 투어프로의 조건

· · ·

투어프로로서 좋은 성적을 내기 위해서는 탄탄한 실력과 기본기, 체력, 긍정적인 마인드를 갖춰야 합니다.

선수로서 가장 중요한 자질은 골프 실력입니다. 어떤 환경이라도 기복 없이 꾸준한 성적을 올려야만 좋은 선수로 평가받는 동시에 많은 상금도 챙길 수 있으니까요. 성적이 꾸준한 선수는 많은 인기를 누리며 여러 스폰서의 후원을 받을 수 있습니다.

투어프로에게 스폰서는 많을수록 좋습니다. 모자나 골프웨어, 캐디백에 붙은 기업 로고는 전부 돈이니까요. 상품성이 좋은 선수는 그만큼 많은 수익을 올릴 수 있습니다. 많은 광고가 그 선수의 상품성을 대변하는 것이죠.

반면에 성적이 좋지 않거나 꾸준하지 않은 선수는 수익이 보장되지 않습니다. 계속된 부진으로 시드마저 잃으면 대회에 출전하고 싶어도 출전할 수가 없어요. 선수로서 개점휴업 상태가 됩니다. 부진이 계속되면 인기도 추락해서 상품 가치가 사라집니다. 스폰서는 물론이고 언론에서도 주목하지 않을 겁니다.

성적 못지않게 중요한 건 자신의 상품화입니다. 팬들에게 인기 있는 투어프로는 메인 스폰서와 서브 스폰서, 골프클럽, 의류, 액세서리까지 다양한 후원사가 따라옵니다. 팬클럽이 생기면 대회마다 많은 갤러리에 둘러싸여 플레이하게 되죠. 그런 선수를 반기지 않을 기업은 없을 겁니다. 매스컴에서도 밀착 취재하기 위해 여러

골프취업학개론

명의 기자가 따라다니겠죠. 몸값은 자동으로 올라갑니다.

앞에서도 열심히 설명했지만, 요즘은 경기력만으로 흥행할 수 있는 시대가 아닙니다. 경기력이 아무리 좋아도 선수 이미지가 좋지 않거나 상품성이 떨어지면 선수 개인은 물론이고 투어 흥행에도 지장을 줍니다.

운동선수는 빈부 격차가 극심한 직업입니다. 골프선수는 말할 것도 없습니다. 냉혹할 만큼 빈부 차가 심합니다. 후원사들의 계약금과 대회 성적, 성적에 따른 인센티브, 광고료 등으로 한해 수십억 원을 버는 선수가 있는 반면에 수입은커녕 수천만 원의 적자를 보는 선수도 있습니다. 대회 출전 경비를 비롯해 골프채, 의류, 레슨비, 전지훈련비까지 한 시즌 수천만 원에 달하는 비용을 전부 자비로 마련해서 대회에 출전하는 선수도 많습니다. 어렵사리 대회에 출전해도 벌어들이는 돈은 지출보다 적으니 적자의 연속입니다.

투어프로가 되기까지 과정도 만만치가 않습니다. 어릴 적부터 시작해 투어프로가 되기까지 10년은 봐야 합니다. 주니어 시절에는 레슨비와 골프연습장, 장비, 의류, 훈련비 따위를 전부 포함해서 한해에 적게는 4,000만 원, 많게는 1억 원 이상 투자하는 사람도 있습니다. 엄청난 돈과 시간을 투입해야만 프로테스트를 통과할 수 있지요. 어지간한 인내와 노력과 경제력이 아니고서는 불가능한 일입니다. 가족의 희생도 뒤따를 수밖에 없습니다.

프로테스트를 통과하더라도 시드를 받지 못하면 하부 투어(2부 투어 이하)에서 활동해야 합니다. 하부 투어에서 뛰면 대회 상금이 적을 뿐만 아니라 스폰서도 거의 붙지 않습니다. 어떻게든 정규 투어 시드를 따내야 출전 대회 수와 획득 상금도 늘어납니다.

시드만 유지하면 평생직업이 될 수 있습니다. 야구·축구처럼 단체종목이 아니어서 은퇴를 강요받거나 팀에서 방출될 일도 없습니다. 실력과 체력만 된다면 평생 그 누구의 간섭 없이 선수 생활을 할 수 있는 좋은 직업입니다.

더 알아보기

장점	잘만 하면 엄청난 돈과 명예, 시드만 유지하면 평생직업, 셀럽·고위직 공무원과 친분 쌓기 좋음, 은퇴 후에도 레슨프로로 자리 잡기 수월
단점	프로 데뷔까지 긴 시간과 많은 돈 투자, 성적 좋지 않을 땐 매년 적자
추천 전공	무관
추천 자격(증)	KPGA 또는 KLPGA 프로골프 테스트 통과 후 시드 획득
추천 인재	골프선수로서 꿈이 있는 사람, 타고난 재능이 있는 사람
이력서 내보기	프리랜서

골프취업학개론

프로골퍼③ 미디어 프로

'골프+엔터테인먼트' 새 직업군

• • •

TV 방송 프로그램에 출연하는 프로골퍼를 말합니다. 프로골프 대회의 현장 리포터나 TV 레슨 프로그램, 토크 프로그램 등에 고정 또는 패널로 출연하기도 합니다. 골프 전문 엔터테이너라고 할 수 있지요.

국내에는 SBS GOLF와 JTBC GOLF라는 양대 골프전문 채널이 있어서 미디어 프로들이 활동하기에 좋은 환경입니다. 한 방송사 프로그램의 진행을 맡거나 고정 패널로 계약한다면 인지도와 몸값을 동시에 끌어올릴 수 있습니다.

미디어 프로라는 직업군이 생겨난 건 2010년 이후라고 할 수 있습니다. 골프전문 채널들이 자리를 잡으면서 현역 프로골퍼와 선수 출신 프로골퍼들을 캐스팅하기 시작했습니다. 하지만 현역 프로골퍼와 선수 출신 프로골퍼는 각각의 문제점을 안고 있었지요. 현역 프로골퍼는 시즌 내내 투어에 집중해야 해서 방송 출연에 어려움이 있었고, 선수 출신 프로골퍼는 방송인으로서 갖춰야 할 덕목을 대부분 갖추지 못한 상태였습니다. 시청자들의 눈높이에 한

참 모자랐던 것이죠.

그즈음에 스포츠 매니지먼트사인 P&F 엔터테인먼트가 방송을 전문으로 하는 미디어 프로를 방송국에 투입하면서 미디어 프로 시대가 열립니다. 미디어 프로는 골프방송 전문으로 훈련된 엔터테이너였기 때문에 외모는 물론이고 언어 전달력이나 방송 매너가 기존 프로골퍼보다 훨씬 자연스럽고 세련됐다는 평가를 받게 됩니다. 미디어 프로의 영향력이 커지면서 지금은 투어프로 못지않은 인지도와 인기를 누릴 수 있게 되었습니다.

미디어 프로라고 해서 방송 활동에만 전념하는 것은 아닙니다. 본업은 프로골퍼인 만큼 짬이 날 때마다 자신이 소속된 골프연습장이나 아카데미에서 레슨을 합니다. 투어프로는 아니라도 방송을 통해서 이름과 얼굴이 널리 알려지면 유명 투어프로 못지않은 고가의 레슨비를 받습니다. GTOUR에 출전해 이름을 날리는 미디어 프로도 있지요. 그밖에도 기업 행사에 초청받아 참가하거나 광고 모델로 활동하기도 합니다.

미디어 프로 준비하기

· · ·

미디어 프로가 되기 위해서는 우선 프로골프 테스트를 통과해야 합니다. 골프 실력과 레슨 노하우, 준수한 외모, 그리고 세련된 방송 매너와 확실한 언어 전달력을 가진 사람이 유리합니다. 무엇보다 몸이 재산이기 때문에 건강관리는 필수입니다. 또 한 가지 추

SBS GOLF의 〈SBS 골프아카데미〉 방송화면.

가하면 이름과 얼굴이 널리 알려지는 직업인 만큼 자기관리와 성
실성이 중요합니다. 이미지에 흠집이 나거나 대중에게 좋지 않은
이미지가 각인되면 자신의 의지와 상관없이 방송 활동을 할 수 없
게 됩니다.

　현역 미디어 프로는 대부분 P&F 엔터테인먼트 같은 스포츠 매
니지먼트사를 통해서 방송에 진출하고 있습니다. 아무래도 미디
어 프로를 전문으로 에이전시하는 회사다 보니 방송국 문턱을 쉽
게 넘을 수 있다는 장점이 있습니다. 소수지만 일반 스포츠에이전
시에 소속된 미디어 프로도 있습니다.

　미디어 프로의 직업적 장점은 비교적 쉽게 이름과 얼굴을 알릴
수 있다는 점이죠. 방송에서 어느 정도 얼굴과 이름이 알려지면 힘
들게 운동해서 시드를 받아 투어에서 좋은 성적을 올리지 않아도

유명 투어프로 못지않은 인기와 명성을 누릴 수 있으니까요. 그래서 요즘은 골프선수가 아닌 미디어 프로가 되기 위해 프로골퍼 꿈을 키우는 어린 학생도 많다고 합니다.

전망도 밝은 직업입니다. 양대 골프전문 채널이 건재할 뿐만 아니라 유튜브 같은 뉴 미디어를 통해서도 얼마든지 자신을 상품화할 수 있는 시대입니다. 기업들의 미디어 프로에 대한 인식도 과거와 달리 호의적입니다. 과거에는 투어프로가 아니면 후원 대상에서 대부분 배제되었지만, 요즘은 기업의 프로골퍼 후원 조인식에서 미디어 프로가 빠지지 않습니다. 4~5명의 선수를 한 팀으로서 후원한다면 1명 정도는 미디어 프로를 선발하는 것이죠. 미디어 프로를 개별 후원하는 기업도 많습니다. 미디어 프로의 밝고 긍정적인 이미지와 폭넓은 인지도, 업계 영향력 등이 확장되고 있음을 기업도 인지하고 있는 것 같습니다. 틀에 박힌 마케팅에서 벗어나 새롭고 참신한 방법으로 마케팅하려는 의지도 엿보입니다.

그러나 방송에서 비치는 화려한 모습이 전부는 아니라는 걸 알아두어야 합니다. 방송은 시청률에 따라 움직입니다. 시청률이 떨어지고 광고가 붙지 않으면 오래 가지 못합니다. 장수 프로그램이라도 PD나 작가에게 선택받지 못한 미디어 프로는 중도 하차할 수 있습니다. 자신의 의지와 상관없이 운명이 달라질 수 있다는 겁니다.

특히 요즘은 미디어 프로도 생존경쟁이 치열합니다. 미디어 프로가 급증하면서 방송에 단 한 차례도 나가지 못한 미디어 프로가 많습니다. 몇몇 인기 미디어 프로를 제외하면 방송가에서 자리 잡기가 쉽지 않은 것이 현실입니다. 화면에 비친 화려한 모습보다 크리에이티브로서 확실한 뜻이 있거나 방송 활동을 통해서 자신의 인지도를 높여 다른 일에 도전하고자 하는 의지와 계획이 있는 사람에게 추천합니다.

더 알아보기

장점	대회 성적에 대한 스트레스 없음, 단기간에 인지도 상승, 화려함, 셀럽 · 고위직 공무원과 친분 쌓기 좋음
단점	방송 출연 경쟁 치열, 의지와 상관없이 방송 하차하기도, 롱런 어려워
추천 전공	무관
추천 자격(증)	골프 단체 프로골퍼 자격증
추천 인재	엔터테이너로서 뜻이 있는 프로골퍼, 크리에이티브로서 뜻이 있는 프로골퍼, 인지도를 높여 다른 비즈니스에 도전하고자 하는 프로골퍼, 비주얼과 말주변이 좋은 프로골퍼
이력서 내보기	프리랜서

피터

골프채 문제 해결사

· · ·

골퍼의 신체나 스윙에 맞게 골프채를 맞춤 제작·조절해주는 사람입니다. 골프채를 골퍼의 몸이나 스윙 특성에 맞도록 맞추는 작업을 피팅이라고 하고, 이런 일을 전문으로 하는 사람을 피퍼라고 부릅니다.

요즘은 피팅 장비가 첨단화되면서 "피터보다 장비가 중요하다"라는 말도 나옵니다. '피팅은 장비 싸움'이라는 말도 있지요. 그만큼 피팅 기술과 장비가 발달했다는 뜻입니다.

과거에는 피터의 업무가 단순했어요. 샤프트와 그립을 교체해주는 단순 작업이 전부였습니다. 전문가라기보다는 단순노동을 반복하는 수리공에 가까웠지요. 요즘은 어떤가요? 장비가 좋아지고 경쟁이 치열해지면서 어지간한 실력으로는 먹고 살기 힘든 시대입니다. 골퍼의 생각까지 읽어야 한다는 말이 나올 정도니까요. 골퍼가 무엇을 바라는지, 무엇이 고민인지를 빠르게 파악해서 피팅에 반영해야 합니다. 잘나가는 피터는 SBS 〈생활의 달인〉에 출연하기도 하고, 유튜브 채널을 통해서 이름을 날리기도 하죠. '골프채 미다스의 손'이라는 별명을 얻기도 합니다.

피팅 장비가 첨단화된 건 그렇게 오래되지 않았습니다. 2010년 이후라고 보면 됩니다. 피팅 장비가 눈부시게 발전하면서 피터들의 맞춤 클럽 제작 기술도 상향 평준화되었습니다. 어디에서 누구에게 피팅을 받아도 큰 차이가 없을 만큼 피터들의 수준이 올라간 것이죠.

피터의 조건

• • •

그렇다면 무한경쟁 시대로 접어든 피팅계에서 좋은 피터로 이름을 날리기 위해서는 어떻게 해야 할까요? 첫 번째는 누가 뭐래도 탁월한 피팅 기술을 갖춰야 합니다. 탁월한 피팅 기술이란 골퍼의 불만을 빠르게 파악하고 근본적인 문제를 찾아내 해결할 수 있는 능력입니다. 장비(헤드·샤프트·그립)의 특성을 전부 파악하고 있어야 하고, 이론에 의존하지 않고 직접 시타 후 여러 골프채나 장비들의 장단점을 비교·설명할 수 있어야 합니다. 그래야 오래도록 좋은 피터로 평가받으면서 승승장구할 수 있겠지요.

좋은 피터의 두 번째 조건은 골프 스윙을 볼 수 있어야 합니다. 골프 실력이 좋지 않아도 좋은 스윙과 좋지 않은 스윙은 구별할 수 있어야지요. 골프를 잘하는 것과 골프 스윙을 잘 보는 것은 전혀 다른 영역입니다. 골퍼에게 나타나는 문제점은 대부분 골프채보다 스윙에 있습니다. 골프 스윙의 문제점을 찾아내지 못하는 사람은 피팅을 해도 피팅 효과가 나타나지 않을 수 있습니다.

피터가 되기 위해서는 몇 가지 방법이 있습니다. 첫 번째는 국내외 골프용품 업체에서 주최하는 피팅스쿨이나 피터 양성과정에 참가해 관련 수료증을 취득하는 방법입니다. 교육 기간은 1~3개월로 이론과 실기 시험을 거쳐야 합니다.

두 번째는 선배 피터에게 1대1 교습을 받는 방법입니다. 개인적으로 교습을 받기 때문에 수료증이 따로 나오진 않겠죠. 수료증이 없어도 피터는 할 수 있습니다. 수료증 유무보다 실력이 더 중요하니까요. 1대1 개인 교습을 받으면 여러 명이 함께 수강하는 피터 양성과정보다 탄탄한 실력을 쌓을 수 있을 겁니다.

세 번째는 독학입니다. 어깨 넘어 피팅을 익혀서 성공한 피터가 의외로 많습니다. 성실성만 담보된다면 충분히 가능한 일입니다.

피터 준비하기

• • •

학력이나 전공은 상관없지만, 대학에서 골프를 전공했거나 프로골퍼 혹은 아마추어 상위 레벨의 골프 실력을 갖춘 사람에게 유리합니다. 피팅이 기계나 금속을 다루는 일이다 보니 기계공학이나 그와 비슷한 학문을 공부한 사람도 잘 할 수 있는 일입니다.

골프와 기계공학은 어울리지 않는 조합 같죠. 다소 동떨어져 보이기도 합니다. 그런데 골프의 이론과 실기를 갖추고 기계나 금속에 대한 지식이 풍부하다면 피터로서는 아주 좋은 조건입니다. 피터라는 직업은 대부분 기계를 다루는 일입니다. 기계를 잘 다루거나 손재주가 좋은 사람, 또는 그런 일에 흥미가 있는 사람에게 잘 맞을 가능성이 큽니다. 실제로 그런 사람들이 피터 일을 훌륭하게 해내는 모습을 자주 봅니다.

피터의 장점은 은퇴나 정년 후에도 나이와 체력에 상관없이 할 수 있다는 점입니다. 자기관리만 잘하면 평생직업으로 손색이 없습니다.

전망도 밝습니다. 골프라는 운동이 존재하는 한 골프채를 사용해야 하고, 골프채를 사용하는 한 피팅을 안 할 순 없으니까요.

피터 일을 시작하기 전에 한 가지 명심해야 할 것이 있습니다. 고소득을 기대하고 뛰어들면 크게 실망할 수 있다는 점입니다. 골프업계 다른 직업과 비교해서 월급이 많다고 할 순 없습니다. 월급쟁이로서 오랫동안 안정되게 살겠다는 사람보다는 내 기술을 익혀서 경험과 인맥을 쌓은 뒤 창업을 목표하는 사람에게 추천하고 싶습니다.

당부드리고 싶은 말씀은 정직한 피터가 되라는 겁니다. 간혹 피팅 기술보다 상술을 앞세우는 피터도 있습니다. 골퍼의 근본적인 문제점은 찾아주지 않고 비싼 샤프트로 교체해서 부당한 수익을 챙기는 사람이 대표적입니다. 그런 상술은 곧 들통납니다. 절대로 오래 가지 않아요. 요즘은 아마추어 골퍼들의 피팅에 대한 인식 수준이 높아져서 상술에만 밝은 피터는 소비자들로부터 외면받습니다.

고가 장비를 다루는 만큼 주의점도 많습니다. 샤프트 교체 시 헤드에 작은 상처라도 생기지 않도록 주의해야 하고, 교체한 샤프트는 반드시 손님에게 돌려줘야 하며, 피팅 후에는 골프채 상태 변화를 자세하게 설명해주어야 합니다.

더 알아보기

장점	기술만 익히면 은퇴 · 정년 걱정 없는 평생직업
단점	높지 않은 연봉, 승진 쉽지 않음
추천 전공	골프 관련 전공자에 유리
추천 자격(증)	피팅 관련 수료증
추천 인재	경험을 쌓은 뒤 창업하려는 사람, 기계를 잘 다루는 사람, 손재주가 좋은 사람, 기계나 금속 다루는 일을 좋아하는 사람, 프로골퍼나 아마추어 상위 레벨 중 장비에 관심이 있는 사람
이력서 내보기	피팅센터, 골프숍, 백화점 골프 매장, 골프용품업체 피팅 및 퍼포먼스센터 · 프로선수 피팅 담당

절친과의 두 번째 결별

강의가 도움 되셨나요? 골프업계 취업의 현실과 실무에 관한 이야기를 생생하게 전해드리기 위해 노력했는데 많이 부족했습니다. 끝으로 꼭 들려주고 싶은 이야기가 있습니다.

군대 입대하기 전 일입니다. 평소 친하게 지내던 친구 J는 나와 술자리를 자주 가졌습니다. 녀석은 술을 마실 때마다 곧 죽을 사람처럼 신세타령했습니다. 사회에 불만이 많아서 늘 비관적인 말을 입에 달고 살았지요. 녀석의 이야기를 듣고 있으면 분위기가 가라앉아서 좋았던 기분도 금세 우울해졌습니다.

"야, 상민아. 우린 언제까지 이렇게 살아야 하냐?"

녀석의 신세타령은 늘 이런 식으로 시작되었습니다.

"세상은 바둑판이고, 우리는 바둑판에 놓인 작은 돌멩이야. 어차피 바둑판이라는 좁은 틀에서 벗어나지 못해. 10년 뒤에도, 20년 뒤에도 뻔하지 않겠어? 이렇게 살면 뭐해. 차라리 죽는 게 났지."

녀석의 신세타령은 녹음기를 틀어놓은 것처럼 늘 똑같이 반복되었지요. 조금 더 심하게 신세타령을 하는 날이 있는가 하면 조금 덜한 날도 있었지만, 레퍼토리는 거의 변하지 않았습니다.

"세상일이 잘 풀릴 때도 있고 안 풀릴 때도 있는 거지. 너무 부정적으로만 생각하지 마라. 바둑에서 수가 얼마나 많은 줄 알아? 찾아보면 바둑판에서도 우리가 할 수 있는 일이 많을 거야."

난 녀석의 신세타령 때마다 이런 말로 다독이고 위로하고 타일렀습니다. 녀석에겐 신세타령이라도 받아줄 친구가 필요했을 테니까요. 그런데 어느 날의 신세타령은 내 인내심의 한계를 넘어서 버렸습니다. 녀석의 말을 듣고 있으면 몹쓸 신세타령에 세뇌되거나 전염될 것만 같았어요. 결국, 녀석에게 결별을 통보하고 더는 만나지 않았습니다.

그리고 20여 년이 흘렀을 겁니다. 지방 취재를 마치고 서울로 올라가는 길이었어요. 고속도로 한 휴게소에 들렀는데 우연히 녀석과 마주쳤습니다. 우린 반가운 마음에 서로 얼싸안고 기뻐했지요. 그리고 며칠 뒤 녀석과 다시 만났습니다. 옛이야기를 안주 삼아 소주잔을 기울였어요.

"야, 이런 인연이 있네."

"그동안 어떻게 지냈어?"

"그래 맞아. 그랬었지."

골프취업학개론

우린 누가 먼저라고 할 것도 없이 이런저런 말들을 대화 속에 버무리면서 추억에 젖어가고 있었습니다.

녀석에겐 딸이 있더군요. 이혼한 뒤 딸을 혼자서 키우고 있다고 했어요. 이야기는 또 신세타령으로 흘러갔습니다.

"이렇게 사느니 죽는 게 낫지."

"넌 뭐 하고 사냐?"

난 그때 신문사에서 골프 전문기자로 일하고 있었습니다. 업무량이 많고 힘들었지만, 하는 일이 마음에 들었고, 생활도 비교적 안정되어 있었지요. 하지만 난 솔직하게 말하지 않았습니다.

"어떻게 지내기는…. 바둑판에 놓인 작은 돌멩이 신세인데. 바둑판에서 벗어날 수 있겠어?"

난 그날 녀석과 두 번째로 결별했습니다. 그리고 다시는 만나지 않았습니다.

긴 이야기 들어주셔서 감사합니다. 이 이야기에서 무엇을 느끼셨나요? 긍정의 중요성이요? 사람은 변하지 않는다고요?

심리학 용어에 월렌다 효과Wallenda effect라는 말이 있습니다. 실패를 걱정하고 두려운 마음이 클수록 실패할 확률이 높아지는 심리상태를 뜻합니다. J는 평생 월렌다 효과를 몰고 다녔다고 할 수 있겠습니다. 부정적인 말을 입에 달고 살면서 세상의 온갖 부정적인 기운을 자기 쪽으로 끌어당긴 것이지요.

걱정하고 불안해하고 부정하는 마음이 많으면 뇌는 정상적인 기능을 하지 못합니다. 집중력이 떨어져서 공부나 일을 지속하기 어렵습니다. 평소 여러분이 가지고 있던 능력도 발휘하지 못합니다. 부정적인 생각이 머릿속을 가득 채우고 있어서 정상적이고 건전한 생각들이 비집고 들어갈 틈이 없기 때문이죠. 하는 일이 잘 풀릴 수가 없는 심리상태입니다.

비관적인 말을 습관적으로 하는 사람들에게는 공통점이 있습니다. 목표와 계획은 있으나 실천하지 못합니다. 부정적인 생각이 머릿속을 지배하고 있어서 정상적인 사고를 하지 못하니 그럴 수밖에요. 늘 입으로만 불평불만을 토로할 뿐입니다. 그럴수록 현실을 부정하고 회피하려는 마음만 강해집니다.

혹시라도 여러분 중에 이런 증상이 조금이라도 있다면 결단을 내려야 합니다. 부정의 줄기들을 솎아내고 긍정이라는 씨앗을 뿌려보세요. 1년 뒤, 5년 뒤, 10년 뒤 모습을 상상하면서 긍정과 희망의 싹을 키워보는 겁니다. 긍정과 희망의 싹을 키우는 데는 돈도 시간도 들지 않습니다. 나이와 환경의 문제도 아닙니다. 스스로 마음을 닫지 않는 한 긍정과 희망의 싹은 시들지 않습니다.

아무리 경기가 어렵고 눈앞이 캄캄하고 희망이 없어 보여도 한 가지 자신 있게 말씀드릴 수 있는 건 '결국, 성실한 사람이 이긴다'라는 겁니다. 아무리 재능이 뛰어난 사람이라도 성실하지 못하면 뒤처집니다. 반면에 성실한 사람은 재능이 부족해도 언젠가는 천재성을 따라잡더군요.

적당히 노력하고 적당히 놀면서 남들이 하는 만큼만 적당히 일하는 사람은 적당한 미래조차 보장받지 못합니다. 아무리 좋은 재능을 타고나고, 좋은 전략을 세워도 성실성이 담보되지 않으면 빛을 보지 못하는 것이죠.

나이나 경제적 여건 같은 환경을 탓하지는 마세요. 환경을 탓하는 순간 여러분은 퇴보하게 됩니다. 자신에게 놓인 환경을 비관한다고 해서 나아지는 건 아무것도 없습니다. 조금만 힘내세요. 곧 여러분 시대가 열릴 겁니다. 마치겠습니다.

참고문헌

1   『2021 스포츠산업백서』, 문화체육관광부 , 2022년.
2   소스타인 베블런 저 · 김성균 역, 『유한계급론』, 우물이있는집, 2020년.
3   한장상 저, 『군자리에서 오거스타까지』, 에이엠지커뮤니케이션, 2007년.
4   김주택 저, 『나 혼자 스포츠마케팅 회사 창업하기』, 신사우동 호랑이, 2022년.
5   오상민 저, 『일본 열도를 뒤흔든 한국의 골프 여제들』, 소명출판, 2021년.
6   안문석 저, 『대통령과 골프』, 인물과사상사, 2015년.
7   이성동 저, 『현장에서 발로 찾은 한국형 귀족마케팅』, 스마트비즈니스, 2006년.
8   매트 옥슬리 저 · 이은주 역, 『영업실적 6배 높이는 부유층 공략법』, 한국 FP협회, 2000년.
9   이승용 저, 『스포츠 마케팅 쪼개기 2020』, 북마크, 2019년.
10 오상민, 〈[골프, 직업의 세계①]〉, 《이투데이》, 2013년 9월 6일.
11 오상민, 〈[골프, 직업의 세계②]〉, 《이투데이》, 2013년 10월 11일.
12 오상민, 〈[골프, 직업의 세계③]〉, 《이투데이》, 2013년 10월 25일.
13 오상민, 〈[골프, 직업의 세계④]〉, 《이투데이》, 2013년 11월 8일.
14 오상민, 〈[골프, 직업의 세계⑤]〉, 《이투데이》, 2013년 12월 6일.
15 오상민, 〈[골프, 직업의 세계⑥]〉, 《이투데이》, 2013년 12월 20일.
16 오상민, 〈[골프, 직업의 세계⑦]〉, 《이투데이》, 2014년 1월 10일.
17 오상민, 〈[골프, 직업의 세계⑧]〉, 《이투데이》, 2014년 2월 14일.
18 오상민, 〈[골프, 직업의 세계⑨]〉, 《이투데이》, 2014년 2월 26일.
19 오상민, 〈[골프, 직업의 세계⑩]〉, 《이투데이》, 2014년 3월 14일.
20 오상민, 〈[골프, 직업의 세계⑪]〉, 《이투데이》, 2014년 4월 28일.
21 오상민, 〈[골프, 직업의 세계⑫]〉, 《이투데이》, 2014년 4월 11일.
22 오상민, 〈[골프, 직업의 세계⑬]〉, 《이투데이》, 2014년 4월 25일.
23 오상민, 〈[골프, 직업의 세계⑭]〉, 《이투데이》, 2014년 5월 22일.
24 오상민, 〈[골프, 직업의 세계⑮]〉, 《이투데이》, 2014년 7월 17일.
25 오상민, 〈[골프, 직업의 세계-16]〉, 《이투데이》, 2014년 8월 20일.
26 저우신위에 저 · 박진희 역, 『심리학이 돈을 말한다』, 미디어숲, 2021년.
27 장원청 저 · 김혜림 역, 『심리학을 만나 행복해졌다』, 미디어숲, 2021년.
28 오상민, 〈신현주 일본 골프해설 왜 호감일까〉, 《레저신문》, 2019년 5월 6일.
29 오상민, 〈이시카와 료는 어떻게 'CF킹'이 됐을까〉, 《이투데이》, 2014년 8월 4일.
30 강준만 저, 『이건희 시대』, 인물과사상사, 2005년.
31 이건희 저, 『이건희 에세이 : 생각 좀 하며 세상을 보자』, 동아일보사, 1997년.
32 이병철 저, 『호암자전』, 나남, 2014년.